一个半圣人

王阳明 和 曾国藩

马东玉 / 著

WANG YANGMING
HE
ZENG GUOFAN

团结出版社

图书在版编目（CIP）数据

一个半圣人：王阳明和曾国藩 / 马东玉著 . -- 北京：团结出版社，2015.1（2024.2 重印）
ISBN 978-7-5126-3274-5

Ⅰ.①一… Ⅱ.①马… Ⅲ.①王守仁（1472～1528）-人物研究②曾国藩（1811～1872）-人物研究 Ⅳ.① B248.25 ② K827=52

中国版本图书馆 CIP 数据核字（2014）第 274261 号

出　　版：团结出版社
　　　　　（北京市东城区东皇城根南街 84 号　邮编：100006）
电　　话：（010）65228880　65244790（出版社）
　　　　　（010）65238766　85113874　65133603（发行部）
　　　　　（010）65133603（邮购）
网　　址：http://www.tjpress.com
E-mail：zb65244790@vip.163.com
　　　　tjcbsfxb@163.com（发行部邮购）
经　　销：全国新华书店
印　　装：天津盛辉印刷有限公司

开　　本：170mm×240mm　　16 开
印　　张：18.5
字　　数：263 千字
版　　次：2015 年 3 月　第 1 版
印　　次：2024 年 2 月　第 3 次印刷

书　　号：978-7-5126-3274-5
定　　价：49.00 元
　　　　　（版权所属，盗版必究）

前　言

　　王阳明和曾国藩都是历史上的非凡人物，生前他们都曾推崇"立德、立功、立言"这"三不朽"①，并终生向这个目标奋进。虽然他们都认为自己远没达到这个目标，但后世的学者和治国治学等方面有影响的人物，却把他们当作"圣人"和"完人"去学习，如毛泽东、蒋介石、康有为、梁启超、孙中山、宋教仁、章太炎、袁世凯、蔡锷等。其中如孙中山、章太炎因立场问题对曾国藩有误解外，其他人都将王阳明和曾国藩崇拜为圣哲。不仅中国的学者和伟人如此，其他国家，尤其是日本在明治维新时期，即以王明阳"心学"为主导思想进行改革，西乡隆盛、吉田松阴等领导人物都是王阳明的信徒，其海陆军统帅人物东乡平八郎、西乡隆盛都怀抱王阳明、曾国藩的"兵法"，与中国军队作战，在产生王学和曾学的故土上，打败了李鸿章等人统率的海陆军。直到1937年日本发动大规模侵华战争前，日本高级将领无不通晓王阳明和曾国藩兵法。王阳明"心学"和由蔡锷撰写的《曾胡治兵语录》是侵华日军和黄埔系中国军官必读的教材。"心学"不仅是提纯思想品格的学说，也是磨炼心志的学说，同时在军事方面也是特有的"兵法"。王阳明在指挥军队的实战中，多次战胜敌军，靠的就是"心学"，"攻心为上"，"不战而屈人之兵"，十万精兵也赶不上这个"兵法"。日本兵为什么那么顽强，自有其民族特点，但同士兵受"心学"教育亦难分开。

　　《曾胡治兵语录》是蔡锷的成名军事作品。他归纳曾国藩、胡林翼的军事言论，结合战例加以评论，包括将才、用人、尚志、诚实、勇毅、严明、公明、仁爱、勤

---

① 如曾国藩于同治三年（1864年）八月五日家书引《史记》"三不朽"给曾国荃信。

劳、和辑、兵机、战守12个部分①，是对湘军与太平军千百次战斗的总结，也是蔡锷军事思想的体现，同时是中国古代兵法的近代化实例。这部军事著作是黄埔军校的必修教科书。蔡锷是日本留学生，毕业于日本顶级军官学校东京士官学校，与蒋方震、张孝准以优异成绩毕业，被誉为"中国士官三杰"。蔡锷、蒋方震在日本军界影响很大，曾国藩的军事思想自然就影响了日本。

毛泽东对曾国藩十分崇拜，对他的军事思想自然也是有选择的接受。他领导的人民军队中的一些将领也毕业于黄埔军校，《曾胡治兵语录》是必读、必考课，他们自然对其很熟悉。其中，官兵一致、"爱民乃兵之本"、上下团结、"功不居、过不诿"，建立根据地、军民鱼水等思想，毛泽东比蒋介石学的好，所以蒋介石以那么多的军队、那么好的装备，都败给了毛泽东领导的人民军队。

文人带兵能打胜仗不是稀罕事，战役性的大仗就要懂军事的文人指挥，古今战例非常之多。但是，大思想家、大哲学家、大圣人，仍能带兵打胜仗的就少之又少了，让人看过他们指挥打仗的例子，认为不可思议。能称得上圣人的孔子、孟子、朱子等只会思想、说话，立德、立言，不会打仗。但是，王阳明是圣人，是写有大量著作的哲学家，著书、讲学、写文、作诗都让高级文人赶不上，而他带兵打仗更所向无敌，大仗、小仗经历很多，他把仗打成一项艺术，把敌人玩弄于股掌之上，让人惊而又奇，才让中外指挥战争的将帅学习他。

曾国藩在哲学、思想上远不如王阳明，他虽然也被称为"圣相"、"理学家"，但著述不系统，也没有王阳明那么多创见。因此，被人戏称为"半个圣人"。他在诗、文、考据等方面却不逊于王阳明，堪称一位大文人、大思想家。既是著名文人和思想家，率兵打仗亦令人称奇。

曾国藩指挥战争远没有王阳明那么"轻松"，而是很"费劲"，很辛苦，很笨拙。他亲自带兵同太平军对阵，全都被打败了，迫得他自杀或准备自杀就好几次。后来，他远远的指挥，从大的方面说当时的两军之战是他在指挥，但每次大战又有具体指挥者，这可以称之为部署和遥控。这样说人们不生疏，就像大家常说的

---

① 《蔡松坡集》，上海人民出版社1984年版，第1243—1251页。

"三大战役",具体指挥各有将帅,部署战争和遥控指挥者是毛泽东,战役体现了毛泽东的军事思想。

王阳明指挥作战的确有其过人的本领,曾国藩赶不上王阳明,让曾国藩去指挥王阳明遇到的战争,一定不会那样轻松取胜,这是可以分析而出的结果。但是曾国藩遇到的战争,其性质严重,尤其是规模和历时要比王阳明的巨大、持久,不是王阳明那般动动心眼、耍耍手段就可以取胜的。

曾国藩与太平军的对抗,是全国性的战争,王阳明是局部战争。整个清朝的绿营军都打不过太平军,太平军已控制了江南大部分地区,也曾打到了京津地区。太平军有百万之众,也深得广大人民拥护,同时建立了"天京"政权,有其根据地。作为曾国藩的敌对者,其力量要比王阳明所面对的根深蒂固,是不亚于清政府的一个政权,也可以说是一个国家(天朝)。打败这么一个军队,要有一整套战略准备、战略思想、战略原则、建军、选将、练兵、后勤、指挥、战守、谋略、奖惩、战具、根据地建设、各兵种配合、战斗和夫役的配合等等。十几年、千百战,数百城的争夺,要脚踏实地进行,武汉、九江、安庆、南京等城的战役,都是持续几年的围攻战,血与火的对攻战。曾国藩无法"取巧",胜利不是"巧取"得来的,十几年打下来,曾国藩一次次失败,一点点强大,一步步攻坚,最终取得了全胜。他指挥的战争,总体上是十几年下完的一盘棋,是一个完整的战争,包括了战争的方方面面。人们从曾国藩组建军队,进行十几年的战争过程,更能总结出整套的战斗经验,后来的战争指挥者李鸿章、蔡锷、蒋介石和最后成功的毛泽东,都曾学习曾国藩,即使最后失败的蒋介石,也不一定是学习王阳明、曾国藩才失败的,或是没学好,或是另有原因吧。

曾国藩论述"三不朽",认为立德最难,汉代以后几乎没有,立言者亦罕见。立德是虚空的,孔子立德也只能以言留给后人。此论很是,大德做出来很难,如何行大德能以确当的语言教化大众,把不朽的语言留给后人,指导大众的行为。如孔子,历史上也没记载他多少大德行为,可他却给后人留下《论语》,透视出他的德行之高,让后人学习。

曾国藩与王阳明比较,前者偏重行动,后者用功于立说。曾国藩一生努力于德行，向圣人的最高标准步步前行。他个人不断努力，一丝不苟，同时不断以特别真诚的态度、真挚的语言教育他的家人，他的弟子，从而留下了珍贵的《曾国藩家书》等，让后人当作与《论语》并论的教化书。

而王阳明深入研究孔子、孟子等先秦儒家学说，钻研历代儒学儒术，联系社会实际作深层分析。在继承儒家先贤的基础上，创造出影响数百年的"王学"，又称"心学"。他创立的"心学"，有他独创的理论，如"知行合一"、"致良知"、"心本体"等。他的理论让后世论者皆以为他不再是继承和诠解孔子、孟子、朱子、程颐，而是传统儒学有了新的发展和发现，因此才称他的学说为"王学"，他本人也该被称作"王子"了，该被视为一个完整的圣人——"王圣人"。

显然，王学与曾国藩的不同。王学有完备的体系，理论化、哲学化极强，是上层知识界的学说。任何一门学问的发展大都如此，如数学、物理等，由浅入深，发展为庞大高深的理论体系，仅少数人可以进入。儒家学说的核心是启发大众，在大众的道德层面上开花结果，王学的哲学化发展是必要的，如算术发展为高等数学，但在提高大众道德方面就显得有力使不上。王阳明的学生王艮，是泰州学派的创始人，他就发现了王学的这个特点（或称弱点），就把王学下移，让广大民众参与学习和实践，把"心学"变成"百姓日用"之学。王艮说："圣人之道无异于百姓日用，凡有异皆谓之异端"，他强调"百姓日用条理处，即是圣人之条理处，圣人知便不失，百姓不知便为失"[①]。

曾国藩继承儒家，尤在朱熹的理学，后人称他为理学家，在理学上他没有创出个人的体系和新学说。但是，他把儒家学说逐条实践化，把理论变成修身、齐家、交友、处世、治军、为政的实际行动。他不仅言必称孔孟，行动也全按儒家信条和圣人标准去做。在道德层面上，连反对他、仇视他的人也不得不承认他做得到位，想否认他也只能说他"镇压农民起义"。故此章太炎说："曾国藩者，誉之则为圣相，谳之则为元凶。"称誉者并不否认他镇压起义，说他是圣人；否认者也只能说他镇压起义，说他是"元凶"。

---

① 《明儒学案》第32卷，《心斋语录》。

曾国藩以圣人标准来要求，不仅在修身和教育子弟，而是将此看成一颗"良种"，种子绵延，遍地开花，从而改良社会，挽救逐渐颓废的风气。

后世称扬王阳明，是他发展了孔孟学说，把儒家学说发展到顶峰，自然要研究、发掘他的学说，使中国的传统文化得以发扬。而所以研究曾国藩，是他努力实践儒家学说，把孔孟学说中的优良部分，尤其是道德层面发扬光大，作出典范，推向社会，改造社会。如同我们说的"蒲公英效应"，在群众教育运动中，在官员的廉政教育活动中，发挥道德模范的作用，让社会道德从上到下好起来，为实现中华民族的强国之梦作出贡献。

目 录

1 圣人的家世 1
2 龙图腾 9
3 志趣不同少年时 17
4 圣人的求索之途 27
5 会试崎岖行 34
6 初入官场 45
7 三十立于生死间 53
8 文死谏因皇帝昏愦 62
9 龙场悟道与修身煎熬 73
10 讲学与写信 81
11 镇抚南赣与编练湘军 94
12 初战义军 103
13 二战义军 111
14 三战义军 121
15 破心中贼难,破城中贼也难 130
16 王道圣业,乱臣贼子(上) 143
17 王道圣业,乱臣贼子(中) 148
18 王道圣业,乱臣贼子(下) 155
19 无辩止谤 164

20	自惕自概	171
21	起征思田，光明留给后人	179
22	无兵不帅，荣誉留给学生	186
23	损而未损，是非自在人心	194
24	圣人的"远略"	204
25	理学与心学	211
26	修身以成圣	220
27	齐家以成贤	231
28	圣人的人生哲学	244
29	用"心"修炼	254
30	针砭时弊，倡"知行合一"	260
31	唤醒内心的良知	268
32	历史的演变与王学的兴衰	273
33	蒲公英效应	281

1 / 圣人的家世

家世渊源对非凡之人来说甚为重要，凡大人物传记没有不写家世的。陈胜、吴广被逼造反时反问"王侯将相宁有种乎"，是号召戍卒跟他们起事，结果没当上将相；而王阳明和曾国藩都曾说"圣人无种"，结果都成了圣人。陈胜和吴广没有成王成侯的家世渊源，穷苦农民造反一时成功终究成不了大事，因此中国历史上的布衣将相少而又少。

王阳明和曾国藩都成了圣人，可人们戏称他俩是一个圣人和半个圣人。半个的说法不一而足，但只能意会，难以量化。曾国藩同王阳明相比，圣人味道不足，分量不够。再准确一点说是拿孔孟的标准衡量，王阳明完全是，曾国藩只是相近或相似。

二人的区别或许是各有特点，这特点的形成，亦或与他们的家世渊源有关。例如王阳明的弟子王艮，继承王学创立了泰州学派，影响很大，直到五四新文化运动后出现了"当代新儒学"，其创始人梁漱溟仍极为推崇王艮和泰州学派。但是，在一些学者眼中总认为王艮和泰州学派算不上"王学"的继承，甚至诋之为"假阳明学派"，自然王艮连半个圣人也算不上了。其所以被诋，就因为王艮和大部分学派成员的家世出身，以及他们对"王学"的合理改造。

王艮是江苏泰州人，出身社会底层，父亲是煮盐的灶丁。因家境贫苦，仅读几年私塾便辍学以贩卖私盐为生，因此他自称"鄙民"。可是王艮十分好学，悟性又高，买卖之余则刻苦研读儒家经典，如痴如醉。在他38岁时得知王阳明在江西豫章讲学，长江两岸的学者多追随称徒。于是，毅然弃商买舟南下，受到王阳明的赞赏，收为弟子。王艮既有较深厚的儒学根基，又一心追随王阳明，遂得"王学"真传。后王阳明去世，他亲为迎丧，又经理其家，而后亦开门授徒，学者云集，从而形成影响很大的"王学"泰州学派。这个学派成员同王艮一样，多来自社会下层，有所谓贩夫、走卒、农民、野老、樵人、陶匠、盐丁等，有人把他的授徒比之于"孔先师设教杏坛"，群弟子四方毕至，王艮"任其往来，启迪不倦"①。

由于王艮出身下层，他追随了圣人王明阳，眼光却下移至社会底层，认为儒学只有同广大民众相联系才有社会价值。因此他提出"百姓日用即道"，百姓日用体现圣人之道，让百姓认知"王学"，圣人之道则不失，"百姓不知便为失"。王艮的弟子们皆发扬此说，阐发"日用处，圣人原与百姓同"。对于"圣人之道"，士农工商人人皆可共学。孔子三千弟子，通六艺的"贤人"七十二，余皆无知鄙夫。汉代之始，"千古圣人与人人共明共成之学"，"独为经生文士之业"。而自王艮之出，慨然独悟，直超孔孟，再继绝学，让愚夫俗子，不识一字之人又得闻孔孟之道，王艮之功"可谓天高而地厚矣"②。总之，泰州学派把"圣人"之学与愚夫愚妇、百姓日用相联系，让高深抽象的"王学"理论生活化、实用化、平民化，如黄宗羲评论王艮："于眉睫之间，省觉人最多。谓'百姓日用即道'，虽僮仆往来动作处，指其不假安排者以示之，闻者爽然"③。由于王艮把"王学"平民化，就使"圣人之学"摆脱了名教的羁绊，在寻常百姓中开花结果，这自然具有进步意义。

王艮和泰州学派的案例说明，由于王艮的出身，才能把"王学"与"百姓日用"相联系，把"圣人之学"从贵族文化、上层社会中解放出来，变成平民百姓提高道德的文化，互相砥砺的哲学。

曾国藩和王阳明相比较，一个代表的是平民儒学；另一个则是贵族儒

---

① 《王艮遗集》，第4卷。
② 《明儒学案》第32卷，《泰州学案》。
③ 《明儒家案》第32卷，《泰州学案》。

学，王艮弟子所说的"经生文士之业"。

曾国藩家世之寒素，与王阳明无法相提并论。如曾国藩《台洲墓表》介绍："吾曾氏由衡阳至湘乡五六百载，曾无人与于科目秀才之列，至是乃若创获，何其难也！自国初徙湘乡，累世力农，至我王考星冈府君，乃大以不学为耻。讲求礼制，宾接文士，教督我考府君，穷年磨厉，期于有成。"[①] 曾国藩所言曾氏一族，远祖居江西，后迁至湖南衡阳，清初再迁至湘乡。祖上五六百年连个秀才也没出过，显然多为衣食忙碌，家境艰难。曾国藩所说的星冈府君，就是他的祖父曾玉屏，以"不学为耻"，教督他的父亲曾麟书用功学习，争取有个功名。

曾国藩嘉庆十六年（1811年）出生时，曾祖父竟希70岁、祖父玉屏37岁、父亲麟书21岁，祖孙三代亦无功名。曾祖父虽送祖父玉屏入塾读书，可玉屏不仅不愿用功，还养成了游手好闲、好吃懒做的恶习。后来听了长辈们的劝告，才猛然醒悟，"讲求农事"，做了"回头浪子"，扎扎实实地干起农业。

曾玉屏起早贪黑，开荒辟林，种菜养猪，养鱼打柴，拼命地干。同时省吃俭用，开源节流。曾国藩在为其祖父写的《大界墓表》，较为细致地记述了祖父创业的情况。他的家乡属山区，土地块小而分散，"垅峻如梯，田小如瓦"。曾玉屏"凿石决壤"，硬是把小块梯田开垦成便于耕作的大田。家庭副业更为忙碌，"种蔬半畦，晨而耘，吾任之（曾国藩转述祖父的话）；夕而粪，庸保任之（雇工一人）。入而饲豕，出而养鱼，彼此杂职之"[②]。

由于曾玉屏的勤奋，几年后曾家境况大为好转，蒸蒸日上；曾玉屏的勤劳、乐为邻里服务，也使他的威信在乡里树立起来。四乡有什么大事小情，红白喜葬，天灾人祸，纷争诉讼，都来向他求助，所谓"乡党戚好，吉则贺，丧则吊，有疾则问，人道之常也，吾必践焉，必躬焉。财不足以及物，吾以力助

---

① 《曾国藩全集》第14册，岳麓书社1994年版，第331页。
② 《曾国藩全集》第14册，第329页。

焉。邻里讼争，吾尝居间以解两家之纷"。（同前引书）

曾玉屏务农同时，以个人年轻荒废学业为教训，"大以不学为耻"，督责儿子曾麟书苦读，弥补曾家"无功名之人"的大缺陷。无奈曾麟书的天资也不佳，终日苦读，先后参加过17次初级功名的考试，耗去大半生光阴，直到43岁那年才得补县学生员，真是勉为其难了，但总算让曾家突破了五六百年来无功名者的历史，出了个秀才。曾玉屏不满足儿子的这点成绩，更加督责他进取，如曾国藩在《台洲墓表》中所说："其责府君也尤峻，往往稠人广坐，壮声呵斥。"所谓"当面教子，背后教妻"，曾玉屏对40多岁的儿子仍严厉教育，不避众人。

曾玉屏治家极严。妻子王氏大他17岁，有子三人，麟书居长，老二早殇，老三曾骥云很少为曾国藩提及，只知他一生无子，以麟书子国华为继。玉屏创制一套家规，曾国藩把它定为"八字家诀"：早、扫、考、宝、书、蔬、鱼、猪。①这个"家诀"，曾国藩一生很多次提到，并不断给予解释，如说：早起三朝，可当一工；扫除院落，不可忽略；慎终追远，逐德归厚；患难相顾，惟善为宝；读书明理，普及知识；园有蔬菜，四季常新；鱼跃于池，活泼泼地；庖有肥肉，养老待客。

曾玉屏还要求家庭成员疏远六种人：算命的、看风水的、巫道、巫医、和尚、闲客。曾国藩也曾为之编成顺口诀："书疏鱼猪，早扫考宝，常说常行，八者都好；地命医理，僧巫祈祷，留客久住，六者俱恼。"②

总之，曾玉屏是曾氏一族数百年来的关键人物，也是曾国藩心目中的偶像。他在为之所撰《大界墓表》中说："国藩窃观王考府君威仪言论，实有雄伟非常之慨，而终老山林，曾无奇遇重事一发其意。其型于家，式于乡邑者，又率依乎中道，无峻绝可惊之行，独其生平雅言，有足垂训来叶者，敢敬述一二，以示后昆。"③曾国藩在日记中自克自省，常以祖父为榜样，在给诸弟的书

---

① 《曾文正公家书》，咸丰十年闰三月二十九日。
② 《曾文正公家书》，同治五年六月初五日。
③ 《曾国藩全集》，第14册，第329页。

信中，更是很多次提到，认为他们兄弟，尽管官至督抚，比起祖父来，威仪风度，百不及一。

曾国藩为什么这样敬仰他的祖父，就是因为祖父让曾氏家族兴盛起来。在他的努力下，家道农副业兴旺；在他的督责下，有了第一个秀才。但是，我们从侧面分析，曾玉屏不过是个少年纨绔的回头浪子，经个人努力有了一些山坡土地。他率领全家劳作，又立有一定的耕织务业家训。同时为让家族出个有功名的读书人，严责其子，从而让曾氏家族真出了破天荒的秀才。

曾玉屏这样的人在封建社会里算是普通的家长，若没有曾国藩成了镇压农民起义的统帅，成了清政府的名将名相，曾玉屏的事迹将淹没无闻。曾国藩心目中的偶像，他认为自己百不及一的祖父曾玉屏，不过是一个平民百姓。因此，曾国藩的家世，是一个普通又普通的平民，如王艮泰州学派的广大成员一样，为衣食奔忙的平民。

王阳明的家世可就非同一般了。钱德洪所作《年谱》、湛若水《阳明先生墓志铭》、黄绾《阳明先生行状》，都追其先世为晋光禄大夫王览，王览之孙王导进入了东晋的政治中心。以后文官武将并出，是中国历史上著名的门阀士族，刘禹锡《乌衣巷》"旧时王谢堂前燕"，王、谢两家主导天下，王家就是王阳明的先祖。王览曾孙是被传为神话的"书圣"王羲之，王氏一族的大书法家还有很多，如王献之、王珣也很有名。

到了明初，传到王阳明的六世祖王纲。王纲字性常，文武兼资，与刘伯温友善。洪武四年，因刘伯温的推荐，朱元璋拜其为兵部郎中。后来被明廷派往广东镇压民变，王纲和儿子王彦达到前线作战，王纲战死，王彦达以羊革裹尸，归葬其父。到洪武二十四年，朝廷在增城为其建庙，以褒其功。王彦达对父亲死在战场痛心疾首，立誓不再做官，隐居浙江余姚不出。

此后，王家一族皆以儒学为业。王阳明的四世祖王与准，饱读诗书，对《易》《礼》尤为精通，执行家训，不出做官。但朝廷知王氏家族渊源深厚，令有司找王与准赴京城做官。王与准闻知逃入四明山，因坠崖伤足得免，因此自号"遁石翁"，感念崖石伤足，让他免于为明朝之官。

其曾祖王杰，大概是仿效陶渊明，以门前植有大槐树，自号"槐里子"，学者称其为槐里先生。王杰学习儒家经典超出其父，著有《易春秋说》、《周礼考正》等书，其研究水平在当时也算是有名气的。因此，朝廷让郡邑官强拉其做官，邑令黄维为他准备了行装，他则以亲老辞而不就职。直到父母辞世后才入太学，当太学祭酒陈敬宗向朝廷举荐他时，任命书未达他却逝世了。

其祖父王伦，字天叙。继承父志，更加刻苦读书，经史子集，无所不熟，应该是位大学者了。他酷爱竹，所居处四处皆竹，学者们称他为竹轩先生。竹轩以授业传弟子为好，并钻研经史，有很多研究文章，辑之于《竹轩稿》、《江湖杂稿》中。竹轩对王阳明就有直接影响了，幼年时的王阳明就常听祖父读书，并且默记。竹轩翁常常高声诵读诗书，豪迈不羁，这也深深影响着王阳明。幼时的王阳明性格极似祖父，父亲常以为虑，而竹轩翁却认为这个小孙子将来定有所作为。

"旧时王谢堂前燕，飞入寻常百姓家"，刘禹锡的感慨亦适于老王家的后代。王氏家族在晋时与王室"共天下"，而因王朝更替，中道式微，到王明阳父亲王华时再度兴盛。

王华是明成化十七年（1481年）辛丑科殿试一甲第一名，是皇帝亲点的状元。状元郎的传说在封建社会尽是神话，王华也有神话传说。竹轩翁夫人岑氏信佛，在生王华时，祖母梦其姑抱一绯衣玉带童子给她，言称："你孝敬长辈，吾与你祖求之上帝，以此孙给你，世世代代荣华无比。"① 王华兄王荣，兄弟以荣华名，与梦相符。

王华字德辉，号实庵，晚号海日翁，常读书于家乡龙泉山，学者称其龙山先生。王华进士及第后授翰林院修撰，不久命为明孝宗的日讲官，赐金带，因其忠直，敢于劝说皇帝，得到孝宗赏识，官至礼部侍郎、兵部主事等。

王华为人忠恕坦直，无矫言伪行。人有片善则赞不绝口，有过失则直言

---

① 《王阳明全集》第38卷，《海日先生墓志铭》，上海古籍出版社1992年版。

规劝。生性至孝,对父母亲敬爱之养,无所不周。母岑氏寿至百岁,王华也年逾古稀,却朝夕如童子侍奉左右。母亲逝世丧葬,他以高龄跪足行数十里送葬,因劳累悲痛而生了病,卧床年余。王华一生勤学不怠,并有大量著述,如《龙山稿》、《坦南草堂稿》、《礼经大义》、《杂录》、《进讲余抄》等。

王阳明曾说:"吾宗江左以来,世不乏贤,自吾祖竹轩府君以上,凡积德累仁者数世,而始发于吾父龙山先生。"说明影响他最为直接的还是父亲王华。王华元配郑氏,继室赵氏,侧室杨氏,共有子四人,长曰守仁、次曰守俭、三曰守文、四曰守章。阳明的同祖兄弟五人亦按照儒学信条取名,加上王阳明兄弟四人,分别为:仁、义、礼、智、信、文、章、俭、恭,这明白告诉人们,王氏家族乃一儒学世家,王阳明(守仁)正好是个老大。

有论者认为,曾国藩的家族数百年未出一个读书的,他生活的地区交通困闭,山野之人"世事痴聋百不识,笑置诗书如埃尘"①。其祖父力农持家,培养出一个秀才,曾国藩一生奉祖父为圭臬,使他虽为将相,却目光短浅,儒学文化之博大,到他那里也不过修身教子而已。此说,也许不无一点道理。

还有论者提出,王阳明与曾国藩一生功业,都在兵事和儒学,是这两个方面造就二人的功业和名声。但他们又有很大的区别,王阳明即使没有军事方面的业绩,也将成为影响巨大而深远的"心学"大师,成为儒学的时代人物,成为中国的圣人。曾国藩则不同,是太平军起义给他带来从军的机会,使他成为有影响的"中兴名臣"。由于他镇压起义救了清王朝,造成了那个时代无人能取代的"大业"。他出了大名,之后才使他的那些细碎说教随之出名,成了"理学大师","半个圣人"。没有镇压起义的军事造就声威,虽然他已是二品大员,但之后的人生之路他亦会默默无闻,那些修身和教子的细碎说教将苍白无力,什么也不是。

所以如此,就因他们的各自出身不同。王阳明家世渊源显贵而博深,是

---

① 《曾文正诗集》卷三,第 7 页。

儒学世家，完全有可能造就他这个儒学大师。当时，一个儒学大师由王氏家门已可呼之欲出了。而曾国藩不同，仅是一个由农民家庭走上"天子堂"的知识分子。即使个人加劲努力，仅靠留下的日记、书信等，没有镇压起义造就的"中兴名臣"声望，也将埋没而无人知晓，自然连"半个圣人"也无由产生了。

2 / 龙图腾

图腾是一个民族的保护神物和标记，据说至今美洲有个部族奥季瓦，仍崇信图腾，"图腾"一词也来自该部族的方言。

古老的民族无不崇拜本族的图腾。中华民族的图腾是龙。

保护神被整个民族无上崇拜，那首先来自民族敬畏。是因惧怕而尊崇，由尊崇而拜为神灵，倚恃为保护神。中华之先民乃地球古老之族群部落，以渔以猎存活不知凡几世纪。因生活条件太有限，居于洞穴鸟巢，与野兽争食。如《淮南子》所言："火爁焱而不灭，水浩洋而不息。猛兽食颛民，鸷鸟攫老弱。"①其时也，较猛兽、鸷鸟尤为凶残者乃为大蛇，洞巢皆可避猛兽却不可以防大蛇。先民惧怕虫蛇，而期望有神灵般的大蛇保护，久而久之人们将大蛇神化，名之曰"龙"，让龙作为保护的神，作为中华民族至高无上的图腾。

于是，中国最古老的神话即女娲造人的传说就言"娲，古之神圣女，化万物者也"，"女娲人头蛇身，一日七十化"。②从最早的神话传说，到后世最普及的小说、笔记、石刻、画像，皆言拯救中华先民的神灵女娲、伏羲，都是蛇、鳞之身，即"伏羲鳞身，女娲蛇躯"。在大文豪韩愈的笔下，"龙嘘气成云"，"麟之为灵，昭昭也。咏于《诗》、书于《春秋》、杂出于传记百家之书，虽妇人小子，皆知其为祥也"。韩愈还说："麟之出，必有圣人在乎位，麟为圣

---

① 《淮南子·览冥篇》。
② 袁珂：《古代神话选释》，《女娲篇》，人民文学出版社1979年版。

人出也。"①诚如韩文所言,既然女娲、伏羲是救世之龙,后来的帝王、圣人也都是"真龙转世",所谓"帝王之世,麟在郊薮"。

韩愈所言和神话中说的麟、龙、蛇是一个神物,都是中华民族的图腾龙,亦即大蛇。所谓"伏羲鳞身,女娲蛇躯",山东省嘉祥县武斑祠石刻画像"伏羲女娲交尾图",就是两个人首蛇身的神物,尾部紧紧缠绕在一起②,说明人、龙(即大蛇)、神是三位一体的。自然,这其中的人并非一般的凡人,而是"圣人",或是帝王。就是说,圣人、帝王本身就是龙,就是神。

按照韩愈"麟为圣人出"的逻辑,中国历史上"受天有大命"的皇帝、圣人们都是真龙下凡。随便翻翻史书,有点作为的帝王全都如此,连史家写的"正史"中也不乏其例。小小的亭长所以能打败西楚霸王项羽,就是因为刘邦是其母与龙交配所生真龙,此说出自汉书③。"千古雄主"汉武帝刘彻则是"天魔下凡的龙孙"④。正史、野史中都留有他们孕育、降生的神秘奇异故事。"唐宗"李世民是"龙飞晋阳"⑤,"宋祖"赵匡胤也是"青龙转世"……正史、野史上有这些记述,才让饱读诗书的韩愈等对龙的描述洋洋洒洒。

既然帝王、圣贤皆龙,以龙为图腾的古代社会,龙非帝王之专,孔孟等圣贤亦为龙。所以,王阳明、曾国藩这等圣贤,皆有龙的转世说,在他们在世的年代,似乎并非虚玄。

连最严肃最讲真实的史料和《王守仁评传》⑥都记述,王阳明是十四个月才出生。现代医学表明,早产儿常见,晚产儿少有,晚产四个月之久的几乎没有。曹雪芹曾用探春的话说:"谁又是二十四个月养下来的?"(见《红楼梦》第五十五回)说明晚产者稀有。神话中的哪吒坐胎三年才出生,那毕竟是神话,而王阳明却是真实的历史人物。出生之时,王阳明的祖母岑老太太做了个

---

① 韩愈:《获麟解》。
② 袁珂:《古代神话选释》扉页图。
③ 《汉书·高帝纪》,卷一。
④ 《太平广纪·汉武帝》,卷三。
⑤ 《资治通鉴》卷185,"唐纪一"。
⑥ 张祥浩:《王守仁评传》,南京大学出版社,第6页。又见张廷玉:《明史·王守仁传》等。

梦,梦见身穿红衣的神仙从空中降下,手里抱着个孩子,伴着鼓乐把孩子递到她手中。岑老太太一惊醒来,随之便听到婴儿的哭声自儿媳屋子里传出,王阳明就这样神奇地来到人间。王阳明是由神仙从空中送到人世的,一般便认定是"神龙"下凡,当时是明成化八年九月三十日,公元1472年10月31日,那年是壬辰年,正好是龙年。或许,那年出生的孩子都是王阳明的陪衬,那年的龙就是王阳明。

爷爷王天叙,就是那位被人尊为竹轩翁的教书先生,听老伴梦中故事确定这个小孙子便是飞龙转世,长大肯定有大作为。因为他儿子出生时也是其祖母梦见绯衣玉带儿下界,儿子王华后来考中了状元。而孙子出生比儿子还要神奇,是神仙驾着祥云送来的,又孕育十四个月,所以就给新生儿取名为"云"。故事很快传开,四邻八乡便称孩子降生的楼房为"瑞云楼",乃是"瑞云送子"的典故。瑞云楼在清乾隆年间毁于火,今天余姚市的瑞云楼是后来多次修复的,为爱国主义教育基地。

用现代科学解释,孩子晚产好多天并非好事,如出生晚了体重增加、体型加大往往难产,成活率减少;在胎中时间过久肺活量不足,易患肺病;孩子往往会患"语迟"之病,是说在胎中憋得太久,孩子开口说话会慢;将来寿命往往不高。这些晚产的弊害,王阳明大都有(他只活57岁,死于肺病)。

几乎所有记述王阳明历史的书籍、文稿都说他五岁了还不会说话。起初,威信极高的竹轩翁向大家微笑,称"贵人语迟",应和者还能举出历史上"语迟"的贵人。但是,一年年过去,四邻八舍的儿童个个都会说笑、唱儿歌、背书,唯有云儿还是个片语不出的哑儿。这下连竹轩翁也再难用"贵人语迟"搪塞,可也瞎着急,只能愁城坐困,但心里仍坚信云儿出生的神话。

神就是神。某日,云儿正与群儿戏,一个道人突然出现在道旁。道人细细端祥云儿,摇摇头,拍拍他的脑门,叹息道:"好个孩儿,可惜道破。"说完,飘然而去。大一点的儿童把道人的举动和言语转告了竹轩翁。竹轩翁自然不会放过老道的玄机,他反复念叨"好个孩儿,可惜道破"……突然,灵光一闪,小孙子名"云",云就是说道,"道破"了天机,还怎么说话!于是,竹轩翁马上给孙子改名,饱读诗书的竹轩翁为孙子改名为"守仁"。

守仁、守义之词在儒家书典中是很平常的,后来老王家的孩子取名都以此类推:仁、义、礼、智、信……而"守仁"一词出自《论语·卫灵公十五》第三十三条:"子曰:知及之,仁不能守之;虽得之,必失之。知及之,仁能守之。不庄以莅之,则民不敬。知及之,仁能守之,庄以莅之,动之不以礼,未善也。"①

对这段话的解释一直分歧颇大,大概意思是:用聪明才智得到了某东西(如权利、名誉),没有仁德,也早晚会失去。这犹如治理国家,得到国家和人民,不用仁德去治理,早晚会失去权力和人民的拥护。按照这个解释,竹轩翁为孙子起"守仁"之名,意义蛮重大,期望也甚高。

此后,云儿有了名字:王守仁,字伯安,号阳明,后世尊称王阳明,阳明先生。

说也甚奇,自从"云儿"改名为"守仁",王阳明立即便会说话。不仅会说话,而且会背会读竹轩翁平日读过的好多书。一家人都大为惊奇,一个不会说话的孩子,哪有人教他读书,他是从哪里学来的。王阳明回答:爷爷读书时,我在旁边已在默记了。

这些记述,亦多出自《年谱》、《行状》、《墓志铭》等可以让人信任的史料。

距王阳明三百多年后出生的"半个圣人"曾国藩,也有"巨蟒转世"的传说。

历史虽然行进了三百多年,但以小农业为经济基础的旧中国,国情并未发生多大变化。封建家长制度一点也没有变化,台上的皇帝仍然是"坐龙庭"。匡亚明先生主编的一套《中国思想家评传》,其中2006年由梁绍辉先生撰写的《曾国藩评传》出版。该书的基调认为曾国藩是时代的落伍者,环顾世界欧美诸国正发展为资本主义强国,而曾国藩却仍然囿于中国的传统之

---

① 杨伯峻:《论语译注》,古籍出版社1958年版,第176页。

学、之政、之术而不了解世界发展的大势。此论自是确当,但"落伍者"岂止曾国藩,整个中国都在"落伍",不"落伍"中国就不会被痛打了。当时,除少数直接目睹英国军队入侵,战后怀着"开眼看世界"的目的去研究欧美国家者,如林则徐、徐继畬、魏源等,整个中国的知识界还都如曾国藩一样仍然囿于中国的传统之学。

由落后到进步得有个过程。林则徐是公认的最先"开眼看世界"者,但他在去广州主持战事,没亲睹英国军队和官商之前,对世界的认识也很荒唐。当英国人打到广州了,道光皇帝不知英国在哪里,忙令臣下"查明英夷之情"。众臣工的奏疏五花八门能令人笑掉大牙。林则徐的奏折同样可笑,如说英人喝不到中国的茶便"无以为命",只须宣告不卖予茶叶英人便会惧怕而罢战;同当时的侍讲学士骆秉章一样,都认为"英夷上身刃不能伤,但以长梃俯击其足,应手即倒","其腿屈伸皆所不便"等等(大臣奏疏皆见《道光朝筹办夷务始末》)。

生于19世纪初的曾国藩距离五四新文化运动尚有百余年,四十年后发生的太平天国农民起义,传统认为那将是中国的"新希望"。然而,洪秀全先是以"基督转世"号召大众;打到南京后便忙于建筑"龙庭"金銮殿,忙于选秀女入宫。洪杨等农民领袖的这些举动一点也不比清廷皇帝"落后",只是选的秀女更多些罢了。

因此,中国仍然是龙图腾,仍然坚持"转世"说。曾国藩的"巨蟒转世"说载于当时史书笔记,而湖南民间流传更广。做过外交使节、代表中国参加修筑巴拿马运河国际会议的黎庶昌,是曾国藩四大弟子即"曾门四子"之一,无论作为和眼光都较一般知识分子高远。但他为老师写的《曾文正公年谱》,开篇便描述曾氏出生时其祖父"梦有巨蟒盘旋空中,旋绕于宅之左右,已而入室庭,蹲踞良久"[①]。文章继续解释:"其宅后有古树,为藤所缠,藤大且茂,矫若虬龙,枝叶苍翠,垂荫一亩,亦世所罕见者。"

[①] 《曾国藩年谱》,岳麓书社1986年版,第1页。

巨蟒降生曾家的传说流传在古老神秘的高嵋山麓，流传于湘乡、衡阳偏僻的山野中。此后，人称曾家的古藤为"巨蟒藤"。野史传说，此藤随曾国藩之荣瘁，亦见其荣枯：曾氏登第、荣升、打胜仗，藤则欣欣向荣，枝叶繁茂；曾国藩困顿之时，藤亦兀兀然有欲槁之状；及曾国藩死，这株巨藤也叶落枝枯，遂即萎死。①

蟒蛇转世的传说，从别的故事中不断得到印证。有一年，曾国藩入塾读书了。正月十六，嫁出的女儿要回娘家，母亲带他去外婆家。一大早舅舅就划了船来接，他像小鸟出笼，高兴极了！小船在涓水上滑行，天气好极了！曾国藩伏在船边，望着远去的山峦，数着峰顶。忽听母亲大叫一声："蟒蛇！"小船随着母亲的叫声一个歪斜，专注于远山的曾国藩"扑通"一声掉进江水中。舅舅大惊，急得要跳水救人，却见孩子稳稳浮在水上，慢慢游向船边，舅舅伸手把他拉到船里。事后母亲和舅舅都说，明明看到一条大蟒蛇，再说孩子小小年纪，也不会游水啊！曾国藩一生不习游泳，咸丰四年（1854年）四月靖港战败，他投水自杀不死，人们再次传说他是蟒蛇转世。

曾国藩爱吃鸡，却莫名其妙地最怕鸡毛。当时的紧急公文，信封口处要粘上鸡毛，俗称鸡毛信、鸡毛令箭。曾国藩见了此信，总是毛骨悚然，如见蛇蝎，要别人代为取掉鸡毛，才敢拆读。一次，他到上海阅兵，登上阅兵台，猛见台上有一把鸡毛掸子。他一见吓得直往后退，差一点摔下台去。急令人拿去掸子，他才敢胆虚虚地入座。旧时有云："焚鸡毛，修蛇巨虺闻气而死，蛟蜃之类，亦畏此气。"曾国藩怕鸡毛，自然被人理解他为龙蛇所变。

还有，曾国藩长了一身蛇皮癣，初时尚无大痛痒，35岁之后，癣疥一天天严重，奇痒无比。曾国藩或坐或卧，皆不断抓挠，像个猢狲。曾国藩一生癖好下围棋，他一边下棋，一边抓背挠腿，只见皮屑飞扬，一局下来，周围地上、棋盘桌案上到处是皮屑，像下了阵小雪。曾国藩的满身蛇皮癣疥，被人传为蟒蛇的鳞片，也成为"蟒蛇转世"的根据。

---

① 《清朝野史大观》（三），第7卷，第67—68页。

再者，太平天国起义者也替他作宣传。洪秀全、杨秀清等起义时，宣布自己是天帝耶和华、耶稣基督、天将天兵下凡，是天上的神下到人间救世，要斩尽害人的妖精。清政府是"清妖"，皇帝是"妖头"，大臣们都是妖精，曾国藩被骂作"曾妖头"，是他们先要斩杀的对象。官民传说他是蛇精转世，等于自我承认是蛇妖，正该斩杀。因此，也一直替曾国藩作了一番"巨蟒转世"的宣传。

由朱孔彰撰写的史料价值特高的《中兴将帅别传》，首篇记述曾国藩，开笔便写了曾国藩"巨蟒转世"的传说①。朱孔彰(1842—1918)，光绪朝举人，其父朱骏声是当时著名乾嘉学派的经学家。曾国藩驻军祁门，年方十九的朱孔彰前往投奔，曾氏奇其才，留营作幕僚。曾氏官任两江总督，命其襄校江南书局，后主持淮南书局、江楚编辑局、江南通志局，民国初受聘修《清史稿》，仅成稿数十篇谢世。曾国藩曾集苏诗为联赠之：

先生索居江海上，处士风流水石间。

为朱孔彰《中兴将帅别传》写序的孙诒让，亦与朱同时代人，曾闻曾见当时曾国藩与太平军的战争，"辗转兵乱间，仅以获全，故于东南军事闻见颇悉"②。序中写道："朱君尝从文正戎幕讲学，甚悉于麾下材官健儿，多相狎习，尝从询兵间事，辄得其译，故此传纪述特翔实。"

朱孔彰是亲历曾国藩军事诸方面的幕僚，又是著名经学家、史学家，而且在史学方面"尤以《中兴将帅别传》名于世"，"是书文直事核，与湘潭王壬翁《湘军志》相骖靳"③。正是朱孔彰和他的与王闿运《湘军志》齐名的《中兴将帅别传》，首先记述了曾国藩出生时"巨蟒盘旋入室"，宅后巨蟒"以蕃荫亘一亩，人以为瑞藤云"。朱孔彰以史家之笔写出，与乡民野老传言

---

① 朱孔彰：《中兴将帅别传》，岳麓书社1989年版，第1页。
② 孙诒让：《咸丰以来将帅别传序》。
③ 《中兴将帅别传》"出版说明"，岳麓书社1989年版。

自不能等同,在封建制度下,龙图腾、蛇转世几成莫大神秘的事实了。

当初,曾国藩的曾祖父竟希公为重孙宣传:"当年郭子仪出生时,他的爷爷梦见大蟒临门,郭子仪成了唐朝的兵马大元帅。今天,蟒蛇进入我曾家,分明又一个郭子仪降生嘛!"后来,曾国藩立志要做郭子仪那样的大将,平息安史之乱,把唐室失陷的东西二京夺回还给天子,他的古风有:"生世不能学夔皋,裁量帝载归甄陶。犹当下同郭与李,手提两京还天子。……"①这是否受了"巨蟒转世"之说的启发,亦未可知。

总而言之,图腾说只能看作一种古老的文化、古老的神话传说。如果赋予它某些积极意义,如说:"龙的传人"、炎黄子孙,犹可以增加亲切感,构筑民族凝聚力。自然,不能以强调民族图腾,造成民族偏见、民族分裂,否则将罪莫大焉。

而"转世"说,只能当作聊斋故事听听罢了,唯物主义者不能相信它。专制社会的权力持有者以"君权神授"吓唬百姓,便于统治。但是,若赋予其积极意义,如在曾国藩思想里产生了非凡的信号,从而立下非常的人生目标,而后终生为之努力,为之奋斗,岂不是一件大好事。

---

① 《曾国藩诗集》卷一。为唐镜海《十月戎行图》题。

3 志趣不同少年时

王阳明与曾国藩少年时的志趣很是不同,其原因也说不清楚。从总体上说,曾国藩的少年志趣平平常常,但也甚为正常。而王阳明的志趣很不平常,奇特而怪异。

既然曾国藩的志趣平常、正常、简单,就先说他。

曾国藩的生年是嘉庆十六年十月十一日,公历1811年11月26日,出生后祖父曾玉屏为他取名叫宽一。从这个名字就可看出,虽有"巨蟒转世"之说,具体生活还得要回到人间烟火中来。曾国藩是长房长孙,故有"一"字,而"宽"字体现主持家政的曾玉屏仅有的小农眼光,理想是能让家庭生活宽裕些。

宽一的幼年没有如王阳明那般传奇的故事发生,平平常常长到了五岁。

主持家政的曾玉屏一方面大力发展家庭农副业,率领全家人早起耕织,积肥、种菜、养猪、养鱼。同时"大以不学为耻",让儿子曾麟书苦读,得中功名。无奈儿子天资差,中功名的希望不大。如今宽一五岁了,又有其父的"梦麟之兆"在,所以玉屏又把考取功名的期望放在孙子身上。

宽一五岁识字,六岁入塾读书。曾麟书要准备县学考试,所以特请了陈雁门来家授课。由玉屏父子二人为宽一取了学名,即子城,字伯涵。"子城","公侯干城"意,即将来成为国家的栋梁。"伯涵",广大开阔又深远意。

宽一入塾那年,麟书考试落榜,随后即来家开馆授徒,为其私塾取名"利见斋",意思是在此学馆出去的学生都会有出息。这里的先生多次考试不佳，很难让人相信学生会如何如何。穷乡僻壤，农夫们对孩子都无太大奢求，于是便有了十余名儿童来到曾氏的家庭课堂。小子城也算"利见斋"的一名学子，老师就是一直考不取秀才的父亲。

曾麟书自己的功名前途无大希望，便把满腔热血灌注在儿子身上，这也是父亲的愿望。所谓"名师出高徒"，曾麟书不是名师，自己的儿子兼学生也不是高徒。何况，四书五经，一个劲地背，很难出现"高徒"来。他爷儿俩的教和读没任何高招，就只是个"苦"，苦教苦读。曾国藩后来回忆："晨夕讲授，指画耳提。不达则再诏之，已而三复之。或携诸途，呼诸枕，重叩其所宿惑者，必通彻乃已。"①

这里哪有什么教学方法可言。从早到晚不停，指画耳提，学不会再三再四。走路、睡觉都在讲、读、背，尤其那些疑难的地方，不达到彻底领悟和熟记于脑，誓不罢休。曾麟书不光是在教儿子读，他自己也是在苦读，因为他不断参加功名的最初级考试，总也考不取。

曾国藩随父亲读书到十四岁，四书、五经基本读完，也会作八股文了。在穷乡僻壤里，在不多的知识人中，已很有才名。现在的评论者往往取笑他"愚"，孰不知四书、五经是好记好背的？是《易经》好解好背，还是《论语》《中庸》好背好解？有的人让我们不可思议，如梁启超、林则徐等，十余岁就考中秀才，但这样的人实在太少了。

就在曾国藩十四岁那年，有了才名，父亲的好友衡阳欧阳凝祉，字沧溟，他是个多年考不中举人的廪生，即资历很高的老秀才，远从衡阳来看曾国藩。欧阳凝祉功名虽不高，但却是衡阳、湘乡有名的学者，诗文作得好，平日也很自负，他特来考考好友曾麟书的儿子，心中尚存别的主意。

欧阳凝祉看了曾国藩的诗文心里已很赞赏，随后当场出题考问，曾国藩皆对答如流。多方考教，欧阳氏都甚为满意，认为这孩子将来一定大有前程。于是，当即与曾氏议婚，两家定为儿女亲家，欧阳之女便是后来曾国藩的

---

① 《曾国藩全集》第14册，第331页。

结发原配，终生相守。

就在曾国藩十四岁那年，因欧阳氏的称赞，曾麟书带儿子一起参加童子试。自己多次不中，让儿子试试看，结果父子双双未中。

道光十年（1830年），曾国藩20岁了，曾麟书同曾玉屏商量，自己多年不中秀才，让孩子总跟自己读书怕误了学业，不如为孩子另请名师，听说衡阳唐氏家塾有个汪觉庵先生，八股文教的很好，学问也远近出名，可以送去就读。于是在那里只读了一年，就学完了该学的课程，又回到本县的涟滨书院，从师刘元堂先生。

道光十三年（1833年），曾国藩二十三岁了，这年他得中秀才，父亲于去年先中。与父亲相比较，曾国藩算是早成了。曾麟书先后十七次应试，四十三岁中秀才；曾国藩二十三岁虽不算小，但比父亲却提早得中二十年。父亲得中的那年，曾国藩也参加了考试，结果未被录取，却"以佾生注册"[①]。《论语·八佾第三》[②]第一条："孔子谓季氏，八佾舞于庭，是可忍也，孰不可忍也？"这里的"佾"是指古代天子、诸侯舞蹈奏乐的乐舞者，八个人为一行，"八佾"是八行，共六十四人，只有天子才用八佾。季氏是一般的大夫，只能用"四佾"三十二人，所以孔子才谴责他。先秦的乐舞往往在极为严肃如祭祀等场合才有，充当乐舞生是一种荣光。曾国藩虽未被录取，却被注册为"佾生"，自然比完全没有注册的落榜者要好得多了。

但后来的评论者却以为这是曾国藩的耻辱，原因是考官的批语是："子城文理欠通，发充佾生。"认为发充佾生是因文理欠通，给曾国藩讥讽式的惩罚。实则非然，科举考试乃国家抡材大典，考官也不许如此讥讽考生。充当佾生既然是一种考生应得的荣誉，不是因文理欠通就可以拿来作讥讽物的。如果这样，考不中的总是多数，有的答不上、写不完、交白卷，可都用何种手段惩罚呢？那时的考试不像如今，把总分分割，那里得多少，扣多少，除

[①] 黎庶昌：《曾文正公年谱》。
[②] 杨伯峻：《论语译注》，第25页。

此不许批卷人多写什么话在考卷上面。那时就由阅卷者看文章，提出意见，尤其是主考决定取与不取，总要批个意见。对落榜者批何意见？用文章来决定考生落榜，文理欠通是正常不取的批文，含糊其辞、模棱两可的批语是不能用在取舍学生上面的。曾国藩没能被录取，又被"发充佾生"，才能让他知道没被录取的批语，那些完全落榜的考生，怕是不知道自己得到的是何种批语的吧。

第二年曾国藩就被录取了，也许因为那次他被"发充佾生"作了铺垫，也未可知。

可以说，曾国藩少年没有自己独立的志趣，他一门心思读书，全是祖父、父亲挟持他走的路，也不用他别出心裁。当时从国家讲虽在走下坡路，但大的忧患尚未发生；从家庭讲，有曾祖、祖父和父亲健在，祖父经营家庭农副业很有一套，不用他忧患吃穿。于国于家都还没有迫他产生忧国忧家的理想，因此看不出他像个有志向，能影响一代的重大人物苗子。

当然，祖父立世的那一套，给他很大影响，教他勤俭质朴、礼义廉耻、孝悌尊友、忠君爱国。父亲教他刻苦读书，目的是科举成功，但所读四书、五经和古代诗文，也都为他将来成为一代儒学家，成为"半个圣人"打下坚实的基础。

王阳明的少年志趣，则丰富多彩。

明宪宗成化十七年（1481年），阳明之父王华考中状元，由家乡浙江余姚赴京做官，接家人去北京住，那年王阳明十一岁。之前他是在余姚度过的，在家乡五岁才会说话，会说话后又过了五年。这些年因岁数太小，没啥志趣可言，不过如曾国藩小时一样，随家人读书，王阳明是随爷爷读。王阳明比曾国藩淘气，不是个乖孩子，很不讨父亲疼爱；但爷爷却不那么想，他认为顽皮好动才会有出息，乖孩子窝囊废者居多，所以总护着小孙子。入京前很少有阳明父子的对话，因为总是爷爷携着小孙子。

王阳明的志趣故事是从离开家乡开始的，似乎一离家就产生了。那年他是由祖父竹轩翁带着离开家乡向京师进发，经过金山寺，夜宿于此。

金山寺的传奇故事本来就多，如《白蛇传》中白娘子"水漫金山"的传说，家喻户晓。南宋高宗建炎四年（1130年），抗金大将韩世忠和夫人梁红玉在黄天荡与金兀术侵略军血战，梁红玉在金山妙高台为将士击鼓助威，以八千水师战胜十万金兵，《金山战鼓》、《黄天荡》等抗金故事让抗金英雄流芳千古，也让金山闻名遐迩。

听说状元的父亲、余姚的著名学者竹轩翁王天叙到了金山，当地的文人墨客都来相会。宴会上，诗酒相随，有人提议以诗助酒，以金山为题即景成诗。也许是酒喝得多了，竹轩翁硬是一句诗也吟不出，脸憋得通红。正在尴尬之时，立在身旁的小孙子竟顺顺溜溜吟出一诗：

金山一点大如拳，打破维扬水底天。
醉倚妙高台上月，玉箫吹彻洞龙眠。

这首绝句要说妙到何处，亦属夸大。但一个十一岁的小儿，能随口吟出，把金山的地理位置、与江流相对的形势写在诗中。尤其写妙高台暗含苏东坡饮酒作诗、舞剑吹箫的典故，让洞中的龙听到美妙的玉箫声，都沉沉入睡了。于是，在座的众客无不吃惊。

惊叹之余有的又不相信，认为是竹轩翁先已写出让孙子背熟，故意显示孙子的才智。一人站起，出了一个题命王阳明就题吟诗，诗题是《蔽月山房》，王阳明听罢随口吟出：①

山近月远觉月小，便道此山大于月。
若人有眼大如天，还见山小月更阔。

诗意说站在山上看月亮，自然是山大月小，便说山比月亮还大。但是，

---

① 两诗见《王阳明全集》第35卷。

如果能跳出山去,把山和月亮的真相看在眼里,便能得出月大山小的真实结论了。

此诗吟成足见王阳明自幼思维敏捷,同时具有哲理性;还可看到其思维活泼、性格卓异。王阳明临席快速吟出二首诗,说明他对诗文有一定功底,有功底就说明有兴趣。

中国古代文人大都喜爱诗文,隋唐创科举制度,诗文是考试的必考科目,因此文人无不努力学习诗文。王阳明出身诗书世家,直接影响他的是著名学者和鼎甲状元,他终日被诗文濡染,自然产生兴趣,并表现出诗文天赋。事实上王阳明终生都雅爱诗文,并有很高成就,有一段时间还迷恋上诗文。后来他深入研究哲学,成为影响百年的大哲学家,大圣人,自然就掩盖了他的诗文成就。

王阳明学诗并非他个人偏好,当时一般文人都得学习;习武才是他独立的兴趣,而且浓烈,甚至执拗。

一进北京,父亲王华(字德辉,号实庵,晚号海日翁,龙山先生)赶紧安排儿子就读学校,进行系统教育。但王阳明极不安分,每每逃离学堂,找一群儿童玩游戏。游戏的内容全是王阳明的个人创造,如把儿童编成战阵,他居中调度,手里拿着大小旗帜,左旋右旋,指挥埋伏或进攻。此种游戏经常发生,因此遭到父亲的责打,但他很不服气。明末文学家,"三言"(《喻世明言》《警世通言》《醒世恒言》,总称《古今小说》)的作者冯梦龙形象地记述他们父子因此发生矛盾的情形。王华看到儿子不肯学习而总玩战阵游戏,大怒斥之:"我家世代以读书显贵,用得着这个吗?"王阳明反问:"读书有什么用处?"龙山公说:"读书则可以做大官,如你父亲中状元,就是读书之力!"王阳明说:"父亲中状元,子孙世代还是状元否?"龙山公说:"父亲中状元只止父亲,你如果要中状元还得去勤读。"王阳明说:"只有一代,虽状元也不稀罕。"龙山公听罢更加生气,重重打了儿子一顿①。

---

① 冯梦龙:《王阳明先生出身靖乱录》。

王阳明去京师没怎么读书，十二岁因玩军事游戏遭打。十三岁母亲郑氏去世，王阳明十分悲伤，此后再也没有母爱。按封建礼制，子嗣应为父母守孝三年，三年里没有紧急事情发生，没有皇帝的明旨"夺情"，做官的要停止工作，十三岁的儿童王阳明也要停止娱乐行为，指挥众儿童做的军事游戏也不许再做了。

三年时光弹指而过，王阳明恢复正常学习和游戏。在旧社会，十五六岁的男女都算是成年了，到了谈婚论嫁的年龄，如曾国藩十四岁时就定婚，并第一次参加秀才考试。王阳明的顽皮、好动性格一点也没变，但他所做的游戏不再是举着小旗学战阵，而有点动真章了。

内容仍然是军事方面的。

可能他受古时豪放文人的影响："少年十五二拾十，山中夺得胡马骑……"；"去年射虎南山秋，夜归急雪满貂裘……"；"逆胡未灭心未平，孤剑床头铿有声……"①守孝三年过去，王华认为儿子三年来老成多了，该是加班加点读书，准备去求取功名了。可是，某天儿子突然失去踪影，当晚也没回家吃饭、睡觉。王华派人四处打听，该找的地方全找了，就是不见儿子的影子。

原来，王阳明跑出北京城，去了居庸关外。他打扮成侠客状，骑着马，背上刀箭，游历居庸三关。据《年谱》载，他怀着经略四方之志向，在塞外调查了诸少数民族的状况，思考备御之策。期间，他曾遇到两个"胡儿"，认为是犯边的鞑靼人，便拍马冲了过去，并拉弓搭箭射向他们。被惊呆的"胡儿"，飞快逃跑，回头只看到一人一马，但怕后面有军队，便一溜烟逃了。

王阳明在关外逛游一个多月，家人也苦找他月余，一天他终于又回到家里。父亲虽放下悬心，但怒形于色，罚他面壁思过，保证不再重犯。

王阳明知离家出走之非，表示悔改。但他对武事的热爱未减尤增。也许是对军事方面日思夜想之故吧，一天夜里他居然梦游伏波将军庙，醒来为伏

---

① 陆游：《三月十七日夜醉中作》等。

波将军写了一首赞扬诗：

> 卷甲归来马伏波，早年兵法鬓毛皤。
> 云埋铜柱雷轰折，六字题诗尚不磨。

诗中说的马伏波是东汉名将马援。1916年11月8日，被授为中华民国陆军上将的蔡锷病死于日本福冈，孙中山为之题写挽联：平生慷慨班都护，万里间关马伏波。班都护是指东汉出使西域的班超，马伏波即指马援。

连孙中山都知道马援的故事，明朝诗书世家出身的王阳明当然也知晓。马援在东汉开国时，为刘秀的统一战争立下盖世功劳，因功被封伏波将军。他一世征战，临老仍不愿离开战场，有"男儿当死于边野，以马革裹尸还"的豪言壮语。六十多岁时，还主动请缨，西破羌人，南征交趾。终于在平定武陵五溪的战斗中，病死军中，实现了"马革裹尸还"的豪志。

马援功高盖世，马革裹尸。但死后一度蒙受冤屈，而深受其惠的百姓没有忘记他的功劳，在他战斗过的地方立庙纪念。到了王阳明为明王朝平定边区之乱时，嘉靖七年十月，由广西思田班师归来，途经梧州，拜谒了这里的马伏波将军庙。他猛然联想四十年前做梦谒庙的情景，感慨万端，再度题诗，有"四十年前梦里诗，此行天定遂人为？"①这时，他的肺病已入膏肓，遍身肿毒，不久便病死军中。李贽说："先生卒亦裹尸而归，为朝臣桂萼所谗毁，夺其封爵，何其若合符契也。"②这里是说，王阳明四十年前梦里拜谒伏波将军庙，四十年后亦同于伏波将军，"马革裹尸"而还，还受到谗毁冤屈，简直太契合了，真是命运的安排吗？

曹雪芹一定看过马援的故事，或许也看过王阳明同样的故事，他在《红楼梦》第五十一回书里即"薛小妹新编怀古诗"，借宝琴之笔编了十首怀古

---

① 《王阳明全集》第35卷。
② 李贽：《阳明先生年谱》。

诗,来暗指大观园女儿们的未来悲苦命运。其中第二首为《交趾怀古》,写了马援:

> 铜铸金镛振纪纲,声传海外播戎羌。
> 马援自是功劳大,铁笛无烦说子房。

由于曹雪芹的《石头记》为程伟元、高鹗篡改,后四十回是伪续。因此,十首怀古诗所写内容为程高本阉割掉,再难看到其真实面目。故此,怀古诗也难以解释:诗中内容不好解,反映出的大观园女儿们的未来命运更难解,基本上成了不解之谜。

王阳明自己感慨命运与马援相系,李贽说他俩的情事"若合符契"。那曹雪芹也怀述马援的故事,《石头记》八十回后,用马援影射十二金钗谁的结局呢?又能是什么故事呢?

王阳明孤身一人去居庸关外游历,还追着胡儿射箭,说明既有胆量又会骑射。湛若水《阳明先生墓志铭》等就追述他"初溺于任侠之习,再溺于骑射之习"。还说他不仅练习武艺,还研究兵法,"凡兵家秘书,莫不精究",自以为国家设置武举科,仅能得到骑射搏击之士,而收不到韬略统驭之才。

总之,王、曾二人相比,其志趣性格相异之处多。王阳明自少年便是个卓尔不群的孩子,他不喜欢按部就班,更不喜欢让别人(包括家人)安排自己的学习和生活。他少年时便关心国家大事,喜爱武事也并非三分钟狂热,而由于当时社会不安定,农民起义不断发生,中国北部边陲仍有外族人(胡儿)侵犯。他知道京城中有盗贼生事,北部省份也不安宁,便多次要求写文书献朝廷,父亲斥其为"狂",阻止他行文。他的卓异性格和习武的爱好,不被父亲接受。但他不管这些,一直深入下去,由武艺骑射,到研究兵法韬略。以后他军事上的巨大成就,同他的少年志趣是分不开的。

卓尔不群的性格,让他能独立思考,不囿于已成之见;使他在哲学上独成一家,发展了传统儒学,成功创立影响后代的"心学"理论,成了一个完整的"圣人"。

  在这些方面,曾国藩就不同。上述已可见到,他完全由父亲和师长安排读书,没有独立思考,没有个人的突出性格。在归宗朱子之前,完全走的是读书、科考的常规之路。读书期间也未见他关心国事,一点也不越出常轨,是个"乖孩子"。他学习儒家学说,也旨在学懂和继承,很少有创见,因此,在儒学成就方面,他只能算"半个圣人"。

4 圣人的求索之途

王阳明和曾国藩都曾求索过做圣人的途径,都相当刻苦。但比较二人的求索过程,不难发现为什么王阳明成了圣人,而曾国藩却只能称半个圣人。

王阳明的求索活动比曾国藩早,大约十七岁前后就动了求索的心思;曾国藩到三十余岁,做京官时才师从唐鉴,"遂以朱子之书为日课,始肆力于宋学矣"[1]。

求索的程度也不同,王阳明在新婚典礼时都不到场,为理解圣人之学,到了痴迷的程度,曾国藩远远没做到。

王阳明在京师读考秀才举人的专业书不专心,总去学骑射、学兵书,弄得父亲王华十分闹心。后来逼出一招:十七岁的大男孩了,也该娶妻成家了。娶个妻子放在儿子屋里,或许能笼住儿子的心。

据某些史料记载,王阳明小时已有个口头指定的娃娃亲:吏部京官诸养和的女儿。诸养和也是浙江余姚人,由于是同乡,都在京中为官,两家常有来往。于是,诸养和与王华便定了娃娃亲。封建社会的定婚是件大事,一般还得有三媒六证,那时不搞结婚登记,男女双方找来证婚人,省得发生悔婚等意外,无法说清楚。一定是当时双方没那么认真当回事,所以只是口头表示,过后也丢下了,反正孩子还小。现在,诸养和去了江西做官,官府在南昌。之

---

[1] 黎庶昌:《曾文正公年谱》。

前，诸养和曾主动联系，催促孩子的婚事，但皆被王华以孩子年幼拒绝。正当诸养和发愁如何解决问题时，王华却主动派媒人找上门，要求履行先前的婚约，并派儿子主动去南昌，联系择日完婚事。

明孝宗弘治元年（1488年）七月，王阳明到了南昌。南昌最著名的建筑是赣江东岸的滕王阁，曾让唐初年轻诗人王勃一展雄才，滕王阁也因其"序"文而出名。另一处是宁王府，明太祖第十七子朱权的五世孙朱宸濠，现在还小。三十年后，朱宸濠将与王阳明在此一决生死。

王阳明来到岳父家，提出迎新娘到余姚老家办婚礼。老岳父当即说，你家我家都是自己的家，一切都准备好了，举行完婚礼再回余姚。以后的史料记述就有点出入，缘自李贽的《年谱》语焉不详："合卺之日，偶闲行入铁柱宫，遇道士趺坐一榻，即而叩之，因闻养生之说，遂相与对坐忘归。诸公遣人追之，次早始还。"此处的"合卺之日"，即举行婚礼那一天，王阳明离岳父家去了铁柱宫。但是，婚礼举没举行？以后的记述有的认为婚礼尚未举行，新郎便不见了。有的记载，婚礼举行完了，尚未入洞房，趁着亲友吃酒混乱时离席而去。总之，未入洞房，他便溜出诸府，去了铁柱宫。

这是一所道观，东晋道人许逊主持修建，宫内有一井，与江水相消长，水中一铁柱，称许逊镇蛟之宝柱，故名铁柱观。北宋改为延真寺，宋宁宗御书"铁柱延真之宫"。明世宗赐名"妙济万寿宫"，现为清末重修者，名万寿宫。① 当时香火极盛，王阳明本无目标溜达而至，但当他看到是一座道观，访道的心情产生，便走了进去。

进观后见一道士端坐榻上，鹤发童颜，顿生敬意，想知晓道家的养生之术。两人谈得很投合，一谈就是一夜。天亮后王阳明才猛然想起今夜是他洞房花烛之夜，还没入洞房呢。赶紧辞别老道，原路返回。

新郎官逃离婚宴大典，一夜不归，诸府的着急可想而知。天大亮了，新郎总算回来了。王阳明没过洞房花烛夜，却去道观同道士聊了一夜，也算做了一

---

① 《中国名胜辞典》，上海辞书出版社1987年版，第525页。

夜道士。新娘子诸氏遇上不入洞房的新郎,也真够不幸的了。

王阳明在诸府无事可干,为打发时光,他每天练习书法。但他由于练习书法,却练出了儒学的心得,竟向他的心学步去。原来他练书法开始的一段也只是临摹,写得多了就很像。但到后来他面临帖书却不轻易下笔,只是凝神细想,想好了才下笔书写。他自己说,临摹书写,写得再像也是别人的;而凝神细想,想好了才写,有一天写的字就是自己的。这么写不仅写出了自己的一家之字,而且认为"古人随时随事,只在心上学,此心精明,字好亦在其中矣"。他的体会也似宋代大儒程颢所言:"吾作字甚敬,非是要字好,只此是学。"

王阳明在南昌年余,表面上他天天努力练书法,实则在深入思考着,求索着,为他后来的心学积累功夫。

第二年年末,王阳明带夫人回余姚老家,准备同家人一起过春节。但当船行到广信(今上饶)时,听说有个娄谅老先生在此收徒讲学,便特意去拜访。

其实王阳明来江西就闻其大名了,听说他是个极负盛名、当今少有的大儒、大理学家。

娄谅,字克贞,别号一斋。年轻时对"圣学"产生了兴趣,四处求师。但跑遍大半个中国,看到的都是讲授经书和如何作八股文、科举应试的先生,没有教人如何做"圣人"的,即"大家所说举子学,非身心之学",对他们都感到失望。后来听说临川崇仁(今江西抚州市崇仁县)的吴与弼与众不同,便去拜访。一见吴先生便知与众先生不同,他教学生不是为了应试科考,而是如何做圣人。教学内容是对儒学的研究,教学方法不仅要研究学问,还要按"圣学"修身养性,并且让学生亲自参加体力劳动。

吴与弼教的学生在当时有许多很有名气,后来的大思想家黄宗羲的《明儒学案》,把吴与弼称作崇仁学案,列在明代儒学学案的第一位。其中介绍他的教学和实践,介绍了一大批他的弟子,如陈献章、娄谅、胡居仁、罗伦、谢复、周文等,都是有明一代著名理学大师级人物。

吴与弼收了娄谅作学生,而且很喜欢他,把毕生所学教给了他,使他成为学生中最有成就者。

我们回头看吴与弼的所讲之学,实际上是明政府提倡的显学,即朱熹的理学。在王阳明"心学"未显之前,研究明官方的朱子理学,有两位公认的大师,一位是薛瑄,另一位便是吴与弼。前者称"河东之学"和后继的"关中之学"。吴与弼的学生又分为两派,以陈献章为代表的学派讲"静观涵养"之理;以娄谅为代表的学派讲"笃志力行"精神。

因为他们讲的是"官学",所以尽管学生不去参加科举考试(实际上也有不少参加的,娄谅就曾被父亲逼着参加了景泰四年即1453年的乡试,取中举人,又参加了天顺七年即1463年的会试,只列乙榜,没有参加殿试),政府也欢迎他们的学生,希望他们的学生能为政府工作,当时的朱熹理学,既不要国家的研究经费,还培养了思想好、学问大,又重视实践、能参加体力劳动的人才,国家自然欢迎。不过,这些研究班的毕业生就是不愿参加政府工作,如娄谅考取了举人,又名列会试的乙榜,政府让他去成都做个文员,他才上班两个月就请长假不再到任,回家专心研究理学,成了一代宗师。

王阳明去拜访娄谅时,娄老先生已经六十八岁高龄了,他的品性亦同老师吴老先生,不大喜欢前来寻找科考敲门砖者,不少人因此吃了闭门羹。形上论都讲缘分,缘分很神秘,不好把握。有的一见面就烦,三句话不说便走人或沉默,这是无缘。而娄谅一见王阳明就打心眼喜爱,再一交谈,对方年纪虽小,懂得的却很多,而且都不同于一般的年轻人。尤其所提问题尖锐而深刻,这些都在吸引着娄老先生,以自己多年的阅人经历,认为这个孩子绝对不同凡响,本身就是一个大师级的好苗子。

王阳明此次拜访只是路过而谋面,不是前来投师做永久追随者。娄先生不好强迫人家做门下弟子,而又看好这位能做大师的好苗子。时间短,任务重,他不放过培养这株好苗的机会,便抓住要害,给王阳明讲了宋儒的格物之学。

宋儒诸家,爷爷和塾师们曾介绍过,诸如周敦颐、张载、二程(程颢、程颐)、朱熹、陆九渊等。如今娄先生再度介绍,开始他没大听进去。接着娄先生又讲"格物致知"，从《礼记》讲到《大学》，他也没听懂。最后又讲到"圣人必可学而至"，这才让王阳明感到兴趣。王阳明是个有理想有抱负的热血青年，他的一生究竟怎么度过？做什么对社会才有贡献？十几岁出居庸关考查，一个人离家月余才回，对马援的"马革裹尸还"思考到了梦中。为什么能如此？不能仅说他少年无知，总有个想法在脑中。新婚之夜跑到道观里和道士谈话一整夜，难道他真就忘了那是他一生中重要的一个典礼？置新婚大典于不顾，置新娘子于不顾。他的确在求索个人一生重要的东西，一生如何度过。做"马革裹尸还"的大将军？做中国土生土长，以老子和《道德经》为圭臬的道家之徒？

如今，娄先生又谈"圣人必可学而至"！这七个字如一声春雷，在他的脑际轰响。他反过来问老师："学了就能做圣人吗？学什么？怎么学？"娄先生见王阳明迫不及待，心想果然没看错，此子果然是个好苗子，做圣贤的好苗子。

针对王阳明的提问，他肯定地回答，可以学到、做到。学习做到的不二法门很简单，就是"格物"二字。王阳明这才认真听解释，"格物"源于《礼记》中的《大学》篇，讲了人生道德修养和人生奋斗目标的"三纲"、"八目"和"六证"。在"八目"里提出了格物、致知、诚意、正心、修身、齐家、治国、平天下。由于《大学》原文对"格物"、"致知"没有明确解释，后来讲经的大儒们对此各有诠解，使经意发生极大分歧，成了解经的极难之点，如同数学理论中的"哥德巴赫猜想"，谁能拿出令人信服的注疏，似乎成了学问衡量的至高点。

单说"宋学"诸儒有代表性的解释如程颐解"格"为"穷"，解"物"为"理"，解"理"为精神性的天道和人性。格物即"穷究其理"，万物之理乃"吾之固有"，但物理有迁，造成"迷而不知"，穷究则是重新从心中找到它[①]。朱熹则解物为"眼前应接的都是物"；解格为至、尽，格物致知是"穷尽事物之理"，达到由此及彼，"使吾心全体大用无不明"的境界[②]。陆九渊

---

① 《二程遗书》卷25。
② 《大学章句》。

针对朱熹而反对之，认为《大学》原来之义不是"格物致知"，而是"致知格物"，同时认为朱熹"知"从"格物"中而得是错误的，提出"心即理"①。在王阳明访问娄老师时，朱熹的《四书集注》是"官学"，科举考试多从此书中出题，标准答案也以朱熹为准。况且，知识分子普遍认为，明朝是朱氏做皇帝，本就是南宋大儒朱熹的后人。

娄谅讲的"格物"即执朱熹观点。天下之物，莫不有"理"，要想知其"理"就得去"格"，格即"穷究"之义。就是"格"到底，达到彻底明白为止。他又以其师吴与弼为例，一生格物不断，上至天文，下至人生细务，每遇事皆穷格不舍，终以格物成名。格物功夫不到，说什么也没用，要想成圣人更是胡扯。

王阳明听了有所顿悟，过去自己的思想遨游，不知格物穷理，不能脚踏实地。究竟将来要干什么，心里也没个数。经过娄先生指点，心中像开了个天窗，"格物""穷理"，做穷通儒学的圣人，是他心中树立的新目标。

娄谅对王阳明的影响有多大，黄宗羲《明儒学案》说："姚江之学（阳明心学），先生（娄谅）为发端也。"而且，黄宗羲是把王阳明放到了娄谅一派之后的。就是说，娄谅是王阳明的启蒙老师。

史书介绍，王阳明经娄谅指点后发生很大变化，连先前好动的性格也变了。就像变成另外一个人，愿意一个人待在一个地方冥思苦想。原来的孩子气少见了，完全是个成年人的样子了。家里人认为，孩子娶了妻子就要做父亲，成了家就得立业，王阳明因此老成了。孰不知，他又一门心思进入"格物"之中，深思着难以弄通的哲学问题，几乎走火入魔。

王阳明回余姚老家不久，祖父竹轩翁逝世。王华要还乡办理丧事，并守孝三年。王华离职三年没事做，便决定守着儿子读书，让他准备参加科举考试，并吩咐弟弟王冕、王阶、王官和妹夫等，一同给儿子上课。王阳明心虽不在科举，但科考之书也离不开经学，离不开他燃起的做圣人的志向，

---

① 《陆象山语录》卷12。

"圣人必可学而至",收收心学学做圣人的经书,顺便也准备科考,做圣人和科考两不误。

王华等见王阳明不比以前,确能收心敛性,日夜苦读,都暗自高兴。王阳明十七岁去江西成亲,十八岁拜访娄谅有做圣人的志向,十九岁到二十一岁苦读经书,系统地读了《四书》、《五经》和《朱子集注》,又有王华兄弟亲为指导,科考科目之外的经、史、子、集也大量阅读研究。这不仅为他中举、中进士创造条件,也为他将来成为影响数百年的宗师圣人奠定文化基础。做让数百年文人仰慕的大圣人,没有雄厚的传统文化基础是不可思议的。

二十一岁那年(弘治五年,1492年)王阳明参加了浙江省乡试,顺利地中了举人。

前文已述,曾国藩从十四岁随父参加童生考试,一直考到二十三岁才考中秀才。王阳明二十一岁时,一次便考中举人。整个圣人与半个圣人相比,差别太大。

不过,曾国藩九次考秀才方得中,而二十四岁那年参加湖南省乡试,也是一次中榜,取得第三十六名举人。这使他非常自豪,炫耀自己"科举早售"。

但是,王阳明多年来是求索人生道路,没把考试当回事,是顺便取中举人的。曾国藩在取中举人和取中进士前,只是在读书参加科考,在人生道路和世界观的探索方面是缺失的、空白的。

5 / 会试崎岖行

会试是科举考试的最后一关。这是一次全国性的考试,全国各省的举子齐来京师,由礼部主持考试。时间在二月份,又称春闱,大体上三年才举行一次。会试考三场,三场决定是否录取,录取者称为贡士。贡士再参加一次考试,由皇帝亲自主持,称殿试或廷试。考后贡士统称为进士,因为所有进士不再有落榜的,只是由皇帝再考一次,"天子亲策于廷",把进士分成不同等级,分为一、二、三甲。一甲三人,即状元、榜眼、探花,由皇帝赐进士及第;二甲不定名额,赐进士出身;三甲亦无定额,赐同进士出身。

王阳明与曾国藩都考取了举人,也都参加了第二年举行的会试,首次考试都没取中。又都多次参加,多次落榜,最终都被录取,但他二人的态度可是大不一样的,应该为之一提。

王阳明一考中举后,他父亲自然高兴,催他抓紧准备来年的会试,王阳明答应了。但他心里想的绝不是参加会试的事,而是接着三年前娄谅给他指出的学习当圣人的路子走下去。三年的备考,朱熹的东西没少学,但多是学习他应考的内容,如今该是学他的"格物"之学了。王阳明学习的特点,不关心的不入门;而只要是他关心的很快便投入,而且弄得痴迷魔怔仍不肯罢休。

朱子说"天下之物莫不有理",而"眼前凡所应接底都是物",只要把随便一物"格"之,穷尽其理,就能达到"吾心之全体大用无不明"的境界。即是天下任何一物都有理,又都可以"格","格"到穷尽时便会出佳境。那么究竟拿什么"格"呢？当时他已去京师备会试，父亲府第的后院有竹子，就先拿竹子来格格看吧。

怎么"格"法，朱熹并未说明白。王阳明的做法是对着竹子目不转睛地看，从早盯到太阳落，盯到看不见。第二天接着来。如此这般，他一直盯了六七天，寝食俱废，最后再也支持不住，大病一场，结果什么收获也没有。

病床上他仍在想，光死盯着也许不对，而应该边盯着边思想，思考事物的来龙去脉，从中总结出道理来。但是，他又想，就是思考出了该事物的道理来了，真就能如朱熹说的达到心体皆明的境界吗？

王阳明格竹子的故事在《年谱》上记述："是年（即21岁那年——引者）为宋儒格物之学。先生始侍龙山公于京师，遍求考亭（指朱熹）遗书读之。一日思先儒谓'众物必有表里精粗，一草一木，皆涵至'。官署中多竹，即取竹格之；沉思其理不得，遂遇疾。"

王阳明这次备考只是读朱熹的各种书，又是格竹子，又是生病，根本就没看考进士的书。所以，结果他也早已知道，没被录取。王阳明对个人的落榜丝毫不在乎，如果在乎，他不可能在考前一点没准备。初次参加科举考试考不取很正常，全国的举子齐来京师，数千人都是精英，哪能都考取？有很多该考中的多次都考不中，有的一生都考不中，大文学家蒲松龄水平之高有几个人能赶得上？他就一辈子未能被录取。

但王阳明落榜，不知内情者有点遗憾：他们都是王华的朋友或同事，对王华这个儿子多少也都知情，小时候不大服管，可三年前走上正道，日夜苦读，一次性考取举人。这次准备进士考试，复习功课累得病了一场（格竹子事尚未传开，大家以为是复习备考）。

状元的儿子未中试，王华和王阳明的各自朋友都来王府安慰。如被录取，大家前来贺喜，顺理成章；不录取前来安慰，多少有些尴尬，不知说什么好。毕竟王阳明是未来的大圣人，因此他一生的经历多有传奇，但多是事后文人们创作的。这次没考取进士，也有不少传闻，比如同一件事就有许多不同说法，因为是传闻，也没人去考证，说着玩的谁也不必太认真。

话说前来安慰的人可不少，连宰相李西涯也来到王府。李宰相安慰王阳明："你今年没考上，来科必定能得中，说不定一举夺魁中状元，你就先作一篇'来科状元赋'吧！"宰相此说明显是在开玩笑，一方面安慰王阳明不要因此而灰心，另一方面也想活跃气氛，免得局面不畅。而王阳明却是当真地思索起来，不大一会便捉笔在手，完成《来科状元赋》。因为是传闻，如果真有此事，这篇赋不见于《王阳明全集》就是失传了；而多半并无此事，也就没有王阳明写的这篇文章。

传说大家传看《来科状元赋》都拍案叫绝，但过后有人议论：这小子的歪才没用到正地方去，如此之才怎么没考中啊！还有的说：让他得意了，他眼中更没有我们这些人了。

此事有无，皆反映出王阳明的主要精力放在人生的求索上，当时主要放在朱子的"格物致知"上，没把功名成败当回事。三年前中举时，绍兴府的孙燧、杭州府的胡世宁都是同榜。这次会试，他们三人又聚到一起谈天论地。孙、胡二人都名列金榜。二人也前来安慰，见王阳明根本不放在心上，也就不再说什么了。后来，宁王朱宸濠造反，胡世宁因直谏被下狱、孙燧忠义死难，而王阳明率兵平叛。

又过三年，王阳明第二次参加会试，结果还是没考上。其原因有的说是"忌者所抑"，意思是"忌"他的人做手脚把他弄下去的。此说真假，有无确切证据，仍是传闻，无从证明。三年前没考取作了篇《来科状元赋》，事后有人"忌"他，但那只是传闻。这次落榜系"忌者所抑"，可能是根据上次而作出的故事，当然也是文人写着玩的。实际上他考不取的原因同第一次完全相同，仍然是没把心思使在科举复习上。《年谱》记载，首次考进士落榜又回到家乡余姚，仍为"宋儒格物之学"。虽然没有再去"格"具体的物体，如上回的格竹子，但他钻研朱熹等人的哲学，劲头越来越大。哲学本就难弄，若真的钻了进去也就很难再顾及别的，犹如钻研数学、物理等科学一样。研究哲学家的许多作品都记述，真正的大哲学家，连家庭、夫妻生活都没有了兴趣，甚至终生不娶。如柏拉图，他一生研究哲学，活了八十岁未有妻室。他的著名作品《理想国》提出，哲学家是人类最伟大、掌握着真正的治国知识的人，只有他们才有资格执政，国王一定要是哲学家。国王——哲学家执政，才能拯救人类。而哲学家即执政的国王，要是无私欲、德行极高的人，因此他们不能有家庭，不能有妻子和儿女，不能有个人的任何财产。如此才能有充分的时间和精力去掌握真正的知识，具有最高超的智慧和最完美的德行。才能以全身心从事国家的治理，让国家强盛和统一，内部团结与和谐，让公民的品质达到极为优良化。不是这样的哲学家治国，国家和人民决无希望可言。①

柏拉图是从国家利益和强大方面，要求治国者是无私心、无个人欲望、具备最完整的知识的哲学家。从逻辑的反证分析，如果产生出这样的"哲学家"，他们去钻研深奥的哲理，去学会人类最高级最全面的知识，那么这些人根本就没有了家庭和男女之间的欲望，人的精力本身就是有限的，专注的东西不可能多，真正专注、钻进去了，其他的欲望将会被抑制。

王阳明本身就是个生动的例证。他十七岁时新婚夜跑去道观过一夜，我们不能把这看成少年无知或好奇，其实他的思维已进入哲学的某一种境界。他的"格竹子"故事，并非只反映他的好笑好玩，也反映他专注于宋儒们"格物致知"的哲学殿堂中。

他的家庭婚姻生活无人研究，如果让他夫人诸氏留下真实的记录，一定不和谐，甚至很冷漠。所以，他们夫妻一生没有孩子，他在四十四岁那年把叔叔的一个孙子过继来作为继承人。直到他临死前两年，继室张氏才为他生育一子。

无怪有人讲："哲学和哲学家远离女人"，实际上深入研究哲学，也会影响其他，比如也会影响考取功名。

说到此，比较曾国藩的婚姻，他就比王阳明正常，婚后生有两个儿子、五个女儿。但以他总督的身份，娶个三妻四妾也算正常。可他只有欧阳一妻，相

---

① 柏拉图：《理想国》，第214—215、251、255页。

守终生。由于妻子长时间一直在湖南老家，欧阳氏考虑无人照护丈夫，也一直让他身边的大将和兄弟，帮他找个妾。在他五十岁上，才由彭玉麟等为之介绍了个妾，只有年余妾就病死了，此后一直未纳妾。

此事也可见出曾国藩毕竟也是"半个圣人"，但比起王阳明来，还差上一截。

闲言少叙。王阳明第二次又未高中，发榜之日，京城的举子千姿百态。王阳明和上次一样，仍毫不在乎。上次落榜还挥笔写了点什么，这次则主动找同学说："举子以落第为耻，我以落第动心为耻。"对王阳明这话有不同理解，多数认为没被录取，等闲视之，心怀坦荡，海阔天空。少数认为，王阳明此时已进入成贤成圣的某种层次、某种状态，他已持着一定的心性，而没因为落第乱了心性。他仍然向着圣人的方向慢慢地、艰苦地行进。

向圣人的方向行进，说的大方向正确，但要说他有了"心性"，为时尚早。低调点说，朱熹的书是读了不少，但"格物致知"尚未弄明白。如何做圣人，心里尚有问号。总之，此时仍然在求索阶段。

落第之后王阳明又回到浙江余姚。《年谱》认为他是"自委圣贤有分，乃随世就辞章之学"。译出这句古文，是自认为谁能成圣成贤是有定数的，反正自己不是做圣贤的材料了，因此随世入流，搞搞诗文，走一般的文人道路。《年谱》的这个分析有点过，王阳明回家乡搞搞诗社，写写诗文，不过散散心，因为距下一次会试还有好长一段时日，以诗文会友是当时的文人风气。这并非表示他自灰做圣人的念头，而转身去弄辞章了。人生漫长之途，总的方向未变，一时间另搞点别的，不能就说总的方向变了。做诗文、搞军事、弄哲学、收徒讲学，都是王阳明终生在做的，很难截然分出阶段来。

回家后他便搞了一个诗社，地点在龙泉山寺，就是当年其父王华在此攻读古书的庙。不多日子就来了好多文人，其中有个退休在家的布政使（副省长）叶魏瀚，此人是王阳明祖父的诗友，应该是祖父辈了。魏老先生当过好些年分管民政的副省长，文采又好，因此不把一般文人放在眼中，总"以雄才自放"，为人豪爽。在诗社里，魏老先生很看重王阳明，这一老一少一起登龙山，对弈、联句，每有佳句出，大家也都拍手称赞。王阳明年纪轻，思维敏捷，联句时佳句叠出，魏老先生每每落后，对这位后生表示极佩服，笑称："老夫当退数舍！"①

同年，王阳明又回到北京，父亲让他在京准备弘治十二年（1499年）己未科的会试。

王阳明一进京师即听到蒙古军队侵犯中国北部边疆的消息，五月末的一战，大明守将二十七人战死。蒙古兵一直打到山西大同。消息传到京师，朝野一片震惊。

王阳明此时只是一个备考的举子，连给皇帝上疏的资格也没有，但他仍要做点什么，不能只是为个人的考试而对国家的危难完全沉默。他对国家选拔武将之才十分不满，武举之设，只选择骑射搏击之士，而选不出韬略统驭之才。在他原该加紧复习功课之时，却放下复习的教材，在京师各处寻找兵家秘书，莫不精研。

史料反映，当时他对中国古代的各种兵书，如《孙子兵法》、《吴子（吴起）兵法》、《司马法》、《尉缭子》、《唐李问对》等，都有较为深入的研究，皆给予自己的评论。

王阳明当时一介书生，即使能把兵法应用在战场，也没有展示本领的舞台。最后，还是要按父亲的要求，复习功课，准备进士的考试。

经过努力，王阳明在弘治十二年（1499年）己未科考中了进士，那年他是二十八岁。会试和殿试全部过关，取得二甲第七名、全国第十名的好成绩。同他后来有点关系的湖州归安的蒋瑶，考取三甲第五十二名，后来宁王叛乱，皇帝朱厚照南巡路过扬州，蒋瑶作为知府拒绝给皇帝送礼。三甲第一百一十九名的伍文定，是王阳明剿匪的得力助手，平定宁王叛乱时他们又并肩作战。

唐寅和旅行家徐霞客的高祖父徐经，都参加了这次考试，但两人都落

---

① 李贽：《阳明先生年谱》二十二岁条。

榜。史书记载，徐经是江南巨富之弟，他拉着唐寅来京师四处招摇，不光榜上无名，甚至还发生"泄题案"，有人参劾主考程敏政接受徐经、唐寅的贿赂。后来未查到实据，让程敏政退休作罢，徐、唐二人也受到惩处。

王华和儿子王阳明都是低调为人，会试成功亦如平常，不见王府有啥庆祝活动。

明代的科举就像大学毕业包分配一样，进士榜一放，录取者好歹都有个工作干。

王阳明的第一份工作是观政工部，即去工部工作，先实习一段。

再看看曾国藩的会试情况。

曾国藩道光十四年（1834年）中举后，立即准备来年的京师会试，他抓得比王阳明可紧多了。而且，他以全部精力投入应试，别的什么也不做。

这年十一月，他离开湖南，经过辛苦跋涉，到了京师，参加了第二年二月的会考，但杏花春榜一发，却名落孙山。可巧道光十六年（1836年）皇太后六十大寿，照例增加乡会试"恩科"考试一次。他写信回家，决定留住京师复习功课，也免得往返途中辛苦，还要花好多路费。

曾国藩日夜苦读，转眼到了岁尾，他开始思念高嵋山下的家乡，思念父母和新婚未久的妻子，他写了一组《岁暮杂感》诗，其中一首：

高嵋山下是侬家，岁岁年年斗物华。
老柏有情还忆我，夭桃无语自开花。
几回南国思红豆，曾记西风浣碧纱。
最是故园难忘处，待莺亭畔路三叉。

诗中表示自己辛苦奋斗，总有一天会高擎十年磨成的龙泉利剑，到东海擒拿住蛟龙：

频年踪迹随波活，大半光阴被墨磨。

匣里龙泉吟不住，问予何日斫蛟鼍。

可惜这次恩科又是榜上无名。他赶快收拾行装，搭乘运河漕船南行。年余的花销已使囊中空虚了，船过江苏睢宁时，在同乡知县易作梅处借到一百两白银。路过南京时，见到一套精刻的二十三史，其价正与身上的余资相当。他思之再四，还是咬牙买下了这套史书。从南京到家的盘费，靠典当衣物，勉强支撑。

父亲见这两年在京应试的儿子，囊空如洗，连能卖的衣服都卖光了，进士两度落榜却带回了一套史书。问明原因，父亲说："你借钱卖衣买书，这不是坏事，我只望你细心研读，能把此书认真圈点一遍，就算对得住我了！"父亲之言是安慰、是勉励，也是刺激。此后，他闭门攻读，准备再度应试，同时对着那套二十三史立誓："嗣后每日点十页，间断不孝。"①过去的传统知识分子，文史两科，其实又可看作一科，是他们主要知识的构成。曾国藩没能中进士，却买到二十三史，又立下誓言，非读通不可。学历史的人都明白，你一生弄通几段历史，即读通几史也就不得了。曾氏读通了二十三史（《清史》尚未编写），因此他的文化功底相当深，对我国数千年政治、军事、经济、文化有深刻认识，这是他成为清末重臣和半个圣人应有的条件，不是一般文化人能达到的水平。

道光十八年（1838年），又逢会试之期，曾国藩又该上路了。曾家虽供得起几个人读书，但当时靠农业想换来大笔现银甚是困难，曾麟书只好为儿子借贷。父子俩这次掐指盘算，二月考试，一月出发，若能考上另当别论，若考不上赶紧回来。这样，花费就少得多。不然，家庭经济负担不起。当时一共凑了三十二吊钱，清朝实行银、钱（铜）并行制度，一吊钱约为一千文钱（货币因银贵常常浮动），约为一两银子，曾国藩带着的是三十余两银子。这次一旦出点问题，滞留途中，怕是要讨饭回家了。

真是幸运呀！三月春榜发布，曾国藩取得礼部会试第三十八名贡士。四月

---

① 《曾文正公手书日记》（以下称《日记》），道光二十二年十二月初七日，中国图书公司版。

殿试,取三甲第四十二名。接着又进行朝考,获一等第三名;进呈皇帝钦定,又拔置第二名。五月初二引见,入翰林院为庶吉士。

短短数月,曾国藩由一个举人成为进士,又由进士点了翰林,把科举台阶爬到顶点。承平年代,中央大员、地方封疆大吏多由翰林中出,故称"金马玉堂红翰林"。

同王阳明一样,曾国藩点翰林那年也是二十八岁,他们也都考了三次。

可事情一过就不同了。

前文讲到王阳明,全家都低调冷处理。没考取时不当回事,考取后也等闲视之。老祖宗里那么多名人,老父亲王华曾取得一甲第一状元郎。因此,全家都冷静极了,既没请客也没唱大戏。

曾国藩迅速升进,而且升进过程似乎有点问题。例如礼部考后,取三十八名;殿试取的是三甲四十二名,明显后退了。尤其是,三甲名次不靠前,只能是"赐同进士"头衔,这个头衔是不能入翰林的。但是,接下来出现了戏剧性变化:朝考得一等第三名,皇帝又亲为拔置第二名,这才进了翰林院。

其中的程序有点问题,三甲四十二名和"赐同进士"都是皇帝定的,如何又得到两次升进呢?但后两次升进也是皇帝钦定或以皇帝名义进行的。

有此疑问,当时便有风传。后有朱克敬在《雨窗消意录》一书中记述此事。朱著说:曾国藩见皇帝把自己置三甲"大恚,即日买车欲归",湖南籍的劳崇光时为翰林院编修,赶忙阻止曾国藩。随后把曾国藩的诗文"分送贵要。既而国藩果列高等,入翰林"。其实,这个记述内容是不可能发生的,曾国藩放置三甲、赐同进士后绝不会"即日买车马欲归"。他总共带那点钱,到达北京后身上仅剩三吊钱,他哪有钱去"买车马"?看来朱克敬一点也不了解曾国藩。他们家多少代不出个秀才,如今考了个三甲同进士,说不要就不要了!接下来"朝考"、"钦定"都是皇帝做的事,他劳崇光一个编修有什么力量可以回天?他同曾国藩一穷书生,老农民出身,又无背景,有何关系?怀何目的去帮助回天?

看来，只能是那般发生的现实：曾国藩考试发挥得越来越好；皇帝改变原来的看法。不管是何原因，皇帝钦定钦点，板子上钉钉，谁眼红也没用。

或许是因为曾国藩的下述行为，让人不满意，才议论他，才写文章抹黑他。

庶吉士仍然是翰林院中的高级学习班，如同现在的博士后学院。住馆时间本为三年，后改为一年，由资深院士负责教习。学习结束后考试散馆，根据成绩录用，所以它又像个培养待用的人才库。

曾国藩没有住馆学习，而是同郭嵩焘等回了老家。翰林荣归，亲友盈门，曾玉屏老人数十年的夙愿终于实现了。曾玉屏所做很值得称许，他在众亲友的欢庆酒宴上交代："吾家以农为业，虽富贵毋失其旧，彼为翰林，事业方长，吾家中食用，无使关问，以累其心。"①祖父的交代确给曾国藩极大支持，他做官、作战都无后顾之忧，专心从事。但曾国藩个人的做法，确远不如其祖。

就说他回家报喜后的差不多一年中，每日忙于拜客和收礼。中举后的拜客是乡间习俗，一般来说先去亲戚家拜客，然后在自家办酒席，过程中由亲戚送点贺礼。此种习俗如今仍然存在，所送贺礼有多有少，一般情况下送点钱表示祝贺也无不可。可是，有势力者借此大收钱物，搞得亲友负担不起。

曾国藩就搞得过了格，小打小闹一阵子，通知亲戚考中进士也就可以了。可他跑了差不多一年，拜客的范围也大得离了谱。不仅拜亲戚、本家，亲戚的亲戚，十八杆打不着的都去拜，非亲非故的地主乡绅也厚着面皮上门拜。拜客的范围遍及湖南各州县，湘乡跑遍后又去宁乡、衡阳、清泉、耒阳、永兴、邵阳、武冈、新化、安化等地。曾国藩坐着轿子，带着仆人，打着灯笼，每到一家少说住一宿吃三餐，或一住数日，而且要主人出相当数目的贺礼，不然就给脸色看。

---

① 《曾国藩年谱》，第5页。

曾国藩四处拜客、收礼之史实，梁绍辉先生《曾国藩评传》述之甚详[①]，有兴趣者可去阅读。下文仅举几例。

从道光十九年正月十六日至二十三日，曾国藩去岳父家族和曾氏本家族，出入坐八到十人轿子，请客大者一次四十多席，四百余人。随后他离乡去湘乡县内各处拜客，一去四十多天才回。期间，不断派人送钱回家。三月末出湘乡到其他诸府县拜客，一去数月才回。由于是外县外乡，被拜者往往不愿付贺礼，而曾国藩也不客气，他拿出翰林的派头，迫使对方拿出钱来，他则满载而归。

曾国藩拜客收礼，都在他的日记中记述。究竟收了多少钱，日记的写作比较随意，不能一笔笔记下来。有时以银计，有时以钱计，多数以钱记。一笔或三十吊、四十吊、六十吊不等。

曾国藩以跪拜形式向四方炫耀自己的科举成功，同时收取金钱，而且毫不知耻。这同王阳明比起来，一个显得高贵，一个只是土地主弟子取胜后的腐态。如果不是后来遇上唐鉴等人引导他立志做圣贤，他即使做了高官也难免贪腐。无论如何，曾国藩有其劣根，只能成半个圣人。

[①] 梁绍辉：《曾国藩评传》，第17—23页。

6 / 初入官场

　　王阳明出身贵族,有深厚的文化渊源,也有充裕的经济后盾。所以他入仕即努力工作,又能把自己的某些抱负融入工作之中,的确不同凡响。曾国藩就大不相同了,他一农民出身,只想着家庭培养他不易,抓紧弄钱报恩或作做官的经济基础。他没有如何当好官的思想准备,虽科考达至极顶,初入官场因不适应,差点混不下去。

　　前文已交代:曾国藩的祖父实有其过人之处,无怪曾国藩做了总督仍反复说自己远不如其祖。祖父明明说:"吾家中食用,无使关问,以累其心。"但曾国藩的气度真的差远了!入翰林不好好学习,跑回家厚着脸皮,抱上翰林大旗当金字招牌,到许多县乡讨喜钱。翰林院要进行散馆考试分配工作了,才慌忙赶往京师。沿途歇宿仍有明确目标:拜客讨喜钱不止。他是道光十九年十一月初二离家,船行至汉口时多停了几天。先令同行的家丁伙计上岸,拿着他的帖子打听在省的各官,打听实了便亲自去拜。他是十二月十一到的汉口,在公馆住下,十三、十四、十五三天都是拜客。路过开封又停了下来,又拜客四天。在长沙、岳阳等有官府的城镇,他都一地一客不漏地拜。但是,他沿途收了多少银子,没有会计给他计算,偶从其家信中透出点滴。如道光二十年二月初九日给父母的信中说:"至河南省城,拜客耽误四天,获百余金。"①百余金是一百多两白银,河南省人事关系离他很远,竟得到这许多,看来他沿途也

---

① 《曾国藩家书》,道光二十年二月初九日。

发了不小的财。拜客既炫耀了自己，又搭上了关系，还能发财，真是一举多得。

曾国藩知道散馆考试关系分配工作，非同小可。明明沿途还可以继续拜客，到哪个衙门，只要跪拜了都能收到银子。可是，只看眼前利益，误了考试也不是闹着玩的。

道光二十年正月二十八入京，赶紧收收心，准备应试，四月十七日考试。这一段曾国藩都在备考，连日记也不写了。四月十八日继续写日记，那天的日记说："十八日，搬回城内寓（四月初一住进圆明园客寓，准备考试）。是日出单，予取二等第十九名。一等共十七人，沈念农（祖懋）第一。二等共二十六名，三等三名。"

曾国藩的成绩一般，总共四十六人参加考试，他是倒数第十名。按常规，成绩优者留院作编修、检讨等，是日后做高官的苗子。次等的分发各部，任主事、中书等；末等外放，任知县、教谕等基层官。曾国藩考倒数第十名，按例最好情况是分发各部做吏员，相当于现在的处科等级文员。或者外放做个县长、副县长或教育局长之类的官员，再想升迁不易，想入京更难，想做朝中高官根本无希望。

虽然他考得不好但运气好。这一年的翰林散馆工作分配出人所料，四十六人中，仅二人分发部里工作，三人下放到县里去，其余四十一人全部留在馆里。曾国藩在日记中说："可谓千载一遇！"[①]

好了！风光也风光够了，礼金收得怕是他家一农业户几年也攒不来那许多，这次一阵扑腾，命运甚好。留在皇帝身边，准备做个宰辅、公卿，距王侯将相不远了。

但是，究竟如何才能被起用到高官的位子上去？留在馆做什么？如果换上王阳明，正好研究古代兵书，或者研究"格物致知"，肯定闲不着。可曾国藩就难了，一农民的儿子，心中毫无作为。只是说留在馆里能做高官，可

---

① 《日记》，道光二十年四月二十二日。

眼下却一丁点事没有。原来拼命读书，为的是科考，如今科考到头了，还干什么？

历史和现实是，的确有不少人，努力到头了，比如考上了理想的名牌大学，高中时的拼搏精神一下子抽空了。结果，好一阵子不适应大学的学习生活。李自成奋斗若干年，打进了北京，吓得皇帝上了吊。可是接下来干什么？于是，因不知干什么，不适应没有皇帝作对头的日子，结果又被别人打出去，直到也自杀完事。

曾国藩好长一段时间不知干什么。不知干什么也总得干点什么打发光阴。干什么？当时他三十岁，年富力强；又是科考所得红翰林；年来拜客所得银子尚不少；留院工作的翰林自有份不菲的薪酬。有这些条件的人还能没事干？"京师繁华地"，"春风十里扬州路"。于是，曾国藩每日里纵酒高会，甚至出入歌楼妓馆，一晃数十天过去。

因数十天纵欲，弄得自己膏油欲尽，不仅没有了继续前进的勇气，甚至失去了活下去的决心。

农民进城，包括农民领袖、农民的干部、农民的军队、农民的儿子，因其见识小，进城后会被没见过的花花世界弄得五迷三倒，稀里糊涂犯了错误。但他们也比较容易改正错误，因为他们的进城都是家族和自己努力的结果，其结果来之不易，轻易不会放手。曾国藩也是，他经过多年努力才取得翰林功名，家族中的两代高堂都殷切期望他为曾氏光大门楣。再者，如果再胡闹下去，不光金钱不足应付，连身体也支持不住。于是，他开始检讨自己。

例如他在日记中写道："留馆后，本要用功，而日日玩愒，不觉过了四十余天。前写信去家，议接家眷，又发南中诸信，比作季仙九师寿文一首，余皆怠忽。因循过日，故日日无可记录。"①

在另一篇日记中写道："忆自辛卯年，改号涤生。涤者，取涤其旧染之污也；生者，取明袁了凡之言'从前种种，譬如昨日死；以后种种，譬如今日生'

---

① 《日记》，道光二十年六月七日。

也。改号至今九年,而不学如故,岂不可叹!余今年已三十,资禀顽钝,精神亏损,此后岂复能有所成?但求勤俭有恒,无纵逸欲,以丧先人元气;困知勉行,期有寸得,以无失词臣体面。日日自苦,不至佚而生淫。如种树然,斧斤纵寻之后,牛羊无从而牧之;如爇灯燃,膏油欲尽之时,无使微风乘之,庶几稍稍培养精神,不至自速死。"

看来问题已很严重了,身心俱在迷恋酒色中受到重残,像抽食鸦片般想收手又很难。如何才能止住逸欲?如何才能保住体面?如何身心如油灯将要枯尽之时,能稍稍培养点元气,不至快速死掉?

再看王阳明是如何进入初期工作状态的。

王阳明去工部实习,一上任便接受一项具体任务:为威宁伯王越建造一座坟墓。工部的任务是掌管国家的工程,如修水利、铺道路、搞屯垦、建宫殿等。而王阳明的第一份工作是建坟,况且是皇帝钦批的任务,指挥工程的身份是"钦差"。

明朝比清朝早近三百年,历史越古老越玄乎,神话传说越多。

威宁伯王越就有好几段很玄乎、再也无法证明的传奇,但有些段子一眼便可看穿是假的,可是当时传得却像真的。

王越,字世昌,河南浚县(今河南鹤壁)人。传闻他在殿试时,一阵大风把辛苦答的试卷刮得无影无踪。王越当场大声哭叫,考官经过讨论又发他一卷,榜发他考了三甲第七名。几年后,朝鲜国来进贡,贡品中竟有王越被大风刮走的试卷。皇帝闻知此事,心想王越一定是个人才,便有意加以考查重用。成化年间,蒙古人不断犯边,王越的官正被提拔到兵部尚书,要考查一个人到底如何,把他放到打击侵略者的战场上最合适,如果被打死了说明是假的,死了活该。但王越的行为令皇帝和北部边疆人民称赞,他和蒙古军的对阵每战皆大胜,他的声誉就像汉武帝时的霍去病、李广,使敌人闻风丧胆,让边疆平静了好些年。弘治十一年,王越在军中劳累而死,又一个"马革裹尸",朝廷为表彰其卓苦军功,特命工部为之建坟墓。

王阳明对马援、王越这样的英雄人物非常敬仰。如今执行皇帝的特命,为英雄建坟墓更感到荣幸。此时，他心目中又泛起军事上的波澜，之前他已熟读古代许多兵书，对兵书上的战阵已很熟悉。于是，他把工部当成了兵部，把建坟的劳动力当作了军队，把修坟当成军事任务去完成。

首先，把劳动力按古代兵制的"什伍法"进行组织。军事编制对众多的人群组织最有效，不然，千百人一窝蜂那还了得，打仗做工都得乱套。王阳明用军队编制组织后，先作动员，再进行训练。训练时按诸葛亮"八阵图"演练，"功盖三分国，名成八阵图"。相传这个阵势力量无边，排成阵势等于多了十万大军，当年刘备进攻东吴，被吴兵战败，全靠八阵图才能转败为胜。不然，刘备就会被吴兵活捉。

这些修坟的劳动力被王阳明弄得很玄乎，也觉有趣，工作起来也就有了兴趣，加上"什伍法"井井有条不窝工。因此，修坟工程干得又快又好。

首先，王家对阳明心怀感激，宴请他时给了他个很大的红包。阳明坚决拒绝：工程是皇帝钦派的，皇帝直接拨的工程款，工作完全是分内事，朝廷有俸禄，也有纪律，绝不能收分文。王阳明和曾国藩不同，自幼衣食无忧，银钱从不亲自花，身边总有人管理衣食起居。王家给他现钱，就是皇帝让他要，带在身上也嫌麻烦。

王家还是觉着有点对不起阳明，最后决定把王越的佩剑作为纪念品送给他。这下王阳明欣然接受，他决定领受英雄宝剑，继承先烈遗志，保卫人民不受外敌侵略。

史料记载，明朝有三位有名的伯爵：靖远伯王骥、威宁伯王越、新建伯王守仁。三人都姓王，都因军功得到伯爵爵位。

古代帝王虽说专制，但有时候又谦虚得可以，经常向天下发发"罪己诏"。尤其那些同他们毫无关系的现象，比如天上出颗彗星，有几颗较大的星星落下，天气旱涝，或地震等，皇帝就会发"罪己诏"，向天下人检讨自己，同时也恳切地向广大朝臣征求意见。为官久了都知道这是皇帝博取民心的假动作，也会跟着呼应一番，挑无关痛痒的地方说几句，对那种奏折内阁帮皇帝点点数，多数连封都不拆。

王阳明才完成修坟任务,就遇上这事,北京上空出了颗彗星,皇帝照例发罪己诏,号召臣工上疏言事。王阳明一实习性质的新官,用当前时兴的话说,就是一愤青,以实现报国之宏愿上了一道三千五百余字的《陈言边务疏》,这是他为官后第一次上疏,想当年有多次要求向皇帝提建议,因没那资格,皆被其父阻止。如今有此资格,一疏就是数千言,皇帝看不看、听不听先吐吐心中之积再说。

他针对当时边防,提出八项建议。

皇帝当时不过假意求言,大臣们或亦假意写几句与皇帝呼应。可王阳明却写了厚厚一叠,这样,内阁就不能漠然对待。拆疏一阅,新科进士的锋利言词,很让人折服,有的地方也很动人心魄。同样是一个问题,猛一看是个老问题了,不看也知道写的是什么。但王阳明的分析、所举之例,就让人心跳。

如第一条:储备人才,以备急用。老掉牙的问题,谁也写不出新意。但他的奏疏不走老路,直说蒙古是我们手下败将,为什么总还是主动来袭。那是欺我们没有良将,现在我们选将,跑马射箭动动腿脚,有知道兵书谋略的没有?我们的将军数量不少,有几个是将帅之才?赶快让那些地图都看不懂的回家看孩子,不然就得去前线真刀实枪练练;再如第三条:裁军省费,犒赏边士。议题也不新鲜,但奏疏写得尖锐。直言,重兵应放在边塞守卫国家,不是放在京城,只守国都。现在守边很艰苦,能打仗的兵又越来越少,是敌人屡犯边墙的原因。当务之急是裁撤京城之兵,把省下来的军饷厚边兵,时不我待,赶快实行;还有第七条:以资诱敌,主动出击。这些年总是敌人主动进攻我们,我们处处设防很被动。有时敌人假意放弃物资诱我们出边,出边后就中其埋伏,吃亏上当。我们应该多研究边疆的战术问题,也来个虚虚实实,主动出击,让敌人吃亏。其他诸条也都各有长处,上面仅以几例分析,以见其折是动了脑子,绝非一般官样文章。

王阳明的奏疏产生了一定影响,加上为王越修坟的工部实习成绩甲等,皇帝正式委任他为刑部云南清吏司主事,正六品之职,主管云南省司法案件。

王阳明是京官，用不着去云南，只是在刑部分管云南省的案件审查。一开始，刑部派他下地方锻炼，会同巡按御使检查地方的案件处理。

从部里讲，下放干部去地方历练。但从地方讲可不那么看，中央下来检查工作了，一个芝麻官可以当出二天子。这说法也对，中央派来的官再小，若捏个错回报上去，一样要倒大霉！所以，小京官下地方既是美差，也是肥差。想让地方官捧一捧，或是吃喝玩乐再弄点零钱，不出大格完全可以实现。

但王阳明一不为游山玩水，二不为显摆自己，三不为弄零花钱。他就是一心为工作，真的为历练自己。所以，他这样的小官想不出成绩都难。

当时他去的是淮安。王阳明一到便投入工作，把近来的卷宗全部拿来，往年的积案没解决好的也要看。

地方官全面配合，一切听他的。

封建社会除极少数几段"治世"外，地方案件无不黑幕重重。冤假错案，多数是人为的。为了钱财屈打成招、张冠李戴，入狱不判、死刑不死。王阳明只在公案小说里读到的故事，淮安府全有，实际上比比皆是。

其实，王阳明只是个六品主事，相当于某部的处长。到了淮安府，比他大的官有的是。要说检查地方，各道巡按御史也比他官大得多。所以，他甚至无权重新审案，最少也得御史同意，共同审理。

由于他做得确实好，以后又出了名，成了大圣人，所以他这次去淮安也留下美谈，留下许多小说的题材，曲折传奇故事。实录上说他去了淮安"审录江北"，在他的工作下，许多冤案得到重新审理，平反昭雪；而一些应该受到严惩的重犯，也受到了应得的刑惩。

总之，王阳明初入官场所为皆可圈可点。其原因可归纳出很多，比如他这时虽然还没有明确坚定的做圣人的大目标，但一直在求索人生的光明目标。他是个有志青年，金钱、美色都近不了他。比如他出身诗书名门，有高贵的气质。家庭物质条件优越，小恩小惠他不放在眼里。

这些都和曾国藩完全不同。曾国藩初入官场时还没立下王阳明那样的大志（虽然还不明确但总是个大志）。看来立志是极重要的，如同咱们现在所说的，思想里一定要有个光明的信念，没有信念，或信念不坚定，就易被金钱美色等浸染。曾国藩初入官场便昏昏沉沉被金钱和酒色迷了本性，没有他在泥淖中拼命挣扎，没有唐鉴等好老师、好朋友的拉扯，他就要被污泥埋掉了，实际上他已经陷进去大半个身子了，稍一松懈便会陷入沉沉泥潭。

立个为国为民的光明志向，对年轻人来说太重要了！

7 三十立于生死间

孔夫子曰:"三十而立。"按照原意是说,人到了三十,懂得了礼仪,说话做事就有把握了。"立"是"立于礼",处处能站在礼上。可现在全世界都有现代的解释,就是人到了三十该立业了。三十岁之前主要是学习阶段,三十岁是学成了,为社会、为家庭工作了。这种解释是否准确已不重要,而实际当中这说法已成习俗。

王阳明和曾国藩正好都是三十岁结束了科举考试,正式进入官场的工作阶段。

然而不仅如此,他们毕竟都是未来的圣人,都不是凡人而是伟人,是思想家、哲学家。从这个角度说,他们的三十岁都立在了生与死之间。

曾国藩在生死间徘徊了许久,终于走出了死亡陷阱,慢慢走向光明,政治上立志要做诸葛亮、陈平那样的"布衣之相",而学习上要做孔子、孟子那样的大儒、大圣人。三十岁是他的新起点,人生真正的起点,出死入生的起点,走向他那半个圣人方向的起点。

王阳明的三十而立之年也是他一生非常之年。他是一个完整的圣人,真正的圣人,所以在思想上、人生上走的路就比曾国藩更崎岖、更艰难。就如登黄山,越登越艰险。黄山三峰曾国藩大约只爬了一峰半,就认为差不多了,气喘嘘嘘地退了回来。而王阳明一直往巅峰上攀登,光明顶、莲花峰、天都峰,一直登到了峰顶。如果说亘古登黄山只有王阳明、曾国藩二人,又无现在的登山设施,这里的比喻更恰当。

王阳明就是三十岁那年，完成刑部交给的"审录江北"任务后，思想开始冲动，跑到九华山上体会道家和佛家的生活，想离开人世间，出世做佛道，所谓"出生入死"，他去会稽山阳明洞修仙，正达到了"先知"地步。后来又经过种种曲折，才逐步抛弃了佛老，回到孔孟之学，又一次出死回生，真是一言难尽。

总而言之，思想家的思想迷途，他们都十分痛苦。

曾国藩从死亡线上挣扎而出，决定自己做点什么打发时光。曾国藩几个月就走入死亡陷阱，可能就是因为没事干。翰林院本是闲衙，当时有一百五十余人闲着，都在等着皇帝安排美差。可皇帝想不到他们，即使是皇家粮仓的粮食，他们也是储备粮，一时半会用不上，所以才会霉烂掉。

曾国藩从庆幸留到翰林院工作，整整一年半十八个月中，仅被借调到礼部核对过两次科考试卷，又上朝听宣诏书一次、站班一次、被叫去参加贺礼一次。十八个月后被派往国史馆协修，国史馆的人数已很充足，翰林院轮流派去，去了也没事做，何况被派的日子断断续续，总量很少。

做什么呢？首先想到的是读书，制定出读书计划，按计划来。同时交朋友，来京师后方知自己过去交的朋友太"庸鄙"（因此他自己也很庸鄙）。"近年得一二良友，知有所谓经学者、经济者，有所谓躬行实践者，始知范韩可学而至也，马迁韩愈亦可学而至也，程朱亦可学而至也。"①这段话是他以后交友有了进益时才说的。王明阳十八岁时已从娄谅那里得知"圣人必可学而至"；曾国藩三十多岁才知道经学、经济学及"程朱亦可学而至"。圣人和半个圣人就是有很大差距。

正因为交友使他收益甚大，所以他的交友非常广。在京十九年，几乎没有一天不与朋友交谈，最多者一天接待和外访数十人次。例如某一天他的日记说："早起，步行至杜兰溪处，陈竹柏、芸渠、陈岱云处。旋至吴潘人处，公请黄矩卿师。回走梅霖生处、曾梅岩处。归，少息。陈岱云来。灯后小珊来，谈

---

① 《曾国藩全集》第19册，岳麓书社1994年版，第56页。

至夜分。"①这一天走访和接待十余人次,"公请黄矩卿师",相会的朋友就更多了。一天最多时走访五六十家,大约那是有了喜事,先前朋友来祝贺,他回拜诸友,一天才跑五六十家的。一天就回拜这么多家,谈论一定没有多少内容,但是可见他交的朋友之多。

曾国藩在交友方面虽广而不滥,但留馆的最初数十天里肯定没交上好朋友,才一度走上了邪路。改正错误后他很注意选择好朋友,例如他给家中几个弟弟写信说:"现在朋友愈多。讲躬行心得者,则有镜海先生、艮峰前辈、吴竹如、窦兰泉、冯树堂;穷经知道者,则有吴子序、邵惠西;讲诗、文、字而艺通于道者,则有何子贞;才气奔放,则有汤海秋;英气逼人志大神静,则有黄子寿。又有王少鹤(名锡振,广西主事)、朱廉甫(名琦,广西乙未翰林)、吴莘畬(名尚志,广东人,吴抚台之世兄)、庞作人(名文寿,浙江人)。此四君者,首闻余名而先来拜。虽所造有深浅,要皆有志之士,不甘居于庸碌者也。京师为人文渊薮,不求则无之,愈求则愈出。……盖求友以匡己之不逮,此大益也。"②

正因为他本着"交友以匡己之不逮",又互相砥砺目的,选择诸方有长的朋友,才使他迅速改正错误、思想、学问不断向上。

他与朋友相处主要是探讨学问,十几年中的日记、家书,处处可见。例如他涉足理学,就是朋友邵懿辰等首先提示他的,他的日记写道:"辰饭后走许师处,邵惠西处(懿辰字,亦作位西),谈及理学,邵言刘蕺山先生书多看恐不免有流弊,不如看薛文清公、陆清献公、李文贞公、张文端公诸集,最为醇正。自惭未见诸集,为无本也。"③

曾国藩此时尚未接触理学,因此人家提出的书目他根本不知道,感到很惭愧。

曾国藩毕竟也是青年才俊,他留翰林院工作之初,正是英国侵略者发

---

① 《日记》,道光二十一年二月初一日。
② 《曾国藩家书》,道光二十二年十二月二十日。
③ 《日记》,道光二十年十一月二十一日。

动鸦片战争，到中国战败签订屈辱条约的关键时刻。此时他的家书也反映出他对局势的关心，与朋友交往也紧张地议论当时局势。如《家书》说："去岁所失宁波府城、定海镇海二县城尚未收复。英夷滋扰以来，皆汉奸助之为虐。此辈食毛践土，丧尽天良，不知何日罪恶贯盈，始得聚而歼灭！"①

他的老师唐鉴为京官们作了表率：当道光皇帝罢免了林则徐，派琦善去广州，使反侵略战争一败涂地，而耆英等更是畏敌如虎，一再思让，才让堂堂中华帝国，一旦败于不知从何处而来的少数英国侵略军。唐鉴不顾身家，拍案而起，"严劾琦善、耆英等，直声震天下"（《清史稿》唐鉴本传）。

唐老师的作为，让青年翰林们激动不已，翻看《曾国藩日记》，那些天他们常聚在一起议论时局，有时深夜不散。由于阅历诸原因，他们没有如唐鉴般有效行动，若换上王阳明，动静一定不会小。年轻时的曾国藩，爱国热情和政治敏感远不如王阳明。

曾国藩被后人称作"理学大师"，是由于他"学宗朱子"。而他研究朱熹的学问，是唐鉴、倭仁指导的结果。

唐鉴，字镜海，湖南善化（今长沙）人，翰林出身。历任广西乐平知府，山西按察使，贵州、浙江布政使，太常寺卿等职。《清史稿》记述："鉴潜研性道，宗尚洛、闽诸贤②，著《学案小识》，推陆陇其为传道之首，以示宗者。时蒙古倭仁，湘乡曾国藩，六安吴廷栋、昆明窦垿、何桂珍，皆从鉴考问学业。陋室危坐，思精力践。年七十，斯须必敬。"

曾国藩与唐鉴相识是在道光二十一年（1841年），那时唐鉴由江宁布政使调京任太常寺卿，道光帝在乾清门接见他，曾国藩作为翰林院检讨侍驾在侧。道光帝极称唐鉴治朱子学有成就，并能按"圣学"之教亲自去做，是朝廷的好官。道光帝的当面称赞让曾国藩很羡慕。以前亦曾在翰林院友人处

---

① 《曾国藩家书》，道光二十二年二月二十四日。
② 洛、闽诸贤，指程颢程颐的洛学、朱熹的闽学，故称"程朱理学"。此处的"传道之首"指陆九渊，为唐鉴所宗。

听到唐鉴的声名,知道他是湖南长沙人,是自己的同乡。于是,他亲到唐鉴住处,以弟子礼拜访。

年过花甲的唐鉴很喜欢曾国藩,如同当年娄谅喜爱王阳明,对他的自投门下也很满意。两人便一见如故,谈得很投合。

就是唐鉴的这次谈话,真正改变了曾国藩的一生,他能成为半个圣人,也由这次谈话启迪。

曾国藩请教读书、修身之法。唐鉴教导:读书首先要读《朱子全集》,读此书不可视为八股进阶之书,也不能仅当成知识去掌握,而要躬自实行,作为终生修身的典籍。修身要以"整齐严肃"、"主一无适"八字为诀,整齐表于外而主一持于内。读书的最重要之方法,在"专一经";一经读通后,再旁及诸经。又说,所谓"学问",只有三门,即义理、考核、文章。三者之要在于以义理统之。

唐鉴还自我介绍,一生读《朱子》,以之修身;所通一经为《易》。而修身检讨自己的最好办法是写日记,记日记就是以日记"照自我",一定要诚实无欺。日记有假就是欺心,欺心就该诛心,心里想的越丑越要写出来,丑的事更要写出来,对着圣贤天天检讨,慢慢就达到圣贤的境界。[①]

唐鉴又给他介绍了倭仁,说他的修养功夫已达到不欺人、不自欺的境界,可称圣贤了。倭仁,字艮峰,蒙古正红旗人。倭仁是唐鉴的学生,他与唐鉴的教导不二法门,只是"克己"功夫达到严酷地步,哪怕思想中有点滴私念,也要消除在萌芽之中,使自己的心术、治术、学术归于一。

孔子说:"克己复礼为仁,一日克己复礼,天下归仁焉。为仁由己,而由人乎哉?"颜渊曰:"请问其目。"子曰:"非礼勿视,非礼勿听,非礼勿言,非礼勿动。"(《论语·颜渊第十二》第一章)

当年孔夫子把如何当圣人的秘诀告诉给了七十二贤人之首颜回。秘诀是什么?太简单了,就是"克己复礼"四个字;具体点就那四个"勿"。

[①] 《日记》,道光二十一年七月十四日。

唐鉴、倭仁的体会未出此"诀"。曾国藩做下去了,于是终于跳出了死亡陷阱,向着圣人的方向前进了。

曾国藩挪动双腿各处找朋友时,王阳明去了安徽青阳的九华山。

九华山原名九子山,唐时李白来此游玩,写了首赞九华山的诗,其中有句:"妙有分二气,灵山开九华"。后人遂将九子山改名九华山。

九华山是"四大菩萨"之一大愿地藏菩萨的道场,唐代"三教并信",把老子称为乃祖,故崇道教,九华山原是道教福地。后来唐太宗派人去西土取经,使佛教又兴起,超过了道教。开元七年(719年),新罗皇帝近亲金乔觉来九华山修炼,苦修七十五年,圆寂时九十九岁。三年后开函时"颜色如生,兜罗手软,骨节有声,如撼金锁",菩萨据藏经说"金锁百骸鸣",人们认定金乔觉是地藏菩萨化身,九华山便成了佛教地藏的道场。明清时,九华山建有寺庙一百五十余座,僧尼达到四千多人,"香火之盛,甲于天下"。佛教说法:释迦佛祖入天,应该接班的弥勒尚未现世,有一段"无佛世界",地藏受嘱主持,地藏在佛祖前发下大誓愿:主持期间一定渡尽六道轮回中的众生,解脱六合之苦,不然自愿下地狱。六道轮回本来就无休无止,六合之苦无法解脱。所以,地藏是最有牺牲精神的,佛祖称其为"大愿地藏",封为"幽冥教主"。

孔子说:"仁者乐山,智者乐水。"中国的山水有灵性,佛道在此修炼,文人墨客到此找写作灵感,搞哲学的到此找"悟"。

王阳明到此干啥的?他写作了《九华山赋》和一组赞美九华山寺的诗。这些,都值得称道。

但他来这里的主要行踪,有传奇故事色彩的行踪,是求仙学道。

《年谱》载,守仁去九华,拜访了居山的仙人蔡蓬头。守仁在后堂恭恭敬敬地问:"如何才能得道成仙?"老道士只是淡淡地回答:"时机不成熟。"守仁又将他单独引至后亭,拜而就问。道士仍说时机未到。守仁问之再四,道士回答:"君在后堂、后亭待我礼节虽然隆重,只是官气未散。"说罢一笑而别。

他又听说后山有个地藏洞，洞中有位异人，坐卧松毛，已不食多年。他不顾山峻坡险，攀援访问。时异人正熟睡，他就坐下来抚摸他的脚。异人开口说："山势险峻，你是如何到此。"王阳明站起来躬身施礼："求道不畏险。"但是异人也没给他得道成仙术，只是淡淡地说："周濂溪、程明道是儒家两个好秀才！"周、程是指宋儒周敦颐、程颢，是道学的两位大师。这位异人同蔡蓬头一样，认为王阳明身在官场，无法静心修炼，只能学习周、程等人，成为道学之儒人。

九华山毕竟是佛家圣地，目睹佛寺的清雅，王阳明心生慕意。《夜宿无相寺》云：①

> 春宵卧无相，月照五溪花。
> 掬水洗双眼，披云看九华。
> 岩头金佛国，树杪谪仙家。
> 仿佛闻笙鹤，青天落绛霞。

《化城寺六首》之一云：

> 化城高住万山深，楼阁凭空上界侵。
> 天外清秋度明月，人间微雨结浮阴。
> 钵龙降处云生座，岩虎归时风满林。
> 最爱山僧能好事，夜堂灯火伴孤吟。

王阳明爱佛家的清修，但他更爱道。五月份回京复命。八月回老家，是因身体不好请的假。休假期间，又去会稽山修炼。到山上找了一个洞，当地人称为禹穴，传说是大禹的安葬地。他命人修葺得能住后，便搬了进去打坐修仙，

---

① 两诗皆见《王阳明全集》第19卷。

自号"阳明子","王阳明"这个名字由此而来。

王阳明在此洞修炼引导术,据说不仅身体健康状况大为好转,而且已能先知先觉。王阳明此时的官级比县长大,一个官跑到山洞打坐修仙,不可能没有传说。如说,某日王阳明突然睁开眼吩咐仆人:"山下来了四个朋友,赶快去接!"仆人下得会稽山,果然有王思舆等四个人正往山上爬,他们是来看王阳明的。此等传闻一出,王阳明成仙,能先知先觉的神话便飞快传遍绍兴府。

可是不久王阳明却主动走出山洞不炼了。原因是什么,当时无人知道,后来他和朋友说了此事。原来他终日在山洞坐着,突然心血来潮,无比思念祖母岑氏和父亲龙山公来。由想念亲人又省悟:"此念生于孩提。此念可去,是断灭种性矣。"

后来他又去西湖养病,经常去西湖山虎跑、南屏等寺院。一次,他看到一个禅僧,坐禅三年,不睁眼,不说话。他向和尚大声说:"这和尚终日口巴巴说甚么!终日眼睁睁看什么!"和尚被猛地惊起,遂睁开双眼。王阳明问起家人,和尚答:"有老母在。"又问:"想念否?"回答:"不能不想!"于是,向和尚说道:"爱亲乃人之本性,不可天性学佛。"和尚涕泣而谢,第二天便不见了和尚的影子。

两年多半阴半阳的日子,由人性而悟出"老、释二氏之非",复思入世。做圣做贤,离开人世间肯定不成;做佛做道,毁灭人伦。入世是建功立业为国为民之途,才是真正的圣人正道。

与佛道两家分途后,他给学生的考题也明确表示出来。

弘治十七年(1504年),王阳明被巡按山东监察御史陆偁推荐,聘为山东乡试的主考官,这年他三十三岁。这是京官最期望的官差,也是很难得到的差使,需要既有声望又有学问者为之。此差又有影响又有实惠,试后还能收到一大批终生奉我为老师的学生。

考题全由考官出。王阳明四书题是根据《论语·先进第十一》中的一章出的。原文是:

季子然问："仲由、冉求可谓大臣与？"子曰："吾以子为异之问，曾由与求之间。所谓大臣者，以道事君，不可则止。今由与求也，可谓具臣矣。"曰："然则从之者与？"子曰："弑父与君，亦不从也。"

这段文字的核心："以道事君，不可则止。"所以，王阳明出的论题便是《所谓大臣者以道事君不可则止》。直接译出是：我们说的大臣，他是用合于仁义之道来对侍君主，如果行不通，即君主就是不仁不义，而又不听劝说，那就辞职不干。①

这就是孟子所说"民为贵，社稷次之，君为轻"方面的主题。大臣事君要以"道"为原则，皇帝不按此原则做，宁可丢官也不能助纣为虐。这种思想同"君叫臣死，臣不敢不死"针锋相对，是不大出现在考试题中的。同时，和宋明理学强调的三纲五常、人伦秩序、不许僭越也不合拍。王阳明很有自己的思想，虽然与佛老分途，但与程朱也有分歧。

王阳明出的策论题是："老佛害道，由于圣学不明；纲纪不振，由于名器太滥；用人太急，求效太速；及分封、清戎、御夷、息讼，皆有成法。"他出的这个题也反映了他当时思想的方方面面，让学生结合实际写答案。

题中的第一个内容，也是当时他思考的首要问题。他已肯定了"老佛害道"，否定了道教、佛教，与二者分道扬镳。为什么老佛能"害道"呢？原因是"圣学不明"。"圣学"就是当时国家倡导的朱子理学，他认为理学也有问题，不够正确，不能让更多的人信服，所以佛道两家才那么盛行。

由此可知，王阳明当时已从佛道虚无中走到了现实，心目中的指导思想又回归儒学。然而他对孔孟之学并无很深的理解，对朱熹"格物致知"未能弄通，尤其对朱子"心理为二"感到困惑。所以，他还得艰苦摸索。

---

① 杨伯峻：《论语译注》，第125页。

8 / 文死谏因皇帝昏愦

曹雪芹冷眼看世界，看穿了那个黑暗的世界，塑造一个叛逆性格的贾宝玉，骂"那些个须眉浊物，只知道文死谏武死战这二死是大丈夫死名死节"，孰不知皇帝不十分昏愦，如何能让谏臣死掉？

二千多年的封建社会，明君是少数，昏得杀掉忠臣的皇帝也不多。

可以说最昏的皇帝正好被王阳明和曾国藩碰上了。哲学讲事物的好和坏要从两面看，庄周更是从反面看，没有最昏的皇帝在上头，可能产生不出这两个名人来。皇帝文武全才，能打天下，又能治天下，还要好的大臣干啥？不给臣工一定磨难，哪有名臣和圣人产出？

黄宗羲《明儒学案》中的《姚江学案》叙述王阳明真正悟出圣人之道来，就是因为明武宗皇帝十分昏愦，不听劝谏，把他发配到极边，他才"及至居夷处困，动心忍性，因念圣人处此更有何道"？忽悟格物致知之者，圣人之道，吾性自足，不假外求。其学风三变而始得其门。

曾国藩所以能成为名将名相，也是因为遇上咸丰、同治两个昏愦皇帝，在内忧外患面前毫无章法，竟让曾国藩这等毫不知兵的人带兵打仗，况且不断为他制造麻烦，竟让他一点点学会治军，成了名将。换上康熙皇帝，他哪会用曾国藩这样的书生带兵？何况有康熙皇帝在，洪秀全也就不可能产出。

王阳明因为写个奏折劝谏皇帝被差一点丢掉小命，在他被谪赴龙场前不久给山东乡试考生出四书题，说："做大臣要以道事君，不行就辞职走人！"但是，辞职后干什么？失业连老婆孩子都没人养，自己的饭碗里没有米。原来,孔子的时代中国不是一个皇帝,国家也有很多,一个皇帝不听我的,或是皇帝太昏愦,老子不侍候,另找别的国家,为别的皇帝服务。孔子门下三千多弟子,给许多封国做臣,孔子所在本身就是周的分封国之一鲁国。

秦汉以后,除几个混乱年代又分裂出多个国家外,只有一个皇帝,辞了官就将没事做,何况辞官本身就犯了皇帝大忌,"普天之下莫非王土",活下去也难。

书归正传,话说弘治十八年(1505年)五月七日,大明帝国发生了一件举国震动之事,明孝宗朱祐樘病死。据史书记载,封建皇帝中娶妻最少(有的说只有一位娘娘)的便是这位明孝宗。临死前,他让内阁大臣刘健、谢迁、李东阳走近前艰难地交代:"东宫年幼,好逸乐,诸位劝之读书,辅为贤王。"说完驾崩,年仅三十六岁。

朱祐樘妃子少,孩子也不多,男孩只有一个朱厚照,年方十五。不用讨论,他便接着父亲做皇帝,是为武宗,改元正德。

朱厚照是明朝以来十几个皇帝中最昏庸的一个,诸如"荒淫无耻、昏庸朝政、朝纲紊乱、民不聊生"的坏帝王的头衔,他全部都有。《明史》明确记述,明朝的诸多弊政,在朱厚照时期都达到顶端。如说他任由宦官专政,北京出了两个皇帝,一个坐皇帝,一个立皇帝,一个朱皇帝、一个刘皇帝[①]。宦官汪直有土地二万余顷,谷大用有一万多顷。刘瑾家中黄金就有二十四万锭又五万七千八百两,银五百万锭又一百五十八万三千六百两。[②]这仅举此一例说明。

总之,明朝的政权至朱厚照已完全落入宦官之手,宦官之首便是刘瑾。刘瑾本姓谈,因靠一个姓刘的宦官入宫,改姓刘。朱厚照为太子时,他在东宫陪侍,即位后便得信任。他"与马永成、高凤、罗祥、魏彬、丘聚、谷大用、张永并以旧恩得幸,人号'八虎'。而瑾尤狡狠"。[③]刘瑾决心效法明英宗时控

---

① 刘皇帝是指宦官刘瑾,张萱:《田园间见录》卷一〇〇《内臣》上。
② 田艺蘅:《留青日札摘抄》卷四(《记录汇编本》)。
③ 《明史·刘瑾传》。

制朝政，对外勾结蒙古，对内搜刮人民，残害朝中大臣的大宦官王振，实际上他做得有过而无不及。

他抓住朱厚照贪玩的特点，特进鹰犬，引之迷恋歌舞、酒色，让小皇帝每日玩乐而不问朝政，朝政总被刘瑾等宦官把持。当时残害官员，镇压反抗东、西二厂和内行厂大权者在宦官之手，锦衣卫扩大到几万人，也被刘瑾控制。大臣们上折要一式两份，皇帝和刘瑾各一份，而最后的裁夺权全在刘瑾。内阁重臣也被刘瑾控制，大学士焦芳、曹元跑到刘瑾家里去办公。刘瑾的权势之大，连许多勋戚、内外大臣都投靠他。宦官又同内外大臣勾结，对人民进行贪婪的经济掠夺和政治压迫。京城内外到处是宦官的田产、庄所、马坊和其他作坊，奴役着大批佃户、家奴、院丁、义男，常常假借各种名义大搞土木建设，到处侵夺人民的土地和财产。①

刘瑾的各种罪行激起朝臣的愤怒，孝宗朝老臣刘健、谢迁等联合言官交章论奏，请诛刘瑾。却被刘瑾反诬为奸党，矫诏予以罢斥。南京户部给事中戴铣和十三道御史薄言徽、葛浩、贡安甫、王蕃、史良佐、任诺、李熙、姚学礼、张鸣凤、蒋钦、曹闵、黄昭道、王弘、萧子元，给事中李光翰、徐蕃、牧相、任惠等，联合上疏，请留刘健、谢迁，罢刘瑾。刘瑾又矫诏廷杖三十，削职为民。戴铣被当廷打死，蒋钦被打口不停谴责刘瑾，杖三十后仍被不停痛打。杖责之后，一律投入大牢。蒋钦在牢中仍愤愤不平，忍着剧痛继续写本，继续上奏，又被拉出来杖责，一直到被打死。

王阳明就是在此时挺身而出。

山东乡试结束后，王阳明回到京城，由原刑部主事调任兵部武选科主事，级别未变，但工作性质变得重要。中国历史一般重文轻武，因为武事表现为凶，不如文官吉祥。武官只有在战乱年代才能用得上，哪个国家也不希望总有战乱发生。但是，明朝特殊，朱元璋不大识字，他是打仗出身，切身体会"枪杆子里面出政权"。朱元璋之后承平年代明显多于战争年代，人民都

---

① 《燕京杂记》等书。

盼望和平，所以文官的地位上升。而到朱厚照这里，他偏不重视文人，因此武职又重要起来。王阳明从司法部门调到兵部，因此算是进阶了。而且，兵部共四个部门：武选、职方、车驾、武库。其中武选最重要，管着官员的选拔、升黜、调防、攻赏，即兵部里的人事部。

王阳明初来兵部先熟悉工作环境，当年没仗打，兵部就闲着。闲着没事，王阳明却闲不惯，又去研究儒学。此时，他认识一朋友，很重要的一道友，就是湛若水，朝中发生新皇帝支持阉党与正派官员争斗之事时，他正同湛若水定交，在湛的引导下"正德丙寅，始归于圣贤之学"。正德丙寅年是公元1506年，就是朱厚照登基的那一年。

对王阳明来说，如此重要的人物，又在王阳明一生中的重要时刻出现，这里就得略加介绍。

湛若水是广州府增城人，幼年丧父，由母亲带大，家庭条件不好，十四岁才入塾读书，二十七岁中举。中举后不再参加进士考试，而拜在陈白沙门下学习圣学。陈白沙是吴与弼的学生、娄谅的同学，论起来他应是王阳明的老师辈。陈白沙临终前，选择湛若水为衣钵传人。陈白沙病故后，母亲迫他参加进士考试。他于弘治十八年（1505年）乙丑科金榜题名，中二甲第三，全国第六名，他前面那位是严嵩，当时也是王阳明的要好朋友。湛若水又经朝考，钦点翰林庶吉士。此时，王阳明与湛若水认识，双方都极为推崇对方，都曾向别人说：这么多年来，没见过有超过此人水平的，"遂相与定交讲学，一宗程氏'仁者浑然与天地万物同体'之指"①。

正当二人倾心交谈学问时，弘治皇帝驾崩，新君登基即信用奸党，对正派的大臣痛加迫害，刘瑾等"八虎"在皇室支持下，清洗各部门不配合的大臣。朝中的正派官员一个个离职致仕，更严重者被成批投入监狱，迫害致死，王阳明忍不下去，写下《乞宥言官去权奸以章圣德疏》上递皇帝。奏疏如下：

---

① 《王阳明全集》第38卷；湛若水：《阳明先生墓志铭》。

君仁臣直，铣等以言为责，其言如善，自宜嘉纳，如其未善，亦宜包容，以开忠谠之路。乃今赫然下令，远事拘囚，在陛下不过少示惩创，非有意怒绝之也。下民无知，妄生疑惧，臣切惜之！自是而后，虽有上关宗社危疑不制之事，陛下孰从而闻之？陛下聪明超绝，苟念及此，宁不寒心？伏愿追收前旨，使铣等仍旧供职，扩大公无我之仁，明改过不吝之勇，圣德昭布，远迩人民胥悦，岂不休哉！①

　　从文中内容看，奏疏上于戴铣尚未被杖死之前。疏文写得很有策略，主要从皇帝纳谏方面论述，有仁君才有直臣，戴铣说对了就该听从，说错了也该包容。现在把人都关进大牢里，以后谁还再敢说话？关于社稷方面的大事，陛下又怎能听到臣下的正确意见呢？还是希望陛下收回成命，让戴铣等复职。

　　然而奏疏写得再有策略，也会开罪刘瑾，因为开头就有"去权奸"三个字。当时不是皇帝说了算，而正是"权奸"刘瑾说了算。结果，王阳明被杖责五十，然后投入诏狱。

　　后果相当严重，五十大棍差点把他打死，以后的牢狱之灾，是否能活下来更难说。他在大牢里写下十四首诗来倾诉苦闷。其中一首云："心之忧矣，匪家匪室。或其启矣，殒予匪恤。"②说他自己考虑的并非个人家室，只是想启发武宗的良知，才不顾身家，毅然上疏的。

　　在狱中度过一段日子后，被贬谪往贵州极边的龙场驿作驿丞。父亲王华也同时被贬往南京，父子二人差不多同时离开京师。

　　史料记载，刘瑾仍未放过他，一路上派杀手跟踪，欲加谋害，"先生至钱塘，瑾遣人随侦。先生度不免，乃托言投江以脱之"。就是说，他曾伪装自

---

① 《王阳明全集》第33卷。
② 《王阳明全集》第19卷。

杀，或是真的被杀手所迫跳江，侥幸没被杀死，也没被淹死。后随商船到达舟山，由舟山而至闽北，入武夷山。此时他本想从此隐遁不仕，但担心进一步累及父亲，便又从武夷往鄱阳到南京，探望父亲后再返钱塘，往江西、湖南而赴贵州，于正德三年（1508年）到达谪所龙场驿。

曾国藩经历道光、咸丰、同治三朝，道光是个平庸的皇帝，咸丰、同治则是昏庸的皇帝。同治朝慈禧太后开始信任阉人，安德海、李莲英也都很得宠。他们干预国政，卖官鬻爵，做了许多坏事。但他们远远没达到控制朝政的局面，许多坏事是狐假虎威干的。安德海出京便被地方官拘捕，诛于济南。

曾国藩在道光朝做京官十年，这十年他都在读书、学习，主要在《朱子》理学方向下功夫，基本成就了一个理学家。但他在为国为民方面，即治国、平天下方面，不但没功劳，苦劳也没有。他还是个既得利益者，十年待在宫廷，官升了七级，由七品的翰林院检讨，迁升至侍郎正二品。做过礼部、兵部、工部、刑部、吏部侍郎，除户部外，各部侍郎他都做过。对此，他非常得意，曾给弟弟们写信说："三十七岁至二品者，本朝尚无一人，予之德薄才劣，何以堪此！"①他能得如此殊勋，原因是多方面的。从他个人条件说，勤苦好学，同倭仁等随唐鉴攻理学，要求自己极为严格，在京中造成了为人正派、谦恭有礼的普遍声望。他自己说："在京颇著清望。"

从道光帝这方面说，面对外敌入侵他一味苟安应付，但他恭俭守成，曾国藩当时的思想行为，很能与之合拍，道光帝也就很喜欢他这样的严于律己、宽以待人的守成臣子。正像当时居官五十四年的三朝元老曹振镛，他的为官之道就是"多磕头，少说话"。

在大臣中，深得曹振镛衣钵真传的穆彰阿，一直是曾国藩的靠山，这也是曾国藩不断晋升的一个原因。穆深受道光皇帝宠信，身居军机处要职二十多年，尤其控制了中央科考、选拔官员的大权，会试、殿试、朝考、庶老士考、翰詹大考，他多为主持或参与。凡穆彰阿要推荐或打击者，没有不成的。

---

① 《曾国藩家书》，道光二十七年六月十七日。

曾国藩会试、殿试、翰林散馆大比，穆都是考官，曾国藩都如仪拜见。

据传闻，道光帝要召见曾国藩，预先去穆彰阿处请教对答内容。穆让曾拜会某内监，曾照办了，真的得到了诏对内容，从而又博得了道光帝的好感①。这条记述不太可信，即使有此事，到曾国藩做了唐鉴的学生后，他一定不会再做这样的事了。他在"克己归仁"方面唯恐做得不到位，哪还会再做违背儒家信条的事呢？穆彰阿是曾国藩多次考试的考官，是他的"座师"，他一生都不忘其恩情，道光驾崩后穆被罢职，曾仍多次去看穆的旧宅。直到二十年后，曾任直隶总督，进京陛见时，又专程拜访穆氏的后人。此后又让儿子曾纪泽去看望穆彰阿之子穆萨廉，穆是鸦片战争时的投降派，曾参与陷害林则徐，被时人骂为"道光年间的秦桧"。曾国藩同他有上述不寻常关系，自然不是光彩之事，所以人们才造出他和穆彰阿作弊的故事来。

1850年，道光皇帝病死，咸丰继位。他登极伊始，也曾想有一番作为，罢黜了权臣穆彰阿、耆英等，同时下令开言路，求贤才。当时曾国藩不再是十年前那个只会拜客算计小钱和炫耀自己的小翰林了，经过多年攻读以《朱子》为核心的儒家经典，又能按儒家信条自省自律，用他自己的话说："君子之立志也，有民胞扬与之重，有内圣外王之业，而后不忝于父母之所生，不愧为天地之完人。"②他的座右铭是"不为圣贤，便为禽兽"③。"我欲为孔孟，则日夜孜孜，唯孔孟是学"④。他如何由一个不知何为经学的一般知识分子，如何立下"为圣贤"、"唯孔孟"志愿，而且已有一定成就的？这是后文的内容之一。

从道光朝至咸丰朝，曾国藩的思想在程朱理学的影响下，的确飞升了，说他能以"天下为己任"亦不为过。

鸦片战争期间，他和朋友们只是议论一阵子，行动上没啥反应。战后这

---

① 徐珂：《清裨类钞》，第11册，"荐举"，第8—9页。
② 《曾国藩家书》，道光二十二年十月二十六日。
③ 《求阙斋日记类钞》上卷，第9页。
④ 《曾国藩家书》，道光二十四年九月十九日。

些年，清政府的腐败，官场上的守旧他看得较清楚了；地方上的变化，湖南农民不断发生反政府暴动，他的好友刘蓉、罗泽南、欧阳兆熊、江忠源等不断向他写信告知。曾国藩也能正确地论道："推寻本源，何尝不以有司虐用其民，鱼肉日久，激而不复反顾？"①翻阅他此时的书札，不断出现他分析时局的文字：民间疾苦，银价昂贵，粮饷难纳；冤狱之多，民气难伸；盗贼太多，良民不安；而其根本原因，在于弊政。

他在书札中写道：

> 隶卒突兀至，诛求百不支，蒨蒨纨绔子，累累饱鞭笞。前卒贪如狼，后队健如耗，应募幸脱免，倾荡无余资。②

因有这种思想作基础，当咸丰帝下诏求言时，曾国藩便连连上奏了《应诏陈言折》、《条陈日讲事宜疏》、《备陈民间疾苦疏》、《平银价疏》、《议汰兵疏》等。

奏折中所提问题，是当时社会存在的现实弊政，也是清末存在的积弊，但对新登基的咸丰来说，却是有锐意解决的样子，对曾国藩所上几折，都认真对待，尤其对前两折。曾国藩针对朝廷的多年暮气，要求咸丰帝以身作则，用勤奋作风影响百官，鼓舞天下，去掉萎靡作风。他还要求咸丰坚持"日讲"制度，努力学习，提高统驭水平。

奏疏对朝廷的批评十分严厉，他说："十余年间九卿无一人陈时政之得失，司道无一折言地方之利弊，相率缄默。科道间有奏疏，而从无一言及主德之隆替，无一折弹大臣之过失，岂君为尧舜之君，臣皆稷契之臣乎？"

为什么在道光朝曾国藩十年几无一折言事？原来道光朝六部九卿之百官都是"相率缄默"，官员不敢陈奏时政，不敢谈论地方，更不敢批评皇帝，似

---

① 《曾文正公书札》第 1 卷，第 30 页。
② 《曾文正公诗集》第 1 卷，第 2 页。

乎皇帝为尧为舜了！①

如此尖锐的批评，曾国藩递上奏折后心里惴惴不安，等着不测的降临。孰料，他很快得到了批复，皇帝批曰：

> 礼部侍郎曾国藩奏陈用人之策，朕详加披览，剀切明辨，切中情事，深堪嘉纳。如该侍郎折内所保举人才，广收直言，迭经降旨宣示，谅各大小臣工必能激发天良，弼予郅治。惟称日讲为求治之本，我圣祖仁皇帝登极之初即命儒臣逐日进讲，寒暑无间。朕绍承丕业，夙夜孜孜，景仰前徽，勉思继述，着于百日后举行日讲。所有一切应行事宜，着各该衙门察例详议以闻。②

咸丰初登皇帝位，确实显示出年轻有为的作风，想振作一番。像这样的批语，有清一朝只有雍正皇帝超乎寻常地做得到，乾嘉之后，皇帝在折上批几个字都罕见。咸丰表扬了曾国藩，下旨各部就一切应行的，"察例详议"，他要听到各部的意见，还根据曾的奏折，让百官举荐人才。

遵照咸丰的批复，曾国藩就"日讲"之事，又上一折，具体说了十四条意见。并且举荐了李棠阶、吴廷栋、王庆云、严正基、江忠源五人，一一介绍了五人的优点。

曾国藩折中的诸意见，一时间确也得到落实，推荐的五个人也都得到重用，后来李棠阶官至尚书，吴廷栋官至侍郎，王庆云做到总督，江忠源是镇压太平军的急先锋，官至巡抚，战死后赐总督。以前，曾国藩多是一身一职，上奏后被咸丰下旨让他兼任兵部、礼部、工部三侍郎衔，可见其被信任的程度了。

然而，太平军的进军形势如火如荼发展。就在咸丰上台后不久即爆发起义，短短几个月，接连打败咸丰派去的几任钦差大臣。咸丰再令其舅舅、首

---

① 《曾国藩全集》第1册，第6—10页。
② 《曾国藩年谱》，第15页。

席军机大臣赛尚阿为钦差，担任前线总指挥，仍接连吃败仗。

当时的朝臣们面对形势都很着急，而曾国藩更着急，前时所上几折，关于兵事上面的未见咸丰批示实行。他认为是被"高阁束置"，将他的"书生之血诚，徒供胥吏唾弃之具"①。于是，他针对咸丰皇帝本人的缺点上了《敬呈圣德三端预防弊疏》。他给家人写信说，自己是冒着丢官丢命的"血诚"上的此折。认为自新君上台，满朝"谨微阿唯"，会滋长皇帝的"骄矜"。趁元年新政，冒死把"骄矜之机关说破"，使新君"日就竞业"，廷臣"趋于骨鲠"，树立朝廷进取之好风尚②。

这次上奏曾国藩自称"冒死犯颜直谏"，目的是"济世以匡主德"，有点像儒家对国家的负责态度了。先秦诸国纷争的政治局面，所谓"良臣择主而侍"，连孔子教育他的学生都说："以道事君，不可则止"，其态度多少有点不负责任。

此奏折内容不比寻常，直接给咸丰提意见，揭他的短处，不留情面。包括三端：一是批评咸丰苛求小节，疏于大计，对前线将帅安排不当；二是说皇帝文过饰非，不求实际；三是揭露新君出尔反尔，刚愎自用，骄傲自大，言行不一③。

"求琐失大"方面，举了很多例子，如广林、福济、塜魁都是因礼仪方面的小节被当成大事参劾，像头叩得不如仪；内廷接驾时，也因微仪而被当着百官面训责……国家大事，如发往前线的将官等安排草率，造成失误。

文过饰非方面，对臣工的奏疏，大抵用"无庸议"三字了之。或有一二嘉许者，手诏褒倭仁，未几而疏远至万里之外；优旨答苏廷魁，未几斥为乱道之流。

骄矜方面，举例说去年钦旨殷殷求言，近来则谕"黜陟大权，朕自持之"，实乃刚愎自用，出尔反尔。当时，咸丰刊布个人的《御制诗文集》，曾国

---

① 《曾文正公书札》第1卷，第30页。
② 《曾国藩家书》，咸丰元年五月十四日。
③ 《曾文正公奏稿》第1卷，第32—37页。

国藩在奏折中指出，皇帝新登基，还不应急着宣扬个人，况且皇帝曾下旨明示"敦崇实敦不尚虚文"。折中还引用夏禹谏舜、周公戒成王的话："昔禹戒舜曰：'无若丹朱傲。'周公戒成王曰："无若殷受纣之迷乱。"用商纣王的骄矜乱政自取灭亡来警告咸丰皇帝，这可真是胆大包天。

曾国藩的这个奏折在朝野引起很大反响，尤其是湖南省关注他的知识分子，都夸赞"大疏所陈，动关至计，是固有言人所不能言、不敢言者"，此举可"慰天下贤豪之望，尽大臣报国之忠！"

从当时这些反应看，曾国藩上折后，咸丰受到挫辱，欲加之罪，故有大学士祁隽藻、左都御史季芝昌为他求情的文字记载。但表面文章倒是平静，尽管咸丰下旨对他进行了某些反批评，但仍表示嘉许和赏识。不久，又让曾国藩兼职刑部、吏部侍郎。中央六部，曾国藩同时兼职五部，在清朝历史上也属少见。

王阳明和曾国藩都以同样目的，站在治国立场，都给新君上疏，但所得结果如此不同。历史已经证明，咸丰也是个著名昏君，面对英法侵略者他无能应付，最终逃往热河并死在那里。中国在他的统治下，丢掉大片领土。但他在初政时有改革的愿望，表现出愿做治国明君的态度。而王阳明面对的新君，上台就不思治国，政权又被阉党控制，仅因上一个奏折，对新皇帝未加片言责咎，就遭到重责，差点丢了生命。

9 龙场悟道与修身煎熬

儒家虽与佛家、道家不同，但也有形上内容，讲"悟"论"修"，与现代科学相衡，有"玄学"之称。五四新文化运动之后，有过多次"科玄"论战，那是一些所谓"第三期儒学家"，为争取一席地位，与欲灭亡他们的诸家论辩。

王阳明的龙场悟道和曾国藩修习理学、克省自我，都是他们成贤成圣的重要转折点，也是他们人生道路上的关键。

王阳明经九死一生逃出刘瑾等迫害，终于到了谪所龙场驿；到了那里能否存活，也十分渺茫。

古代交通工具差，政府机关上下传递公文信件，用马代步。上下通达的简易道路，称"马路"。传递公文的差役数日才能到达目的地，中间要住宿、要换马。这住宿、换马的场所称为驿站。龙场驿建于明初，地处"贵州西北万山丛棘中，蛇虺魍魉，虫毒瘴疠，与居夷人鴃舌难语，可通语者，皆中土亡命"[①]。史料上说，龙场驿是个小驿站，只设驿丞一名，养马二十余匹。

这个记载说的是明初，能养得了二十余匹马的地方一定不会小，要有驿丁，要有供应、有住所。王阳明当时带着三名仆人，翻山越岭去到那个龙场驿一看，什么也没有，这个驿站怕是早就废置了，只有一个名字还在，才把他发配来的。《水浒传》里拟出的"大军草料场"，林冲去了还真有这个地方，可

---

① 《王明阳全集》第 33 卷。

龙场驿却一片荒凉。

什么也没有，总还有四个大活人、四个男人，总得要挣扎活下去。当时，王阳明身体条件最差，由于肺病的折磨，数千里的颠簸，他身体十分消瘦，咳嗽不止。但是，见到龙场驿如此荒漠，三个仆人就一副要死不要活的样子，还得他照护和鼓励，鼓励他们有勇气活下去。

从唯物主义讲，人活着主要靠物质条件。但精神因素也十分重要，在同样条件下，精神好，有追求、有理想、有活头的人，往往战胜死亡，坚强地生活了下来。

王阳明就是精神饱满、有理想追求的人，如果像他三个仆人那样，怕是活不下来的。王阳明在龙场驿写下一篇《瘗旅文》，文章写得情感真挚，描述、抒情，让人泫然欲泣，应该是王阳明最高水平的散文，所以被清人选录《古文观止》①。文章的首段是这么写的：

> 维正德四年秋月三日，有吏目云自京来者，不知其名氏，携一子一仆，将之任，过龙场，投宿土苗家。予从篱落间望见之，阴雨昏黑，欲就问讯北来事，不果。明早，遣人觇之，已行矣。
>
> 薄午，有人自蜈蚣坡来，云："一老人死坡下，傍两人哭之哀。"予曰："此必吏目死矣。伤哉！"薄暮复有人来，云："坡下死者二人，傍一人坐哭。"询其状，则其子又死矣。明日，复有人来，云："见坡下积尸三焉。"则其仆又死矣。呜呼伤哉！

这段是白描，平实、客观、冷静，但令人触目惊心。后文较长，此处不录。写的是王阳明掩埋死者、祭悼和抒发情怀。

后文抒发情怀写得极为动人。其中有数语写他三人死因：被迫至此做个小吏，心里极为忧戚，结果是"冲冒雾露，扳援崖壁，行万峰之顶，饥渴劳

---

① 《古文观止》，第556—559页。

顿，筋骨疲惫，而又瘴疠侵其外，忧郁攻其中，其能以无死乎"？

客观艰苦条件，王阳明和他们都一样，就自身条件可能王阳明更差些。但王阳明为什么艰难地活了下来？就是由于他有十足的精神支持，有理想支持。况且，他还有一颗悲怆、乐观、坚强的心。末段为死者唱葬歌，歌词有："异域殊方兮，环海之中；达观随寓兮，奚必予官？魂兮魂兮，无悲以恫！……吾苟死于兹兮，率尔子仆，来从予兮，吾与尔遨以嬉兮，骖紫彪而乘文螭兮，登望故乡而嘘唏兮。……"

王明阳的脑子里一定还有孟夫子的那段话："天将降大任于斯人也，必先苦其心志，劳其筋骨，饿其体肤，空乏其身，行弗乱其所为，所以动心忍性，增益其所不能。"刘瑾等要他命没要到，龙场的诸般困苦，正是磨炼自己的好条件。

没有房子，没有粮食，瘴疠毒雾，既能让人害怕而死，也能战胜它而增强人的意志。史料记述，初到无居之处，则范土架木，搭建草棚。随从皆病，为解其忧患，守仁斫薪取水，煮粥侍候。又与诗歌，调越曲，杂以谈笑，以欢乐其心。

没有粮食，则刈草垦荒，种粮种菜，斫薪采蕨。在龙场驿期间，他写了许多首诗，反映他的艰苦生活。如学农种田诗云："谪居屡在陈，从者有愠见。山荒聊可田，钱镈还易办。夷俗多火耕，仿习亦颇便。及兹春未深，数亩犹足佃。岂徒实口腹？且以理荒宴。遗穗及鸟雀，贫寡发余羡。出耒在明晨，山寒易霜霰。"《春行》诗云："冬尽西山满山雪，春初复来花满山。白鸥乱浴清溪上，黄鸟双飞绿树间。物色变迁随转眼，人生岂得长朱颜！好将吾道从吾党，归把渔竿东海湾！"[①]

夜深人静，仆人都已熟睡了，可王阳明突然焦躁起来：目今朝中奸邪当道，皇帝昏愦，自己怀着忠心劝谏，反而被迫害、被发遣。即使有一天回得去京师，这官还怎能做得了？然而不为官，终究如何，老死这荒野蛮夷之地吗？

---

① 《王阳明全集》第19卷。

人生一口气，这口气没了，人生也就结束了。被自己亲手埋葬的三个人，不知名姓的三个人，永久地被埋在这里了。自己早晚也得被埋在这里，朝廷不会再过问。可是，一旦死了，年迈的祖母怎么办？她老人家会很悲伤。父亲怎么办？白发人送黑发人。

他突然又想到："圣人处此，更有何道？"恐怕圣人也无法解决生死问题，面对死亡，又有何想，又有何为？于是，他想体验一下死亡。他让几个仆人帮助，挖一个墓穴，找来几块石板，做了一副石椁。石椁做好后，他爬进去，让仆人把石盖子盖上，他躺下来，闭上眼。仆人们都照他说的做，看着他的动作，个个目瞪口呆。

史料记载：他每日坐在石椁上，自誓曰："吾今惟俟死而已，他复何计？"①可是，只要还吃喝、呼吸，短期内死亡不会到来。于是，他日夜默坐，澄心精虑，以求之于静一之中。一天夜里，他忽然大彻大悟格物之旨，仿佛睡梦之中，耳边有人告诉，不觉呼跃而起，若疾若狂，随从们皆被惊醒。原来，他突然体悟出"圣人之道，吾性自足，向之求理于事物者误也"②。就是说，圣人处世，在于自足其性，而不再向外求理，理就在圣人自心之中。以所记《五经》之言印证，感到无不吻合，遂著《五经臆说》。王阳明因静坐而达到大彻大悟，这是生死临界点产生的奇迹。儒、释、道三家都讲静坐修行，都说有一天会大彻大悟，王阳明居然真的实现了。

自此，他找到了身处险境又自释其怀的精神支柱，也是他超越宋儒建立"王学"的最关键一步。

自大彻大悟后，他对生活有了情趣，决定改善一下自己的居住条件。原先，他或住在山洞里（后来被人称作"阳明洞"），或住在简易的窝棚里。现在，他主动与当地的土著"夷民"搞好关系，在他们的帮助下，盖了房子和亭榭。王阳明为之取名曰"何陋轩"、"宾阳堂"、"君子亭"。作于此时的《龙冈

---

① 黄绾：《阳明先生行状》，载《王阳明全集》第38页。
② 《王阳明全集》第33卷。

漫兴》五首诗,其一云:"投荒万里入炎州,却喜官卑得自由。心在夷居何有陋?身虽吏隐未忘忧。春山卉服时相问,雪寨兰舆每独游。拟把犁锄从许子,谩将弦诵止言游。"①

王明阳在龙场一晃三年过去了。"悟道"之后,他开始给仆人讲讲道理,仆人似懂非懂,慢慢地,由近及远,王阳明的名声传开去。诸生闻之,纷纷前来求教。来者日多,王阳明为之开班讲学,条件虽然简陋,但不影响讲学和研讨,王阳明便为之取名"龙冈书院"。这就是史料上说的"诸生闻之,亦皆来集,请名龙冈书院"。

他在龙冈讲学后,官场才知道这里来了个王阳明,贵州提学副使毛科请他去府城讲学,他以病为由未去。后来,席书调任贵州提学副使,在州城建文明书院,亲率贵阳诸生,以师礼迎他去文明书院讲学。

正德四年(1509年)年底,王阳明三年谪居期满,升任江西庐陵知县。他收拾行装就道,在船上度过除夕。在船中他写了两首诗,其一云:"远客天涯又岁除,孤航随处亦吾庐。也知世上风波恶,还恋山中木石居。事业无心从齿发,亲友多难绝书音。江湖未就新春计,夜半樵歌忽起予。"②

离开龙场,罪人生活结束,但他并不怎么高兴,念及朝政昏暗,他不能不怀念龙场的生活。他的"心学",便是在那艰苦的环境中起步的。

曾国藩的所谓"得道",即研究宋理学,归宗朱子,道德人格得到升华,也有个艰苦的修行过程。他的这个过程与王阳明的九死一生无法比拟,若以孟子对"大任"者的磨难程度决定"斯人"的未来"任"有多大的观点,曾国藩虽也"得道",但仅是半个圣人。

曾国藩在唐鉴的指引和倭仁的具体指导下,研究理学,并按理学要求去修身修行,他在日记中反映了具体情况。日记道:"拜倭艮峰前辈,先生言:研几工夫最要紧,颜子之有不善未尝不知,是研几也;周子曰'几善恶';《中

---

① 《王阳明全集》第19卷。
② 《王阳明全集》第19卷。

庸》曰'潜虽伏矣，亦孔之昭'；刘念台先生曰'卜动念以知几'，皆谓此也。失此不察，则心放而难收矣。又云：人心善恶之几与国家治乱之几相通。又教予写日课，当即写，不宜再因循。"①

唐鉴与倭仁都让他"静坐"治学养心，深刻检讨自己，用日记形式表达。第二天的日记又记述："辰初起，静坐片刻，读《易·咸卦》。饭后昏昧，默坐半刻，即已成寐，神浊不振，一至如此！读《咸卦》，卦、象辞能解，《系传》释九四爻不知其意，浮浅可恨。静坐，思心正气必须到天地位、万物育田地方好。昏浊如此，何日能彻底变换也。午正，金竺虔来长谈，平日游言巧言，一一未改，自新之意安在？"②

这表示他完全照唐鉴、倭仁指示做，读经、静坐、面壁反省，按理学治学养心，初次进行效果不好，要求"自新"的欲望很强。

曾国藩没有灰心，他给自己立下了"日课"，包括早起、主敬、静坐、读书、写日记、偶谈、作诗文、临帖、专读一经、谨言、保身、夜不出门十二条规。又立《立志箴》、《居敬箴》、《主敬箴》、《谨言箴》和《有恒箴》五箴，高挂书房壁上，以此严格要求自己。唐鉴、倭仁经常检查他的日记，有检查不深刻、能做到引而未做的地方当即指出，深挖根源；鼓励他敢于暴露个人的内心隐私和隐患，向圣人、完人目标努力。

静坐是儒、释、道三家共同的修养功夫，曾国藩最初的静坐是因为有失眠之疾，好友吴廷栋教他以静坐疗病。自与唐鉴、倭仁定交，又把静坐作为理学修习的日课。修习理学的静坐，增加焚香、追求境界、变成理论化等，与疗病的静坐不同。例如，他在日记中写道："起亦不早，焚香静坐半时，饭后……仍静坐，不得力，枕肘睡去，醒来心甚清，点古文一卷，灯启静坐半小时，颓然欲睡，可恨之至。细思'神明如日之升，身静则如鼎之镇'，此二语可守者也。惟心到静极时所谓未发之中，寂然不动之体，毕竟未体验出真境

---

① 《日记》，道光二十二年十月初一日。
② 《日记》，道光二十二年十月初二日。

来。"①儒家静坐修身，追求思维的绝对静止状态，此所谓"静极"，亦即"真境"。这种境界一经出现，据说人的心脑通彻通明，宇宙万物尽可通彻通晓。然而，要让自己产生如此境界十分不易，最关键是心中要无一丝一毫私欲。闭上眼睛静坐自观其心，你的心中在想什么？唯有丝毫私欲皆无，即"纯静观"的状态产生，便出现曾国藩说的"真境"来。然而，生活中的人，怎么能一点私欲，也就是一点欲望也没有呢？曾国藩当时未出现那种境界，怕是他一生也未出现过。

本人二十年前曾写过《梁漱溟传》，梁是当代新儒家的创始者，他也曾多年静坐修身修行。据梁先生说，他达到并出现了那种"静极"的"真境"。

曾国藩虽然没能产生那种"真境"，但是他也的确是在诚心敬意地静坐修炼，应该说他也能达到一定境界。他在静坐时每每都十分辛苦，坐下来往往会瞌睡，脑子里也会出现升官发财等影响静修的梦。每有此种情形出现，他便痛骂自己，并将此告诉倭仁，让他痛责自己一顿。曾有一段，每天精神疲惫，身体也虚弱不堪。他痛苦地说："天既限我不能苦思，稍稍用心，便觉劳顿，体气衰弱，耳鸣不止。"

他的日课内容广泛，而核心是读理学原著，读《易经》，把读经与克省结合起来，静思其中奥理，又结合理论检讨自己的思想，让自己的思想道德升华，靠近先圣先贤的学问和品德。

曾国藩有同于王阳明，他对老佛二家也是否定的。静坐方面，他就说过：我们的求静，"异忽禅氏入定冥然罔觉之旨，其必验之此心，有所谓一阳初动，万物资始者，庶可谓之静极，可谓之未发之中，寂然不动之体也。不然，深闭固柜，心如死灰，自以为静，而生理或几乎息矣，况乎其并不能静也。有或扰之，不且憧憧往来乎？深观道体，盖阴先于阳，信矣。"②和尚的静坐，则曰"老佛入定"，他们认为世界上本无一物，是虚幻的。因此，他们

---

① 《日记》，道光二十二年十一月十四日。
② 《日记》，道光二十二年十一月十四日。

也要求人心绝对静止，无取无欲，即"心如死灰，生理几息"。而儒家却认为宇宙运动规律是先静后动的，由静达动，此所谓"一阳初动，万物资始"，"未发之中，寂然不动"。《中庸》说："喜怒哀乐之未发谓之中"；《易传》说："寂然不动，感而遂通天下之故"。这些儒家经典说的"静极"，绝非释家说的"冥然罔觉"，一切虚幻。太阳未出升之前，是万籁俱寂，但万物靠着太阳升起，一旦升起，万物勃发。人的情感未发前也是寂然不动的，但真正发动了就可以"通天下之故"。

正因为曾国藩与老佛两家有世界观和认识论方面的根本分歧，所以他非佛非道，后来他编成顺口诀："书蔬鱼猪，早扫考宝，常说常行，八者都好；地命医理，僧巫祈祷，留客久住，六者皆恼。"①这六种人是算命的、看风水的、巫道、巫医、和尚和闲客，六种人里除去不务正业、游手好闲的闲客之外，另外五种皆佛道两家。

总之，经过艰苦的"悟道"过程，王阳明和曾国藩都成了影响当时和后世的大哲学家。

---

① 《曾国藩家书》同治五年六月五日。

10 讲学与写信

王阳明和曾国藩的社会影响一个在于自创的学术；一个在于事功和个人的道德品质。曾国藩镇压了世界上规模最大的农民起义，挽救了即将灭亡的清政府，"手提两京还天子"的事功，当时就全国瞩目：名将名相，谁人不知？他个人的道德是按圣人的条件修炼出来的，自然很高。但在当时影响不大，他忙着打仗，先同太平军、后同捻军打仗。不像王阳明那样，总在讲学，即使打仗也不停讲学，不停研究做学问。曾国藩没讲过学，也少有时间创作大部头理学著作，但他总在写信。他的信件被留下来，印成《曾国藩家书》，留给了后世。

据说，蒋介石临终时，遗嘱以《曾国藩家书》陪葬；子孙后代世世读《家书》。

王阳明的学问做成后，还一直在研究，终于独成一家。而且，他一直在讲学，他的桃李满天下，他活着时就被天下知识界称为王圣人了。

所谓树大招风，学问大了招学生，起初，学生都是自动跑来求师的。前文提到过王阳明龙场得道后，名声由近及远传出，学生也由近及远前来，直至官府来请。开始时王阳明不愿去，直到一个有政绩的贵州提学副使席书来，才将其请了去。

席书不是一般只想为五斗米而做官的官员。他做的官职小，但政绩突出，例如，当山东郯城知县时，兴修水利、救济灾民、开设学校等。等他卸任后，百姓自发出资建碑纪念他。而且，他也热衷儒家经典，研究颇有深度。例如,一见王老师他便问:"朱熹和陆象山不同在哪里?"王阳明见他能提出如此深刻的问题,理学功底一定不浅,才随他去了贵阳文明书院。

王阳明在此收了不少弟子,著名的近有贵州的陈宗鲁,远的有湖南常德的冀元亨、蒋信等。

他离开龙场后,于正德五年三月到达江西庐陵县(今吉安市)任知县。他在此处只待了七个月,短期的治理即体现了他"心学"的特点,即"为政不画威刑,惟以开导人心为本"①。小小庐陵可是大出名人的地方,宋朝的欧阳修、杨万里、文天祥,都出生在此,据统计科举历史上,这里出过三千进士,二十一个状元。

据说这里有个"健讼"的风气,就是点滴小事也到县里打官司,这里的文人多靠写状子生活。王阳明初到任时,衙门一开"蓦有乡民千数拥入县门,号呼动地,一时不辨所言"。案头上积卷如山,打开一看,状子写的文字很漂亮,但却是废话连篇,从头读到尾,不过鸡毛蒜皮小事儿。王阳明无法看完这么多状子,他走乡串里,找明白事理的人审察实情,掌握了哪乡、哪村、哪些人最爱告状,哪些人靠写讼状弄钱,贫富奸良,皆得其实。由是,"狱牒盈庭,不即断射"。又在乡村,选拔正派有威信的"三老",让他们委曲劝谕。其中有些矛盾的,亦让"三老"为之调解,"由是囹圄日清"。

他重视社会教育,在七个月中给乡亲写了十六封"告示",张榜以示众。此处抄出一份,来看看王阳明当年的苦心。

> 庐陵文献之地,而以健讼称,甚为吾民羞之。县令不明,不能听断,且气弱多疾。今与吾民约,自今非有躯命,大不得已事,不得辄兴词。兴词但诉一事,不得牵连,不得过两行,每行不得过三十字。过是者不听。故违者有罚。县中父老谨厚知礼法者,其以吾言归告子弟,务在息争兴让。呜呼!一朝之忿,忘其身以及其亲,破败其家,遗祸于其子孙。孰与和巽自处,以良善称于

---

① 《王阳明全集》第33卷。

乡族，为人之敬爱者乎？吾民其思之。

真有冤狱者，王阳明查得实情，予以决断。镇守横征暴敛，王阳明上通下请，禁绝了乱征滥收。他还查清户口，立定保甲，禁绝了偷盗和神仙会等陋习。把一个混乱的庐陵县，治理得井井有条。

王阳明是个智者，他用半年治好一个繁难的地方，在封建社会里是要为他立碑的。没好好读历史者，往往对我国封建社会一言以蔽之：黑暗。其实，历朝都想治好天下，让百姓过好日子。因诸多原因，又少有治世。例如，历代都派官治理地方，把地方分出各种类型，"繁难"的地方，某官治好了，国家就给他立碑纪念。相反，上好的地方给弄坏了，也要立碑永久羞耻之。

王阳明似乎是路过庐陵，居然让他治好了一个繁难县。当年十一月，他离开庐陵，入京见皇帝，给他重新分配工作。

回京后住在大兴隆寺，等着皇帝的命令。

听说王阳明返回京师了，前来拜见者络绎不绝。最先来的是好友湛若水，王阳明贬谪龙场时，若水作《九章》赠别，如今又得相逢，自然喜悦。后都督府都事黄绾慕其名，经友人储柴墟介绍，亦来见。黄绾是官宦门第出身，唐朝开国公黄岸是他祖宗，他是靠着官脉袭得了末级军官之职。但黄绾却有些特点，历代军职给他一定的胆气；而他本人却极爱研究儒家学问，年头多了也有了个人的一套理念。

他听说过王阳明，得知近年王阳明有心学之说，因此才来会见。一见面，他未听王阳明说什么，便把自己如何研读孔孟和宋儒之学，又如何体会和哪里不明白，滔滔不绝讲来。王阳明听后，自认为这个小军职实在不简单，这年月能如此喜好孔孟，实在少见。

三人在共同研讨孔孟之学方面，"定终身共学之盟"。十二月，朝廷的任命下达：王阳明为南京刑部四川清吏司主事，级别同五年前一样，等于恢复原职。因为马上要过春节了，王阳明没去南京上班，正好过了一个月，即正德六年（1511年）正月，王阳明调任吏部验封清吏司主事，据说是湛、黄二人通过冢宰杨邃庵活动,才把他改任留京的。

此后,王、湛、黄三人共同研究学问,在大兴隆寺开班收徒讲学,吸引了京师许多知识分子。其中多是有功名的举子,有的官比王阳明高,有的则是从远方慕名前来的。其知名者有方献夫、郑一初、穆孔晖、顾应祥、萧鸣凤、魏廷霖、陈鼎、万潮、梁谷、林达、薛侃、季本、应良等。

方献夫是吏部员外郎,与王阳明是同事,但官大一级,可见到王阳明学问高深,则以弟子礼拜为门下。后来,方献夫官至内阁首辅,甚为清正廉明。

郑一初,弘治十八年进士,阉党控制朝政,乃辞官不耻为伍。在潮州府揭阳县建书院收徒讲学,闻王阳明在京师讲学,投奔而来。

在京师讲学,最关注的是理论得以实践,而圣学的实践就是如何升华个人道德。常人之心犹如未开之镜,只有痛下工夫,磨刮一番才能廓清驳蚀。钱德洪说:"按先生立教皆经实践,故所言恳笃。"①

因学生提出朱熹与陆九渊区别问题,王阳明详为朱陆异同之辨。

辩论是学生王舆庵和徐成之挑起的,在龙场时席书已经提出过了,只是未及详答。朱熹和陆九渊都是江西人,朱是徽州府婺源(今上饶市婺源)人,陆是抚州金溪人。前文提到江西庐陵(今吉安),一地出了那么多状元进士,真是人杰地灵。如今改革开放,一个地方有生意做,各地人皆趋之。久之产生谚语:天上有个九头鸟,地上有个湖北佬,九个湖北佬,干不过一个江西老俵。

朱陆是南宋同时代人。陆九渊,字子静,号象山,世称陆象山。据史书记载,他是个早熟的孩子,而且幼年时总爱提些没头没脑的问题,什么"天和地到底有多大?它们在何处相连接"等,没人能回答,他就一直在心里想着。琢磨二十多年后,他中了进士,开始为自己琢磨的问题建立体系,终于独成一家,特与朱熹分庭抗礼。

简单说,朱熹理学强调"理"是独立存在的客观,是永恒而至高无上的。

---

① 《王阳明全集》第33卷。

为学就应该"即物而穷理","穷理以致其知"。唯物主义哲学称之为客观唯心主义。陆九渊则论断"心"是宇宙的本体,"宇宙便是吾心,吾心即是宇宙","此心此理实不容有二"。为学应先"尊德性","发明本心","六经皆我注脚"。后世搞哲学者称之为主观唯心主义。

朱熹学派与陆象山学派矛盾尖锐,南宋淳熙二年(1175年)在江西上饶鹅湖寺进行一场大辩论,史称"鹅湖之会"。学术辩论,历来没有结果。与会者称,当时朱熹一派未占上风。然而,由于中国的学术同政治结合紧密,科学也是政治化的。占下风的朱熹一派,到南宋末年得到政府认可。明代官修《朱子大全》,朱熹理学成了"官学",占到绝对统治地位,而陆九渊之学被弃之不顾。

如今,学生们又提出朱陆学问的异同问题,王明阳不好明确回答。原因在于,他治的是心学,认识论与陆九渊一脉相承,但他的确尚未否定朱子的理学。还在于,朱熹的学说是官方的学说,完全否定,等于否定官方,不是闹着玩的。

所以,他给学生的回答是:朱陆为学虽有不同,但都不失为圣人之徒;既然同宗孔孟,亦不过见仁见智。他的回答虽也出其本心,但却不令学生满意。学生不满意,必有一问再问;而社会上的关心自然也希望听到王阳明的真实回答。于是,王阳明接着前文说,只是朱子之学流传日广,天下人皆习之,又不容论辩者。而陆子之学却被废弃,可以说太不公平了。"故仆尝欲冒天下之讥,以为象山一暴其说,虽以此得罪无恨。晦庵之学既已章明于天下,而象山犹蒙无实之诬,于今且四百年,莫有为之一谈者。使晦庵有知,将亦不能一日安享于庙庑之间矣。"①王明阳致力于心学,本就是继承的陆九渊,此处之说欲光大陆学,已很明显。只是,官学亦即政治学,广大知识分子赖以升迁,实难否定;王阳明此时尚未是陆非朱,因此亦未否定朱子学说。何况,五年前经受的政治迫害,不能不令他有所警惕。

---

① 《王阳明全集》第33卷。

正德六年十月，王阳明升任文选清吏司员外郎，湛若水也奉命出使越南，黄绾官职未变。

好友离别，依依不舍。王阳明作《别甘泉序》（甘泉即若水）："吾与甘泉友，意之所在，不言而会；论之所及，不约而同；期于斯道，毙而后已者。今日之别，吾容无言。夫惟圣人之学难明而易惑，习俗之降愈下而益不可回，任重道远，虽已无俟于言，顾复于吾心，若有不容已也。"①在朋友之中，怕是无人能及他二人的感情之真了。

好友分别，王阳明仍在京师讲学，只是少了知心帮手。第二年三月，王阳明升任清吏司郎中。十二月，再升任南京太仆寺少卿。王阳明结束了两年多的京师官宦生涯，实际上其官为闲曹，他尽在讲学中度过了两年。

赴南京就职时顺道去浙江余姚省亲，弟子徐爱也升任南京工部员外郎，与之同舟南下。徐爱，字曰仁，号横山，浙江余姚人，正德三年进士。是王的老乡、学生兼妹夫。早在龙场讲学时，徐爱就不远千里奔赴听课，听他论"知行合一"问题。现在，他们一路同行，沿途又不停切磋学问。这次，徐爱追问"心即是理"，他不明白王老师兼大舅哥所谓"心即是理。天下又有心外之事，心外之理乎"？不能理解。

王阳明以"事父之孝，事君之忠，交友之信，治民之仁"为例解之。无论事父、事君、交友、治民，都只在此心，心之外再无一个理字了。你孝顺父亲，就是心中孝，哪还要讲孝父的理呢？人之纯乎天理之心，从事父方面发出便是孝了，所以"心即是理"，俗称"天地良心"。

这么一举例讲解，使徐爱"闻之踊跃痛快，如狂如醒者数日"，"不觉手舞足蹈"②。

正德八年十月，由家乡赴南京就任，分署滁州督马政。工作性质很差，就是孙大圣最初做的那个"弼马温"，养马的。但工作性质好坏不重要，关键是

---

① 《王阳明全集》第7卷。
② 《王阳明全集》第33卷。

心情，王阳明是专搞心学的，更明白其中道理。孙悟空没被点破前，不论是看守桃园还是养马，他都万分欢喜，工作成绩也不错。王阳明没被人蒙住，他只想工作闲适，没人盯着，遨游山水之间，教教学生，切磋学问，就是神仙过的日子了。何况，大明朝还给他一份薪水，官职还不断升迁，由正德五年庐陵知县七品芝麻官，升成现在的正四品了。

滁州（今安徽省滁县），当时为南直隶州，为王阳明撰《年谱》的钱德洪记述："滁山水佳胜，先生督马政，地僻官闲，日与门人遨游琅琊、瀼泉间。月夕则环龙潭而坐者数百人，歌声震山谷。诸生随地请正，踊跃歌舞。旧学之士皆日来臻。于是从游之众自滁始。"①

琅琊山、琅琊寺、瀼泉（今写为酿泉），皆滁州名胜。韦应物、王禹偁、欧阳修、苏轼、曾巩等名家均有诗文纪其胜，琅琊山有"蓬莱之后无别山"称誉。北宋庆历初年，欧阳修知滁州，常游此山，醉酒瀼泉旁之亭，后此亭名醉翁亭，欧阳修有《醉翁亭记》。

钱德洪所记，亦不亚于《醉翁亭记》，王阳明把滁州完全当作当年孔子与学生游乎山水间的所在了。他此时有诗云："滁流亦沂水，童冠得几人？莫负咏归兴，溪山正暮春。"这正是当年孔子与学生交谈时，曾点的愿望，也是孔子的愿望，如今也成了王阳明的愿望。

此时，王阳明也教学生静坐。曾国藩"日课"中重要的节目，也是许多儒学家的重要功课。当代新儒家的创始人梁漱溟先生多年坚持，他领着许多弟子一起搞静坐。王阳明说："初学时心猿意马，拴缚不定，其所思虑，多是人欲一边，故且教之静坐、息思虑。久之，俟其心意稍定，只悬空静守如槁木死灰，亦无用，须教他省察克治。"②

此处他所论"静坐"与曾国藩完全一致，看来他们的功夫一致，所得也相同。前文述及曾国藩，他也认为静坐要想着克省自我，不能像和尚那般

---

① 《王阳明全集》第33卷，钱德洪：《年谱一》。
② 《王阳明全集》第1卷，《语录一》。

"深闭固柜,心如死灰"。

第二年四月,王阳明升任南京鸿胪寺卿,为从三品官。五月去南京就职,仍聚徒讲学不辍。

据王阳明论述:在南京讲学时,主要讲的是"存天理,去人欲,为省察克治实功"。此种学说是朱熹理学的基本理论,王阳明心学已突破了此说,向更高明一路去了,如此则退了一步说法,他的心学是反对"去人欲"的。为什么这么做?他的理解是:这些年欲惩末俗之卑污,训导学生"多就高明一路",可是学生又渐流入空虚,故而才回头这么做,又让学生静坐"以自悟心体"。

王阳明让学生静坐,果然有人混淆佛儒,弟子王嘉秀、萧惠好仙佛。他以个人二十多年的错误教育学生,以为佛仙之妙与圣人只在毫厘之间,故不易辨别,只有笃志圣学,才能究折隐微,只靠测忆是不成的。

王阳明倡为心学,就必然与官学朱子理论相背离,这不仅被人视为"立异好奇",而且很危险,容易犯政治错误。在南京时把朱熹的"存天理,去人欲"列为主讲课,又说明他未脱离朱子学说。

如此纠结,他得做点什么,说点什么,让心学与朱子学说不矛盾、不纠结。他费了好大工夫,遍翻朱子之书,采集其强调涵养的若干书信,编为一册,取名《朱子晚年定论》,以示同好。

结果,遭到更多学者的非议,学者们不同意他的观点,指出其中并非朱子晚年之作,让他说明原因。他只好说:"盖不忍抵牾朱子者,其本心也;不得已而与之抵牾者,道固如是,不直则道不见也。"①

看来,政治观点,学术观点,是非曲直,想要混淆也难。王阳明自创心学,有人说他"立异好奇",个人也尊重朱子。回头检讨自己的学问"每痛反深抑,务自搜剔斑瑕,而愈益精明的确,洞然无复可疑,独于朱子之说有相

---

① 《王阳明全集》第2卷,《答罗整庵少宰书》。

牴牾，恒久于心"①。就是说，朱熹这么伟大，我能见到的他见不到？是不是我的错了呢？于是反复检讨自己，"务自搜剔斑瑕"，结果愈检讨愈觉得自己正确，"洞然无复可疑"。本来是不想同朱子相矛盾的，但是为了"见道"，"道"本就如此，发生矛盾也就没有办法了。

王阳明自悟道后终生不停讲学。曾国藩没有，做京官的十年他在跟别人学习，然后是组织湘军同农民起义军作战，没机会讲学。他若像王阳明那样，有讲学机会也讲，做罪人也讲，没有机会创造机会也讲，那他也能讲，但他没讲。但他在写信，用写信传道，用写信教育家人；死后又用《家书》教育别人、教育社会。

写日记、写信，是曾国藩的习惯，他留心于此，还刻意留下来。他没有系统理论，总是只言片语，和孔子的《论语》极为相近。《论语》是四书中最重要的一种；曾国藩死后，他留下的《家书》也被人珍视，蒋介石还要用他陪葬。

但是，有人要问，《家书》都说些什么？这个问号如问《论语》都说些什么一样，很难概括出来。看《论语》和《家书》，不能急，只能一篇篇细看，因为它们没有前后、深浅的规律，不像数学、语文，先易后难那样。

曾国藩自悟道后，愿把自己的学习心得写给家人，还结合圣贤，用圣贤标准教育诸弟和子女。这便是《家书》的特点，他的家人成了他的学生，而且是亲人加学生。教他们圣贤的言论，同时教他们用圣贤的标准克省自己。家信标榜、装假的可能性小，不像教育工作者那么苍白地说教，也不像公文那么政教化，更不像那些不懂装懂的理论家们讨厌的长篇大论的面孔或面具。所以，才引起了许多名人的珍视。

下文将《家书》摘抄几例说明。（时间上以编练湘勇之前，做京官为限）

六弟自怨数奇，余亦深以为然。然屈于小试辄发牢骚，吾窃笑其志之小，

---

① 《王阳明全集》第7卷，《朱子晚年定论序》。

而所忧之不大也。君子之立志也，有民胞物与之量，有内王外圣之业，而后不忝于父母之生，不愧为天下之完人。故其为忧也，以不如舜不如周公为忧也，以德不修学不讲为忧也。是故顽民梗化则忧之，蛮夷猾夏则忧之，小人在位贤才否闭则忧之，匹夫匹妇不被己泽则忧之，所谓悲天命悯人穷，此君子之所忧也。若夫一身之屈伸，一家之饥饱，世俗之荣辱得失，贵贱毁誉，君子固不暇忧及也。六弟屈于小试，自称数奇，余窃笑其所忧之不大也。

盖人不读书则已，亦即自名曰读书人，则必从事于"大学"。"大学"之纲领有三：明德、新民、止至善，皆我分内事也。若读书不能体贴到身上去，谓此三项与我身毫不相涉，则读书何用？虽使能文能诗，博雅自诩，亦只算得识字之牧猪奴耳！岂得谓之明理有用之人也乎？朝廷以制艺取士，亦谓其能代圣贤立言，必能明圣贤之礼，行圣贤之行，可以居官莅民，整躬率物也。若以明德、新民为分外事，则虽能文能诗，而于修己治人之道实茫然不讲，朝廷用此等人做官，与用牧猪奴做官何以异哉？然则既自名为读书人，则"大学"之纲，皆己身切要之事明矣。其条目有八，自我视之，其致功之处，则仅二者而已：曰格物、曰诚意。

格物，致知之事也；诚意，力行之事也。物者何？即所谓本末之物也。身、心、意、知、家、国、天下皆物也，天地万物皆物也，日用常行之事皆物也。格者，即物而穷其理也。如事亲定省，物也；究其所以当定省之理，即格物也。事兄随行，物也；究其所以当随行之理，即格物也。吾心，物也；究其存心之理，又博究其省察涵养以存心之理，即格物也。吾身，物也；究其敬身之理，又博其立齐坐尸以敬身之理，即格物也。每日所看之书，句句皆物也；切己体察，穷究其理即格物也。此致知之事业。所谓诚意者，即其所知而力行之，是不欺也。知一句便行一句，此力行之事也。二者并进，下学在此，上达也在此。

吾友吴竹如格物工夫颇深，一事一物，皆求其理。倭艮峰先生则诚意工夫极严，每日有日课册，一日之中一念之差，一事之失，一言一默皆笔之于书。书皆楷字，三月则合订一本，自乙末年起，今三十本矣。盖其慎独之严，虽妄念偶动，必即时克治，而著之于书。故所读之书，句句皆切身要药。兹将艮峰先生日课抄三页付归，与诸弟看。余自十月初一日起亦照艮峰样，每日一念一事，皆写之于册，以便触目克治，亦写楷书。……

兄国藩手具　十月二十六日

在曾国藩《家书》中，这是一封长信，共两千余字，这里摘抄部分。信件写于道光二十二年，他随唐鉴学习朱子理学，又与倭仁学习做日课。他将自己的学习体会，结合自己修身克省的体会，写信给家中的弟弟。此信前半未录，提到九弟（曾国荃）、四弟（国潢），此处又提到六弟（国华）。这封家书是教诸弟立为国为民的大志，做大舜、周公那样的忧国忧民的伟人。又把自己学习《大学》的体会，尤其是朱熹"格物致知"的体会教给诸弟。又讲到读书一定要"体贴到身上去"，不然只能算是一个"识字之牧猪奴"。还说到读圣人之书，结合自身实际，下"克治"工夫，使自己成为与国与家皆有大用的圣人和完人。

曾国藩用立大志教育弟弟，将自己的心得体会深切说明。在当时乃至后世，能以周公、尧舜之志教育子弟，又能切实"克治"私欲，克服名利地位之"妄念"，以"慎独"之严要求个人和子弟，真是少之又少了。

同年十二月二十日，给诸弟信中讲到读书心得曰："盖士人读书，第一要有志，第二要有识，第三要有恒。有志则断不甘为下流；有识则知学问无尽，不敢以一得自足，如河伯之观海，如井蛙之窥天，皆无识者也；有恒则断无不成之事。此三者缺一不可。诸弟此时，惟有识不可骤几，至于有志有恒，则诸弟勉之而已。予身体甚弱，不能苦思，苦思则头晕，不耐久坐，久坐则倦乏，时时属望惟诸弟而已。"

道光二十四年九月十九日给诸弟信：

四位老弟足下：

自七月发信后未接诸信，乡间寄信较省城百倍之难，故余亦不望也。

九弟前信有意与刘霞仙（刘蓉）同伴读书，此意甚佳。霞仙近来读朱子书大有所见，不知其言语容止，规模气象如何？若果言动有礼，威仪可则，则直以为师可也，岂特有之哉！然与之同居，亦须真能取益乃佳，无徒浮慕虚名。人苟能立志，则圣贤豪杰何事不可为？何必借助于人！"我欲仁，斯仁至矣。"我欲为孔孟，则日夜孜孜，惟孔孟之是学，人谁得而御我哉？若自己不立志，则虽日与尧舜禹汤同住，亦彼自彼，我自我矣，何与于我哉！……今年弟自择罗罗山（罗泽南）改文，而嗣后杳无信息，是又不得归咎于无良友也。日月逝矣，再过数年则满三十，不能不趁三十以前立志猛进也。

余受父教，而余不能教弟成名，此余所深愧者。……

国藩草　九月十九日

此信教诸弟在年轻时抓紧立志，其志当在"我欲为孔孟"。信中批评弟弟立志不猛，学习不够专心。又不能看到个人的不足之处，而把个人不能进步，归咎到别人身上去。弟弟的错误，他以为是自己未能教育好，因此感到深愧。

道光二十九年三月二十一日信：

我待温弟（即六弟国华）似乎太严刻，然我自问此心，尚觉无愧于兄弟者，盖有说焉。大凡做官之人，往往厚于妻子而薄于兄弟，私肥于一家而刻薄于亲戚族党。予自三十岁以来，即以升官发财为可耻，以宦囊积金遗子孙为可羞可恨，故私心立誓，总不靠做官发财以遗后人。神明鉴临，予不食言。……至于兄弟之际，吾亦惟爱以德，不欲爱之以姑息。教之以勤俭，劝之以习劳守朴，爱兄弟以德也；丰衣美食，俯仰如意，爱兄弟以姑息也。姑息之爱，使兄弟惰肢体、长骄气，将来丧德亏行。是即我率兄弟以不孝也，吾不敢也。我仕宦十余年，现在京寓所有惟书籍、衣服二者。衣服则当差者必不可少，书籍则我生平嗜好者，是以二物略多。将来我罢官归家，我夫妇所有衣服，则与五兄弟拈阄均分。我所办之书籍，则存贮利见斋中，兄弟及后辈皆不得私取一本。

除此二物,予断不别存一物以宦囊,一丝一粟不以自私。此又我待兄弟之素志也。……

这封信是一篇以现身说法教育子弟的文稿,内中也有自我检讨成分,三十岁以前他的名利观念强,为小利奔走。三十岁后学习朱子经典,克省自我,才有此信中所言"三十岁来,即以升官发财为可耻"。从而以此教育子弟,言"兄弟之际,吾亦惟爱之以德,不欲爱之以姑息"。且立誓:"予断不别存一物以为宦囊,一丝一粟不以自私。"

因篇幅所限,做京官的十年间,其家书仅摘抄前面几封,见其一斑。

11 / 镇抚南赣与编练湘军

本章述及王阳明和曾国藩的兵事。王阳明镇压南赣起义军,多用智慧;曾国藩发愤练兵,为的是捍卫孔孟、朱子的纲常名教。他们都是最典型的儒将,一个用心学作战,一个用理学治军。

王阳明在滁州、南京所任皆闲官闲职,总以讲学为其主业。久之,他便产生辞官讲学的想法。正德十年正月和八月,曾两次上疏要求致仕,都未获批准。

此时,江西南部、福建西部、广东北部等几省交界地区发生了农民起义,朝廷命官进剿无效果,起义军势头汹汹。兵部尚书王琼推荐王阳明为都察院左佥都御使,巡抚南赣,去镇压农民起义军。

上述地区的农民起义历时已久,起义军攻陷州县,杀死官吏,掠夺库藏,官府镇压不力,其声势愈大,而南赣地区皆山岭,地形险要,义军便聚集山岭,遍筑山寨堡垒,与官府对抗,同时也扰乱社会秩序,影响生产和生活。

南赣地区起义军的聚点,西有横水、左溪、桶冈三大寨,与湖广相呼应;南有浰头上中下三大寨,与广东乐昌、龙川相连接。起义大头目谢志珊占据横水,兰天凤占据左溪,钟景占据桶冈,池仲容占据浰头。而谢志珊号称征南王,纠集钟明贵、萧规模、陈曰能等头目,约广东乐昌高快马等准备战具,并造吕公车。其声势规模,达于数千里。

王阳明、曾国藩等大儒,对农民起义的态度有点矛盾:官府的厚敛是人民造反的根本原因；但农民只要造反就变成了贼寇，就一定要镇压，这是他们的阶级立场决定的。

镇压南赣义军是王阳明一生立下的第一个功勋事业；他少年时崇拜的马援，就是平定边区少数民族之乱立下了功勋。因此，尽管他不想做腐败皇帝的官，但既有起义发生，他仍然迅速奔赴前线。

王阳明似乎天生善于军事指挥，他把作战当作智力游戏，如儿时的"枣核列阵"游戏，轻松战胜敌军。

王阳明的事业充满传奇，打仗也是。据说他急忙赴敌，并未带兵，他也无兵可带。身边只有他的学生和家丁，因为他是文官，家丁也只会做家政，没打过仗。所以，他们如同当年的孔子，带着学生周游列国。

此行去赣州上任，乘船沿赣江南行。进入吉安府，过庐陵，这是他曾在此做过半年多县长的地方。下船稍作停留，只见满目萧条，因闹灾荒、又闹土匪，看后心中难过，赶快上船前行。过泰和，进入万安县界，他们便与土匪遭遇。劫匪约数百人，劫掠村庄和行人，有一队商船被逼在岸边不敢动。

王阳明心说，这伙强盗虽不是起义军，但以自己一群秀才，也万万不是对手。他想到兵书上有以少胜多，大张旗鼓，虚张声势，吓退敌人的战法。于是，走进商船，亮出南赣巡抚的旗号，命令商船列队，大家一齐呼叫"杀敌！"把能敲响的东西一律敲响。

王阳明的"心学"派上了用场。劫匪就是劫匪，他们没有实战经验，一见官兵便慌得手足发抖。为保守性命，便一齐跪在岸边，一边磕头，一边哭喊："饥荒流民，乞求老爷赈济！"王阳明也趁机高呼："本院是新任南赣巡抚王守仁，到任后即刻安排赈济灾民。尔等切莫胡作非为，赶快解散回家！"

王阳明到了赣州，兑现承诺，立即搞起赈济工作，开仓放粮，赈济饥民。这项工作对瓦解起义军，团结地方民众卓有成效。

当时王阳明的官阶不高，仅为正四品，但权力却大。因为他是为皇帝打仗，不给足够的权力调不动地方官和地方军队，他相当于皇帝的钦差大员。于是，他移文江西、福建、广东、湖广，各选精兵，由各省兵备选官训练；他自己也在南安、赣州选出精良之兵训练。数省之兵,战时可分可合,根据战情调动,为剿灭起义军做好了兵员准备。

王阳明的初期进剿,往往是无功而回。他虽无战斗经验,但直觉告诉他:有内奸存在,敌人的信息太准确。为除内奸他也真动了一番心思,的确也抓了一些为起义军传递情报的人。因义军长期与官府对抗,又能杀富济贫,当地民众和官府里,许多人都曾为起义军提供情报。为斩断敌人的情报网,他创造了"十牌法"。

十牌法是以十家为单位,把十家中的人口作详细登记。每十天一个执牌人日夜查清十家的人数,有了变化,或外出或来客,都要登记,随时上报政府。执牌人轮流做,十天换一个,由各户的户主担当。十牌法实行后,割断了地方民众与义军的情报联络。

王阳明做好了打击敌人的基本准备,但真正对敌作战,他心中仍然无数。何况,数十年读书、研究经典,几乎磨灭了他少年领兵作战的轻狂之梦。何日能平息干戈,重回钟山草堂讲学,才是自己所祈盼的。

在行军途中,他写下一首律诗:

> 将略平生非所长,也提戎马入汀漳。
> 数峰斜日旌旗远,一道春风鼓角扬。
> 莫倚贰师能出塞,极知充国善平羌。
> 疮痍到处曾无补,翻忆钟山旧草堂。

但乱世之秋,客观形势把他一个书生推上领兵作战的地位,他也只好硬挺着走入战火的赛场,用自己的智慧,战胜敌寇,使南赣地区,早日归复平静。

无独有偶,乱世亦将曾国藩推向风口浪尖。

咸丰二年(1852年)六月,曾国藩被授为江西省分试正考官。(历史巧合,王阳明巡抚赣南地区,是被派去镇压起义)当他行至安徽太湖县的小池驿时,接母亲去世的讣闻，遂调转方向，由九江登船，急赴原籍奔丧。这次回籍，完全改变了他的一生，由业绩平庸的文官，成为拯救清廷的"中兴名臣"。

曾国藩在京时，太平军已扯旗北进。咸丰派其至亲赛尚阿统兵堵击，也遭到了失败。其他将领，如向荣、乌兰泰全不是起义军的对手。于是，起义军围长沙，下岳州，克武昌，攻湖南。

此时，清廷几无能战之兵，义军所到之处，绿营兵望风逃窜。加之，清军要派往四处堵敌和设防，军饷也完全成了问题，国家库储，连一个月的饷钱也拿不出来。

于是，咸丰下令各地方官举办团练，对抗太平军，同时自保。仅1853年3月到4月，全国就有四十五人被任命为团练大臣，曾国藩也是此时被任命为湖南团练大臣的，他的任命还有唐鉴的担保。

唐鉴于道光二十五年（1845年）致仕，去江陵主持金陵书院。咸丰二年七月，咸丰召之入京垂问军国大计。唐鉴便以一生名望作担保，推荐曾国藩为湖南团练大臣，请求咸丰皇帝坚信他的忠贞，将来必能为国效力。

起初，曾国藩以热孝在身，拒不受命，湖南地方的友人却促他出山。如江忠源，他在曾国藩的推荐下，英勇参加了对抗太平军的多次战斗，听说朝廷派曾国藩回籍办团练，便多次派人送信来，劝他应命。

举人出身，做乡村教师的罗泽南，在地方上极有影响。后来的湘军大将如李续宾、李续宜、蒋益沣、杨昌浚等都是他的学生。罗泽南此时正在家乡办团练，听说曾国藩回籍，极力让他领导地方团练。

湖南巡抚张亮基，张亮基的幕僚左宗棠、好友郭嵩焘，都劝他应命出山。

而曾麟书正是湘乡县的挂名团总，他面谕儿子移孝作忠，为朝廷效力。

咸丰二年十二月十三日（1853年1月21日），咸丰帝又急旨催曾国藩应命组织团练，开赴前线。当天，他安排好家中一切，再祭母灵，求母亲原谅他难尽孝道，"墨绖出山"，尽忠国家。

从家乡白杨坪与郭嵩焘一起前往省城长沙，途经湘乡县城时，有张亮基征调的湘乡练勇一千人，令曾国藩率领。湘乡的罗泽南、刘蓉、王鑫、朱孙诒也随之前往。这些，都是曾国藩练兵的班底。

到长沙不久，张亮基调离，新任巡抚骆秉章和提督鲍起豹等官员同曾国藩发生矛盾，他在长沙待了半年多，只好移驻衡州。衡州（今衡阳市）是曾国藩的祖籍，妻子欧阳氏是衡州人，这里亲友多，知府陆传应积极支持他练兵，给了他二十万两银子作为练兵费用，他在衡州总算站住了脚。

他所以与地方官发生了矛盾而又无法解决，是他所处地位之尴尬：咸丰帝虽急着让他办团练，但谕旨明文是"帮办练勇"，并非招兵训练，练成一支正规部队，他的衙门的牌子写的是"湖南审案局"。再者，曾国藩在家时曾任兵部职衔，他对绿营兵的腐败久已知之，而与太平军作战，绿营兵无不失败者。因此，他有彻底整顿绿营兵的打算，在《议汰兵疏》里就明言"剜其腐肉而坐其新肉，量为简汰以剜其腐者，痛加训练而生其新者"①。来长沙省城，他亲目所睹，在太平军几度进攻湖南和包围长沙的紧张时期，长沙的绿营兵照样腐败：不出操，不练兵，吃酒、赌博、做买卖无所不为。他带来的一千多练勇每日紧张训练，这就引起了尖锐矛盾。后来矛盾激化，发生绿营兵围攻练勇的恶劣事件，他才不得不离开长沙。后来他回想当时被排挤的情景说："我们起兵是被别人反激而成的，初办团练之时，借人抚衙而居，令不得行，想杀几个不听令的士兵，全军鼓噪入吾居处，几为所戕。因是发愤练万人，居然成就了一支军队，而有今日。"②

在衡州站稳脚跟后，他立即写信给江忠源、李元度、陈士杰等。此时江忠源已升迁湖北按察使，曾国藩让他上疏，要求皇帝下旨，让他编练五千士兵，交予指挥。

不待皇帝下旨，他就派人去各地招兵。不久，李续宾、曾国葆、金松龄在湘乡募得二千五百人到了衡州，邹寿璋、储枚躬、江忠济去新宁等地带回一千余人，李元度从平江带来五百人，加上从长沙带出的一千余人，总计

---

① 《曾国藩全集》第 1 册，第 21 页。
② 赵烈文：《能静居士日记》，同治六年八月二十一日。

五千人马。曾国藩把这五千人马分为十营,委罗泽南、塔齐布、王鑫为营官,开始训练。

那么,曾国藩到底要编练出什么样的军队,才能打败已有上百万人的太平天国起义军?

他曾说:"今日兵事最堪痛哭者,莫大于'败不相救'四字,虽此军大败北,流血成渊,彼军袖手旁观,哆口而微笑。"①绿营兵是"东抽一百,西拨五十","卒与卒不习,将与将不合","胜则相忌,败不相救"。他要彻底改变此种局势,练成一支"呼吸相顾,痛痒相关,赴火同行,蹈汤同往,胜利举酒杯以让动,败则出死力以相救的誓不相弃的死党。"②

为改变旧军旧章,他决定变绿营军"兵为国有"而为"兵为将有"。绿营兵是"吃粮当兵",当兵为吃粮。他说:"国藩数年来痛恨军营习气,武弁自守备以上无不丧尽天良,故决不用营兵,不用镇将。"③他选的将官要由读书的士人充当,军官要一会治军、二不怕死、三不急名、四能吃苦,要公、明、勤、忠、义,有血性的为国知耻好书生、好男儿。

选兵的条件是:不要衙门当差的滑吏,不要集镇码头上生意人,最好是山村朴实的农夫,要求忠诚、质朴、身体强壮、无恶习。

要求统领由大帅选定,统领选营官,营官选哨官,哨官选什长,什长选士兵,层层选拔,层层服从。

一营之兵,在一地选拔。利用亲友关系,加强宗亲团结。官与官、兵与兵由同乡、同事、亲友、师生、同学私人情感相维系。

训练内容一为"训"、一为"练"。"训"重在思想教育,"练"是指军事、技艺、锻炼。

湘军极重视"训"。每逢初三和初八,曾国藩亲自为湘军上政治课,所讲内容乃儒家伦理训言,礼、义、廉、耻、忠、孝、节、仪。他教育军官,对自

---

① 《曾文正公书札》第4卷,第22页。
② 《曾文正公书札》第2卷,第35页。
③ 《曾文正公书札》第4卷,第31页。

己的士兵如待子弟，望其成仁成义，要让士兵的父母妻感激对自己子侄丈夫的教育。

湘军绝不许有偷盗、抢劫、赌博、奸淫、吸鸦片等恶习。曾国藩要"以苦口滴杜鹃血"的教育，训出一支伦理精神指导的军队来。

军事训练包括操、演、巡、点四大类。即操练学习枪炮射击和武术及阵法，是为操和演。巡逻放哨和点名签到。一月以十日为一个巡次，一、四、七学射击、阵法，二、五、八学跑跳，三、六、九演习武艺。除打仗外，一直坚持。

曾国藩原计划练兵万人，而未出咸丰三年已练成陆军七千余人，由塔齐布、罗泽南、邹寿章、周凤山、储玟躬、曾国葆、朱孙诒、邹士琦、杨名声、林源恩各领一营，每营五百人。王鑫一人原领六营近三千人，被曾国藩缩编部分。

同年冬，曾国藩奏请在衡州建船厂，到咸丰四年初，共造战船三百六十一只，船上装大炮四百七十门，新式快炮三百二十门。水师募兵十营，营官由彭玉麟、杨载福、褚汝航、夏銮、胡嘉礼、胡作霖、龙献深、邹汉章、褚殿元、成名标十人担任。

此时，太平军已在南京定都，又出兵北伐和西征。北伐军一路破关斩将，直杀向北京。西征军沿江西进，连陷安庄、九江、汉口、汉阳。咸丰皇帝惊慌失措，听说湘军水陆已经成军，几度严旨命令曾国藩出师，他皆以水师尚未练成为借口，拒不出师。岂料，咸丰三年末和四年初，江忠源和吴文镕战死，愧疚之心迫使他率湘军杀向战场。

江忠源与曾国藩深交十余年，他自建"楚勇"与起义军作战，因功官至巡抚，守卫庐州（今合肥）。因庐州是安徽省府，太平军决心攻克。双方交战月余，庐州失陷，江忠源投水自尽。吴文镕是曾国藩进士考试时的阅卷大臣，也是他的一位恩师。时为贵州巡抚，太平军等攻打武汉时，调任湖广总督。咸丰四年初，吴率军出城与太平军决战，也因兵溃投水自杀。

江、吴二人均对曾国藩有恩，都曾多次上疏推举曾国藩。但是，在二人危难之时,向他呼求援助,他都未能伸出援手,致使二人兵败失地自杀。江、吴二人死前都留有遗书和遗折,继续推举曾国藩,认为皖湘数省,只有曾国藩一军可战;遗书让曾氏好自为之。

咸丰四年初,太平军攻克汉口、汉阳,围困武昌。同时兵分二路,进攻四川和湖南。石贞祥一军二万余人沿江而上,连克岳州(今岳阳)、湘阴、靖港、宁乡,半个月便打到长沙近郊,长沙城内一片惊慌。曾国藩知道,再不出师太平军也必然打上门来,因此于衡州誓师,开始与太平军作战。

誓师的那天是咸丰四年正月二十八日(1854年2月25日),湘军水陆一万七千人,一色新装,聚于衡州城西的演武场上,什长以上皆骑在马上,等着出征的号炮。两丈多高的旗杆,拴着一面杏黄旗,旗上绣着斗大一个"曾"字。演武台上满坐文武,知府陆传应率府、县官等待为湘军献出师酒。

三声号炮响过,曾国藩登上点将台。四十四岁(虚岁)的曾国藩,中等身材,宽肩厚背,宽阔的额头钳着两道扫帚眉,一对三角眼闪着锐利的光芒,鼻直口阔,一把长须飘在颔下。因母亲的丧期未过,仍穿孝服。

待献匾、献酒、向苍天和皇帝跪拜礼成,曾国藩拿出一纸,擎在胸前,朗声宣读《讨粤匪檄》。

这篇被认为"胜过百万兵"的檄文,是曾国藩认真研究太平军各方面弱点而写成的,对煽动各方面力量起来同太平军对抗,的确起到了难以估量的作用。他宣读:

> 自唐虞三代以来,历世圣人扶持名教,敦叙人伦;君臣父子上下尊卑,秩然如冠履之不可倒置。粤匪窃外夷之绪,崇天主之教。自其伪君伪相,下逮兵卒贱役,皆以兄弟称之;谓惟天可称父,此外凡民之父皆兄弟也,凡民之母皆姊妹也。农不能自耕以纳赋,而谓田皆天王之田;商不能自贾以取息,而谓货皆天王之货;士不能诵读孔子之经,而别有所谓耶稣之说,新约之书。举中国数千年礼义人伦、诗书典则,一旦扫地荡尽。此岂独我大清之变,乃开辟以来

名教之奇变,我孔子孟子之所痛哭于九原。①

论者曰:曾国藩与太平军的抗争,打的是卫道旗帜。为捍卫中国数千年纲常人伦,他号召广大传统知识分子,组织乡民,起来"以卫吾道"。中国知识界尊崇孔孟,纲常人伦根深蒂固,太平天国毁孔庙和儒家经典,这是同中国数千年文化相对抗。洪秀全等以"拜上帝"组织群众,在两广地区或一时得到拥护,但久之将失去文化根基。

檄文揭露洪秀全等以"天父"之名,欲把天下土地、财物夺为己有。当时太平天国空想主义的《天朝田亩制》"物物归上主"的内容本就说不清楚,檄文的煽动,使广大商民等对太平天国更增误解和仇视。

曾国藩以一个理学家组织军队,以维护孔孟之道、宗法礼教、私有财产相号召,让天下"仁人"、"志士",乃至士、农、工、商,有钱出钱,有力出力,共讨"粤匪"。

---

① 《曾国藩全集》第14册,第232页。

12 初战义军

王阳明和曾国藩面对的敌人是农民起义军,两个起义军的战斗能力都很强:赣南起义军多年与官府对抗,没有对手;太平军的西征队伍经过三年的实战,所向无敌。

再看曾国藩和王阳明。曾国藩有自己编练教育出的湘军水陆近二万人,但未经实战;曾国藩完全一个理学文人,没有研究过军事,兵书战策也未见他阅读过,做人有一腔血诚,但呆头呆脑,有股狠劲。

王阳明没有自己的军队,他都是借着皇帝的尚方宝剑,指挥地方的军队,军队的战斗力比湘军强,因为他们是有经验的实战部队。而且王阳明自少年便喜爱兵书,虽无实战经验,但在去南赣途中,完全没有兵力,凭着智慧折服数百强盗,也算一次军事演习了。他和曾国藩相比,虽都是圣人型的知识分子,但性格完全不同。王阳明十分智慧,简直有些诡道,是位军事天才,胆大心细,又不按常规出牌,让敌人摸不清他的门道。

初战究竟会怎样,他俩全无把握;这好像体育比赛,上届冠军临场也紧张。何况,他俩都没有上届,没有名次作铺垫。

还是先看看曾国藩,他衡州誓师挺吓人的。

曾国藩指挥湘军临敌,都是坐在水师的一只拖置大船上。这次他誓师毕,便在座船上召开军事会议。他在会上说,"粤匪"气势虽凶,但他们的兵力很分散,一支军队窜扰两湖、四川、江西、安徽数省。进攻湖南的一股,株守湘潭、靖港、湘阴、宁乡等地,后继无援。尤其是湘潭一军,孤军深入,实为用兵大忌。我军要聚而围攻，必可胜之。

别看他口称"不知兵"，但分析起来头头是道，大家甚是赞同。当即确定了攻击湘潭的行动计划：陆师塔齐布为前锋；水师全部出动，彭玉麟、杨载福等五船先行，曾国藩率其余大队殿后。

湘潭太平军是林绍璋一部，林忠勇有余，才智不足。一旦丢失湘潭，太平军西征将受大挫，这是很关键的一仗。

但是，当湘军前部水师和塔齐布陆师出发后，曾国藩本人又得到一条消息：靖港"长毛"仅有五百余人，毫无准备，若派军猛攻，必然胜利。曾国藩闻讯心想：靖港乃湘江水陆要冲，打下靖港，割断"长毛"进攻长沙的路线，孤立了湘潭之敌，也是对我军攻取湘潭的支持。

想至此，他决定先攻下靖港，再回师进攻湘潭。

咸丰四年四月初二（4月27日）凌晨，曾国藩指挥湘军水陆两师，沿湘江北上。中午时分，军队打到靖港镇外。

陆军过了浮桥，曾国藩命擂鼓进攻。然而，一进靖港，只听一串炮响，港内外无数头裹红巾的太平军杀出，"活捉曾妖头"的喊声震天响。他命令李续宾等督军迎战，但湘军一拥而逃，谁也不听指挥。曾国藩令护卫把将军旗插在江边，自己执剑立于旗下，高声断喝："过旗者斩！"

溃兵涌来，曾国藩大吼一声，挥剑砍翻一个，余者呆立一瞬，绕过军旗，狂奔而去。后面的败兵排山倒海，太平军攻入湘军队伍中，一片喊杀声，湘军完全失败了。卫兵一把拉过曾国藩，拥入座船，仓皇逃走。

曾国藩呆坐舱内，五内俱焚。衡州誓师后，与太平军一接触，便弄得狼奔豕突；湘军经年余编练，竟如此无用。再回长沙，官绅们的冷眼将不堪忍受。他左思右想，决定不如趁早一死，免得自讨其辱。这时，幕僚陈士杰、李元度命章寿麟驾一舢板，随护座船。

座船中的随员稍不注意，曾国藩猛然起身，推开舱门，纵身跃入江心。"曾大人跳水了！"章寿麟一面大叫，一面跳入江中，很快救出曾国藩，扶进船舱中。大家七手八脚为他换衣，好在并未呛水，无啥大碍。众人一路劝解，狼狈退回长沙。

曾国藩返回长沙，仍不吃不喝，蓬头跣足，仍想自杀。他逼着曾国葆为他买来一口黑漆棺材，停放在江边。给咸丰皇帝写了遗折，自己死后推荐罗泽南、彭玉麟、杨载福等负责统带陆军和水师。

同时写遗书让曾国葆送其灵柩返家，不可在湘军中开吊，丧葬费用家中自理，湘军余资，全交粮台。

正当他选择如何自杀时，曾国葆推舱而入："大哥！湘潭水陆大胜，湘潭打胜仗了！"

"真的？"正徘徊于生死道口的曾国藩，哪敢相信这突如其来的喜讯。

"真的！长毛全军覆没，贼首林绍璋只身逃脱，这是塔齐布的亲笔信！"

曾国藩双手颤抖，好不容易打开来信，读着读着，激动之情难以控制，两行泪水夺眶而出。

湘军在湘潭的确打了个大胜仗。

原来，林绍璋率军占湘潭，目的在南北两路进攻长沙。但湘军出师后，他便成了一支孤军。由于他战斗经验较差，诸将意见也不一致，相互争吵，乃至于互斗。此时，塔齐布攻至城下，湘军水师也随后而至。

接着，湘军水师与太平军水师大战。因湘军的火力远胜太平军，太平军又失去了战斗意志，很快便遭到失败，木船起火，尸浮满江面。于是，湘军水陆攻城，太平军弃城逃跑。溃逃中，太平军开枪互击，"潭城分党哄斗，自相戮者，约计数百之多"。①

湘潭之战自四月初一（4月27日）至四月初五（5月1日）经五天激战，湘军十战十胜，太平军阵亡万余人，逃溃亦近万人，船只被毁二千余只。是太平军自广西起义以来仅见的一次大败仗，自然也是湘军出师不久，取得的重大胜利。太平军西征自此由胜转败；湘军则自此声威大振。

消息传至京师，咸丰帝不敢相信这是事实。自洪杨起事，他日夜焦虑，派

---

① 《曾文正公奏稿》第4卷，第55页。

出大军每战皆败,像湘潭这样的大胜仗,根本不敢想象。此后,清政府对湘军刮目相看,咸丰帝发布一系列谕旨,表彰这次大捷;明发上谕,曾国藩可以单衔奏事;湖南百官,除巡抚一人,曾国藩可视军务需要任意调遣。

骆秉章接旨后,亲率藩、臬两司和一班文武,拥着一抬绿呢空轿,亲自来接一直驻在城外船上的曾国藩,对他百般称赞,硬把他请入大轿,驻进省抚衙门内。骂曾国藩最凶的湖南布政使徐有壬,当晚单独拜见曾国藩,主动提出湘军在衡州向陆知府借的二十万两银子,由省库拨还,湘军以后的用款,他也尽力筹措。

曾国藩脚跟站稳后,立即着手总结岳州、靖港、湘潭三次作战的经验教训。三次战斗,塔齐布、罗泽南、彭玉麟、杨载福所率各营能战能防,临败不溃,对其有功官兵,予以表彰。而那些溃败之营,尤其是靖港之战不听指挥、拼命逃跑的官兵,由营官到伍卒,一律开除裁撤,第一个拿来开刀的是曾国葆一营,靖港之战首先逃跑,因此全营解散,曾国葆也当即被勾去顶带,开缺回籍。

曾国葆先被撤职,其他各营也顺利整顿,共裁团丁三千人。而塔、彭、罗、杨四部则大量增募,仅塔齐布一军增至七千人,罗泽南部增加一倍。整顿后的湘军,作战部队水陆各二十营。水陆师各设统领两人,陆师由塔齐布、罗泽南充任;水师统领是彭玉麟和杨载福。战斗中表现勇敢的鲍超和申名标,被提拔为营官。

这次整军,在湘军史上称"长沙整军",是极重要的一件事。湘军以后愈加能战,同这次整军有很大关系。

但曾国藩作为统帅,没按计划行事,误中敌人圈套,造成靖港的失败。他自己又临败丧失斗志,投水自杀。如此表现,自然无人敢让他受惩。然而,此次的不光彩行为也为初次率军的曾国藩蒙上了阴影。

王阳明召开军事会议的时间是正德十二年正月下旬的某一天,具体日子人们不记得了,只记得天挺冷的。会议地点在赣州王阳明的巡抚衙门,与会者是参加四省会剿的将领,临时上阵者居多,彼此不大认识。

王阳明熟悉的一个人是吉安知府伍文定，是他的同年进士。原籍湖北，出身官僚世家。阅历、性格与王阳明很相似，喜欢读圣贤书，更爱兵事，舞刀弄枪上阵交锋比王阳明强多了。更相似者，都在锦衣卫大牢里待过。伍文定坐大牢的原因，是在江苏做推官时，魏国公徐俌（徐达的五世孙）抢占民田，被伍文定查处。徐俌贿赂刘瑾，因此使其进了大牢。听说同年王阳明前往赣南剿土匪，便主动募兵前来。

大家坐下来，听王司令分析形势、交代任务。

大家注视王巡抚，个子不高，精瘦，一脸病容，说话直喘，眼睛很细，但很有神，透着诡秘。他手中的教杆指着墙上的地图，一边指点，一边移动，一边分析，动作不大，语言不多，但很清晰。好在大家对地图上的实地不生疏，前来会剿者都是常年同土匪打交道者。

"五股土匪，先打软的，看看先打谁？"王阳明先指指五个位置。漳江源头，安南崇义的谢志珊、蓝天凤部；韶州乐昌的高快马部；惠州浰头的池仲容部；惠州龙州的卢珂、郑志高部；福建漳州永定、大浦一带的詹师富、温火烧部。

五大股土匪，谁是软柿子？都不软。但会剿的官兵二千人马，总不能一次性包抄五股，总得选一股先打。王阳明的教杆停在了福建漳州："就先打他，先吃掉詹师富！"

在座的也明白：詹部匪徒相对孤立，距离那四股较远，显得弱势。

正德十二年（1517年）正月二十六日，剿匪官兵开赴福建、广东交界的永定。会剿主力是福建和广东两股部队，福建军队由知府钟湘、按察使司佥事胡琎、参政陈策率领；广东军队由佥事顾应祥、都指挥杨懋指挥。

詹师富听说王阳明率军前来，一点也不惊慌：官兵年年前来，不是绕个圈就走，就是驻下来跟老百姓要吃要喝，吃够喝够放一阵土枪土炮就撤。因此，不要理他们。王阳明一教书先生，他哪会舞刀弄枪！

这回詹师富失算了。官兵来硬的，一下子冲入土匪老巢长富村，逢人就杀。土匪们多年来只会抢劫，大喊一声，老百姓放下东西便逃，所以没见过真仗。官兵杀过村寨,土匪一点准备也没有,多数手中连刀枪都未带。官兵如削瓜切菜,一阵好砍,土匪们四散逃走。官兵紧紧追赶,连连攻下长富、阔竹泽、新泽、大丰、五雷等处营寨,斩杀匪徒四百多,生俘一百四十多,获辎重无算。

一天的战果就如此辉煌。但匪首詹师富、温火烧没抓住,率残部逃进福建、广东交界的象湖山。

官兵打了两天两夜,象湖山地势险要,易守难攻。军官们一商量,撤吧!回去向统帅回报战果。

三天征战,头一天就取得大胜利,毙敌四百余,俘获一百四十余,攻下敌寨七八个……大家诚望王大人会高兴,可一看眼神不对劲:像刀子般凌厉。

"将令未出,如何回军!"

诸将无人说话,鸦雀无闻。

"无令而返,贻误战机,该当何罪!"

其中胆大的说话了:"敌人占据有利地形,我军无法展开进攻,恳请大人另想良策。"

王阳明告诉大家,此时的良策就是乘胜追击,咬住不放,不给敌喘息之机,一鼓破寨。詹师富已成惊弓之鸟,不能让他与其他匪徒联络,赶紧动员队伍,赶回战场。

王阳明亲自指挥,走在部队前头。

詹师富正庆幸经营象湖山大寨为"三窟"之计高明,匪目来报:官兵再度杀回!

真是见所未见,怎么这么快又杀回来了?二当家温火烧说:"有啥大惊小怪,一动不如一静,我有象湖山之铜墙铁壁,他们前来我们不出战,时间一长,没有了吃的自然就退兵了!"

正说着,官兵到了。詹师富依二当家之计而行,只列队不出战,看他王阳明能奈我何。果然不出所料,官兵在山前摆开阵势,许久见山贼不出战,便展示红旗,命令攻山。但是,山势之陡,空手攀登也极费力,何况山崖上有人把守,不时砸下滚木礌石。

官兵几番攻击,便狼狈而回。不久,探马来报:敌军已遁。

詹师富等人一阵大笑,王阳明来势何等之汹汹,如今也是狼狈而退。又等数日,探子来报:官兵全数退却,退回赣州府。

又等了数十天,不见官兵踪影,詹师富真的以为没事了,便令部队回各山寨修寨,回各村正常生活,准备下一轮打家劫舍。

王阳明前次"亲征"象湖山,完全一假动作,他命令部队假装进攻几次,试试虚实,而后又假装攻不进,撤回赣州再作安排。

他打听到詹师富把象湖山之匪遣回各山寨,象湖山巢穴也失于防备之时,把休整好的大部队再度集结,分为三路:福建军攻打长富,广东军进攻其他山寨,他亲率主力直取敌人老巢象湖山。

正德十二年二月二十九日夜,王阳明令各路人马迅速进发,天亮前发起总攻,他自己率主力秘密接近象湖山敌垒。最坚固的象湖山敌垒也疏于防范,当知道官兵攻来时,反击已不得其力,各隘口多为敌占。詹师富困兽犹斗,命令匪首组织反击,两军开始白刃血战。

战至中午时分,福建、广州军到了,两军攻击长富村等各寨,几乎未经战斗即告成功。然后急行军赶来象湖山,正好赶上这里的激战。三军合在一处,王阳明命令分割剿杀。战至天黑,各垒全被攻破,詹师富、温火烧等匪首趁乱率一股强匪突围逃走。

次日,逃至可塘洞山寨的詹师富等残匪,仍负隅顽抗。经过激烈战斗,终于消灭残匪,活捉了詹师富、温火烧等匪首。

经过两次战斗,将漳南土匪全数镇压,歼三千、俘虏一千五百余,擒匪詹师富、温火烧等二千余,捣毁贼寨长富村、象湖山等数十处,盘踞在此数十年的强盗被一举荡平。

当时,这里地广人稀,土匪出没,州府行政区距此较远,难以控制。王阳明认为应在此处设置县治,再开办学校,组织群众生产劳动,开展文化教育,使匪患长期不再有,达到永久安定。于是,他上了一道《添设清平县治疏》。不久，上疏得到批准，在河头正式设置了平和县，这便是今天福建省漳州平和县的由来。

这样，王阳明以远远少于敌人的兵力，用他的智慧与敌作战，取得了完全胜利。詹师富等知道了王阳明的厉害，可为时已晚，他们被斩首示众。王阳明手下的官兵起先对他不大信服，现在知道了王司令虽然身体虚弱，却有一颗极其智慧的脑袋，大将军破敌在于谋略，跟着聪明人做事不会吃亏。

13 二战义军

前文已述，漳南詹师富、温火烧地处孤立，比较容易对付，而谢志珊、蓝天凤、池仲容等部才是最强硬的。再硬的骨头也得啃，皇帝给的剿贼命令，完不成肯定不行；何况这里的百姓也的确该有个安稳日子过。

王阳明三月上旬完成平定漳南、设置县治的工作，四月班师休整。休整期间，王阳明给各山头、寨垒的义军首领写了劝降信。结果，盘踞广东惠州府龙川县境的卢珂、郑志高及黄金巢、叶芳等头目主动请降。

九月，王阳明奏请便宜行事，得到允准。于是，朝廷改授他为提督，提督南赣、汀、漳等地军务，发给旗牌，允许便宜行事。这个"便宜行事"，表示皇帝对官员行事的信任，就是可根据情形处理，不必向上请示，"便宜行事"的下文往往是"皇帝（或朕）不为遥制"。王阳明有了这些权力和许诺，对下一步用兵的主动权更大。

经数月休整，王阳明又提兵进攻谢志珊、蓝天凤部。该部集中在漳江的源头，南安府崇义境内，寨穴设在桶冈、横水、左溪。谢志珊与詹师富等人不同，他有些"义军"的架式，起义之后建立了政权，自号"征南王"。然而，他们仍然是一股农民暴动力量，总脱不了打家劫舍，说他们是强盗亦无不可。

当他听说闽南詹师富等被剿灭，卢珂、郑志高等投降，看形势王阳明与以前的官兵大不一样。于是，他赶紧命令加强防卫，还造了吕公车。

谢志珊没见过这种战具，听他的军师说这种战具很厉害，对付王阳明，非吕公车不可。能破王阳明之师自然好，于是他让木匠、铁匠在军师的指挥下建成了这种战具。实物建好后,谢志珊一看:的确一唬人的庞然大物!战车高数丈,长数丈,外裹牛皮,底有木轮,车内可容百十号士兵。军师又给他讲,此车攻城时,可用牲口牵拉,直接其城垛,士兵从车中跃上对方城墙。或由士兵推动,推入敌群后,车内士兵可以向敌群放射弓弩,而敌人却无法接近战车。

谢志珊备战,王阳明在召开军事会议,研究如何剿贼。会议就先进攻何处发生争论。谢志珊的人马集中在崇义北面的横水、崇义西南的左溪和西北的桶冈。会上,比较权威的观点是夹攻桶冈,以湖广巡抚都御史陈金为代表。

但王阳明提出先打横水、次攻左溪、后攻桶冈的方略。

对王阳明的方略,有人提出异议。以为三个大寨群,横水最强不该先打,应以剪除羽翼、再攻腹心为尚。先攻下詹师富,采取的就是这种策略。可王阳明认为,正因为我们已用过先弱后硬的攻击策略,这次才改为先打心腹,出敌不意,再者,我军根据地离横水最近,有利于出其不意。

王阳明是统帅,说得又有理,当然是按他的计划干。

然而,王阳明的具体进攻计划却又诡秘得很,甚至连执行其进攻计划的诸将领,也摸不透他的全盘计划。

战后人们才知道,他实行的是佯攻左溪、实攻横水。而对横水的进攻也是佯攻寨前,实攻寨后。同时采取白日佯攻,黑夜实攻战术。官兵就执行具体计划,通盘计划在王阳明心里。眼前的战局是他的一盘棋,将领们是他的棋子,不用棋子动脑,你去执行就是了。

如此这般,众将官感到很有趣,士兵们也都兴高采烈。这哪里是打仗,像是做极有趣的游戏。

但对谢志珊等人来说,却被弄得晕头转向,顾此失彼,疲惫不堪。最终,数百剿匪战士半夜摸进了大帐,逮住了心力交瘁的主帅谢志珊。

谢志珊被逮后,与王阳明有一段很有趣的对话。

先生问曰:"汝何得党类之众若此?"

志珊曰:"亦不容易。"

曰:"何?"

曰:"平生见世上好汉,断不轻易放过,或纵其酒,或助其急,待其相德,与之吐实,无不应矣。"

先生退语人曰:"吾儒一生求朋友之益,岂异是哉?"

他们两个一个是大儒,一个是贼首,对起话来很是发人深思。

谢志珊虽然败在王阳明手里,但他做人和交友规格蛮高。在别人有急难时"助其急",还能以德相待,以实相待。所以,才有那么多人拥护他。

王阳明虽然杀了谢志珊,但对他还充满尊重之情,他和学生们提及此事,不无感慨地说:"我们读书人穷己一生,追求能在道德修养上对自己有所帮助的朋友,我们的行为和谢志珊有什么不同呢?"

进攻横水、左溪,共破敌巢五十六处,斩杀敌人二千余,俘虏二千余,缴获牛马物资不计其数。

谢志珊的吕公车没派上用场。王阳明看了那个庞然大物,心里发笑:这种武器,只能在小说里用罢了!放一只火箭,牛皮子大楼怎么救?就是不动脑子!

横水、左溪之战以剿贼军全胜宣告结束,剩下桶冈之敌,孤立无援。王阳明手下军官个个磨拳擦掌,前来请战。王阳明这时又不急了,他说,桶冈天险,地形比詹师富的象湖山还险要。左溪、横水之残匪皆趋此处,同难合势,为守必力。我军连战月余,疲劳如强弩之末,不利急战,胜则损失亦大。现在的任务就是休整。

众将一听有理,便各自回营布置休整。

可是,王阳明却没闲着,他把前时瓦解广东惠州龙州卢珂、郑志高的劝降信底稿拿出稍加修改,最主要是把读信的对象改成蓝天凤,好像给他的私人信件,私信就可以写出掏心窝子的话。

信到了蓝天凤手里,他不能不看。就这么几天,横水、左溪,几十年的建寨,上万人马,一朝覆灭。剩下桶冈,失败的结局就在前头等着他。可如要缴械投降,这么多年建立的霸业,又于心不舍。再说,左溪、横水败退而来的萧规模等人未必同意,说不定内部先要有一场火拼。

果然,当蓝天凤把王阳明给他的劝降信公开后,桶冈立即炸了锅。谢志珊手下的残部坚决反对投降,而蓝天凤手下将官,则多数主张投降。双方发生争论,乃至动武。

王阳明要的就是这个结局。他深知蓝天凤一定会动摇,而萧规模等也一定要困兽犹斗。就在他们意见不齐、混乱不堪时,王阳明命令部队鸦雀无声,分兵十路摸上了桶冈大寨。

尚在战与降之间犹豫、争论的敌营,一见大批官兵杀上山寨,打算投降者便马上丢下武器投降。而横水、左溪的漏网之敌,一多半早已补吓破了胆,失去战斗力。少部分作困兽之斗,但很快成了刀下之鬼。

桶冈之战犹如摧枯拉朽,转眼之间茶坑、十八磊、新池、葫芦洞、锁匙龙等八十余处巢穴尽被捣破,被杀和挤死、摔死者二千余人,投降者三千六百余人,左溪匪首萧规模被杀,蓝天凤被逼跳崖自尽,随他跳崖者十余人,都是他的心腹。本来蓝天凤不战而降可以存活下去,如今被萧规模等断送了老命。

王阳明此次进攻赣南横水、左溪、桶冈,十月出兵,十二月班师,仅用了两个月便铲除为患数十年的顽匪。为纪念胜利,王阳明设茶寮隘所,在此刻碑一方,名曰"茶寮碑",后世曰"平茶寮碑"。碑高八米,宽四米,现存赣州市崇义县思顺乡西山界村,立碑时间为正德十二年(1517年)。碑文详细记录了王阳明当年攻破谢志珊、蓝天凤等情形。其碑文为王阳明真迹,部分碑文如下:

> 正德丁丑,猺寇大起,江、广、湖、郴之间骚然且四、三年,于是上命三省会征。乃十月辛亥,予督江西之兵自南康入。甲寅破横水、左溪诸巢,贼败奔;庚辛复连战,贼奔桶冈。十一月癸酉,攻桶冈,大战西山界。甲戌又战,贼

大溃。丁亥，与湖兵合于上章，尽殪之。凡破巢大小八十有四，擒斩二千余，俘三千六百有奇。释其胁从千有余众，归流亡，使复业。度地居民，凿山开道，以夷险阻。辛丑，师旋。于乎！兵惟凶器，不得已而后用。刻茶寮之石，匪以美成，重举事也。提督军务都御史王守仁书。

文中所列目次：初战、二战、三战，对王阳明来说是可以这么分的。他同"义军"的战斗每次时间都不很长，几次战斗也清清楚楚。曾国藩就不同了，他仅同太平军的战斗，长达十年之久，大小战斗百次以上，打下来的城镇有百余座，曾国藩在其九弟国荃四十一岁生日时写了十几首诗回忆与太平军的争战，有"十载艰难下百城"句。因此，要把他的作战分出数字来就困难了。

为了在军事上同王阳明作比较，也勉为分序，只能当作举例比较，在此说明。

我们把咸丰四年四月的湘潭之战结束，到咸丰七年曾麟书病死、曾国藩回籍作为一段落。其中大的战争有湘军攻克武昌、田家镇大战、九江和湖口大战。石达开西征大败曾国藩，扭转战局；天京内讧，失去大好形势等。从这些战争过程，来看曾国藩与三百年前的王阳明的异同。因战况纷纭，只能重点叙述。

湘潭大战后，太平军曾天养部与林绍璋溃兵会合，转回岳州，堵击湘军北上西进，挽回暂时的败局。湘军几度攻击曾天养防守的城陵矶皆遭失败，咸丰四年七月十六日一战，湘军水师四个总兵被曾天养打死，战船损失数十只。七月十八日，湘军塔齐布进攻城陵矶，与曾天养马上恶战，曾天养被打死，西征军"茹斋六日"，洪秀全在天京致祭，追封其为烈王。

曾天养败殁，林绍璋等失去斗志，皆弃城败走武昌。曾国藩则指挥水陆大军，北上西进，水军不披甲胄，一路直达武昌城南十里下泊。陆军从夺取的岳州出发，也顺利到达洪山。

洪山和花园是武昌城外的两处要地，有太平军两万精兵，攻下二地，武昌即成孤城。罗泽南自任前锋，攻击重兵驻守的花园。八月二十一日，罗泽南率军进攻，太平军架炮轰击，罗军伏地前进。未待罗军攻抵花园，太平军则自溃而逃，丢弃大船数十只。第二天，塔齐布进攻洪山，太平军得知花园已失守，也弃垒而逃。降者千余，被打死和跳湖被淹死者数百人。

湘军兵临武昌城下。

武昌守将黄再兴、石凤魁、韦以德等，或则文员，或则国戚，皆不习战事。湘军攻陷城陵矶北上西进时，韦以德先自逃离。黄、石等人见国戚先逃，更无斗志。待花园、洪山兵溃，二人也弃城逃走。那里尚有战舰千只、陆军万余，因主将逃走，也或溃或降。

这是曾国藩攻克的第一个省城，也是长江上游最重要的军事要地。

咸丰皇帝闻报，不敢相信曾国藩的乡勇（当时并未称湘军，仅为乡村的民兵）能把武汉三镇轻易攻取。他立即下旨，任命曾国藩署湖北巡抚。谕旨中说："曾国藩一书生，获此大胜，殊非意料所及。朕惟兢业自持，叩天逮赦民劫也。"①

随后又下旨封赏湘军将领，湘军营官或封为副省级的藩司、臬司，或升为道员、副将。但圣旨下来几日，咸丰帝又收回成命，让片功未有的陶恩培实授湖北巡抚，只说"赏给兵部侍郎衔"，实际上曾国藩在京时就已经有五个侍郎衔了。说明咸丰皇已不信任曾国藩，不信任的原因是不肯把地方行政大权交给手握兵符的汉人。以后的若干年，咸丰皇帝一直持此态度，让曾国藩不得实权，客军虚悬于不配合的地方官地盘内，十分尴尬。

咸丰帝未授实权，还命令他"东征"，攻下九江、安庆等被太平军占领的军事要地，直达南京，最好是一举歼灭太平军。曾国藩不敢违旨，只好从武昌东下。

武昌失守，洪秀全、杨秀清等下令锁拿黄再兴、石凤魁等，同时令燕王秦日纲往田家镇布防，迎击东进的湘军。

秦日纲率精锐三万西上，行至湖北蕲州，召集各地军队前来会战。石祥

---

① 《曾文正公奏稿》第3卷，第62页。

祯、韦志俊、周国虞、石镇仑等,皆太平军能战之将,他们各率本部前往,聚在蕲州的太平军已达五万余,加上各关隘的守军,人数是湘军的二倍多,此时正是歼灭湘军的好机会。

秦日纲召开军事会议,决定在田家镇全歼湘军。他们把重兵置于长江两岸的田家镇、半壁山、富池镇,又在江上设置六道大铁锁,拦截湘军的战船,让敌军水陆皆无法通过。

咸丰四年十月六日,湘军水陆皆达田家镇,水军先锋营杨载福在江面被铁锁阻住;岸上罗泽南、塔齐布几军与太平军争夺半壁山和富池镇,皆未得手。

十月七日,湘军在铁锁下置一队船只,船上以巨锅盛满油脂点燃,把铁锁烧红,再用巨斧砍锁。太平军则以大炮轰击锁下的船队,船队被击中,沸油燃烧战船,另一队载油的战船接着冲上去再烧锁。湘军水陆为保护烧锁战船,开炮轰击太平军。如此激战,至十月十三日,拦江大锁被烧断,湘军水师攻过田家镇,沿江焚烧太平军的战船,被毁达四千五百多只。西征军有战船万余只,力量远超湘军。但经湘潭、岳州、武汉、田家镇几战,水军基本瓦解。石达开为西征主将时,才又建立水师,打败过湘军水师,此是后话。

太平军水师一败,陆军也随之溃散。

田家镇一战,太平军损失很重。湘军虽胜,伤亡也很大。战后部队在此休整,曾国藩在此建"昭忠祠堂"。祠堂落成,曾国藩率官兵行祭,并为之亲题挽联:

> 巨石咽江声,长鸣今古英雄恨;
> 崇祠彰战绩,永奠湖湘子弟魂。

曾国藩晚年写诗回忆这次大战[①]:

---

① 《曾国藩诗集》第4卷。

> 半壁山前铁锁横,当年诸将各声名。
> 即今锥凿西梁下,益信先皇万里明。

田家镇再度失败,杨秀清急令在皖南作战的翼王石达开、在江西饶州的冬官正丞相罗大纲星夜轻骑赴援。

石达开是太平军中少有的名将,文武兼备。闻令即率所部五千人马,驰援九江。罗大纲也是太平军名将,一直是先锋营指挥官,战功卓著。二人为西征主将,扭转了战局。

田家镇大捷后,湘军水陆东下,围攻九江城。石达开、罗大纲已先于湘军一步,进入九江。石达开命罗大纲率本部人马去湖口西岸的梅花洲,自己守卫湖口,与林启荣守卫的九江城互为犄角,配合作战。九江城守军和增援部队,合起来仍有五万余人。

湘军因连战皆捷,增加了轻敌思想。曾国藩在战前会上分析:九江城虽不大,但北枕大江,南控鄱阳湖,周围水道纵横,形势险要,石达开文武兼备,连洪杨也难以相比,不可轻视。然而,手下水陆大将皆不以为然,决心趁胜攻打,一举克复九江。决定水陆全数出动,相互配合,分攻九江四门。

然而,当四路人马攻至九江时,不见城上一兵一卒。当湘军趋近城墙,"则旗举炮发,天城数千堞,旗帜皆立如林"[①]。千堞枪炮齐发,杀得湘军人仰马翻,硬攻不成,又行刘蓉"九虫探穴"之策:先舍九江不攻,分兵攻其湖口和梅家洲,待城中贼赴援,再攻九江。然而,当罗泽南、彭玉麟分攻上述两地时,此处早有大军防守,二人又败回江边。

湘军几番进攻皆遭失败,休息两天再去攻城,因有前番教训,只能远远开枪,并不见城上还击。各路人马折腾几日,人困马疲,正要入睡,水师宿营的江面突然枪炮齐鸣,火箭大球射向湘军大船。湘军水师欲战不能,欲睡不

[①] 罗泽南:《罗忠节遗集·年谱》上卷,咸丰九年版,第25页。

成。连续几夜，将帅心焦气躁，士兵惊恐不安。

咸丰四年十二月二十五日（1855年2月1日），石达开指挥数十只小船，满载各种火器，钻入湘军船队中放火。当夜月黑风高，咫尺难辨敌我，太平军小船夹在湘军大船之间，大船炮火失去作用。湘军大船多被点着，皆四散灭火，后面剩下曾国藩的大座船行动不便，太平军认得这是曾国藩的座船，齐呼："活捉曾妖头！"纷纷跃上大船，与曾国藩的亲兵展开白刃格斗。太平军蜂拥而上，亲兵死伤越来越多。曾国藩眼见船上厮杀，自己无能为力，四肢痉挛，知道必死无疑。正当一名太平军战士向他扑来，他便猛力跳入黑沉沉的大江之中。一名贴身护卫及时发现，也飞身跳下，将他拖出水面，送上一条小船，划向江边。

曾国藩微睁双眼，见江面上浓烟滚滚，被烧毁的战船歪歪斜斜，甚是凄凉。这时，罗泽南、刘蓉围着曾国藩，不知说什么好。突然，曾国藩站起来说："给我一匹马！"大家都知，曾国藩平日并不骑马，现在刚从江中捞出，如何能骑马？"大人，抬您回营吧！"亲兵以为座船被毁，要骑马回营了。

"牵马来！"曾国藩再次大声命令。

亲兵牵过一匹战马，曾国藩让人把他扶上马背。只见他在马上突然一挺腰，双腿用力一夹，战马纵身奔驰而出。罗泽南跃起抓住马缰，怒马长啸一声，扬起前蹄，停了下来。

"大人，千万想开！"罗泽南等几乎是哀求了。

原来曾国藩是想学春秋晋国大将先轸，骑马跑进敌营，让敌人把他杀死。大家扶起从马背上摔下来的曾国藩，苦苦劝慰，才使他打消再次自杀的念头。

由于湖口兵败，湘军失去了水师。石达开乘胜反攻，接连攻占长江上游的蕲州、黄梅、广洛、黄州，咸丰五年二月七日重克武昌。随后又攻向江西，至咸丰六年二月中旬，江西省十三府被石达开占领八府五十四州县。

期间，曾国藩手下第一猛将塔齐布因劳累加忧愤而死。罗泽南认为攻击九江是着错棋，而应经营长江上游湖北，然后由上而下逐步展开。因此在曾国藩同意下，带兵去了湖北。曾国藩此时困难重重，在给咸丰帝的上疏中有语:"闻春风之怒号,则寸心欲碎;见贼船之上驶,则绕屋彷徨。"①

总之,曾国藩在这段斗争中,是以失败告终的。太平天国的天京内讧、自相残杀,再度救了困难重重的他。

---

① 《曾文正公文集》第3卷,第37页。

14 三战义军

王阳明要剿除的最后一个义军首领是广东省惠州府浰头的池仲容。王阳明十分重视这次的"剿匪"战,他把池仲容看成是"数千年巨寇,三省群盗祸根"。

剿灭浰头义军,王阳明动的心思比前两次剿匪的总和还要多。他多年研究的"心学"变成了用兵的"心眼";早年开始研究的古代兵法,这一次差不多能用都用上了。

所以,王阳明与池仲容的一战,绝对是小说和古装电影电视剧的好素材。

王阳明为什么那么重视池仲容?因为池仲容与谢志珊、詹师富们都不大相同,他的政治色彩浓烈。横水、左溪的谢志珊会用实心招揽造反群众,也搞过一阵子政权建设,自号"征南王",但很快走向下流,打家劫舍、拦路杀人,成了正牌土匪头子。池仲容不是,他始终都在搞政权建设,自号"金龙霸王",其中有龙有王,显示出做天子的野心。不光在自己的地盘内招兵买马、聚草存粮,还派人向各地联络,愿意一道干的便发给官印,授给官衔。

池仲容,浰头曲潭村(今广东省河源市和平县浰源镇曲潭村)人,早于明弘治年间即起义。起义原因同于其他农民起义或暴动,天灾地不收,地主还逼着交租,国家逼着交赋。池仲容属于亦农亦猎,同野兽拼杀久了,有一身武艺和一腔胆识。既然官府和地主逼着不给活路,拼死还不吃亏,于是揭杆而起。

开始时也没多想,只凭一腔愤恨,杀富济贫,截击官府的运粮队,把粮食分给农民。谁知道他的行为得到广大农民拥护，大家纷纷来投，不久人数骤增，由数千达万余人。

官府自然不会让他白杀白抢，便派兵前来镇压。其结果要么失败而走，要么见不到义军的影子，老百姓仇视官兵，不予合作，官兵成了无本之木，只好作罢。

池仲容被逼，想当个良民也回不了头。于是找到识字的商量，这才成立了武装政府，分官设职，成为与明政府对抗的政权。他们的目标日见明确，队伍日见扩大，有了明确的纪律，不抢劫百姓，受到人民衷心爱戴，地盘也不断扩大。

池仲容还组织民众，开荒种田，自给自足。同时组织军队，分伍建营，进一步成了有根据地、有官兵部队的真正政权。经多次反围剿的胜利，起义军还多次主动出击，曾围困江西信丰，大败官兵。

王阳明掌握了池仲容的实况，所以格外重视，认为他就是"三省群盗祸根"，不根除他就还会有祸端发生。

池仲容也掌握了王阳明的情况。为了随时得到王阳明的信息，他首先实施反间计，派亲弟弟池仲安带着二百人前去投降，王阳明欣然接纳，池仲安返回的信息是"官兵诚意招安，并无疑象"。

池仲容自然不会轻率相信，他要求王阳明派来高层谈判代表，谈谈招安条件。王阳明又派使者黄表，率谈判队伍前往浰头。

池仲容也派人前往赣州，与王阳明进一步洽谈投降条件。来人向王阳明告密：龙川的卢珂、郑志高是假投降，暗地里图谋不轨。王阳明听后假装信服，心里又在用计。

未几，卢珂被王阳明从龙川叫到赣州，不由分说，将他五花大绑，痛打三十军棍，打得七佛升天，然后投进大牢，待秋后处决。

这一切，被王阳明身边的池仲容看在眼里，将此消息传递给大哥池仲容，认为王阳明实心招安。

池仲容也在犹豫：王阳明和其他的官兵不一样，左溪谢志珊、桶冈蓝天凤、漳州詹师富、乐昌高快马等，皆多年聚众，根基深，战斗力强，却尽为其剿灭。龙川的卢珂自动投降，王阳明深信不疑，我派人施行反间计，又对我们深信不疑，王阳明读圣贤书，为人忠义，投之亦无不可。但是，他经营多年，军队、地盘皆远超谢志珊等，地盘内群众自给自足，对他拥护有加。若是投降了王阳明，明朝政府会怎样对待他的军队及百姓？他心中无数，即使写在纸上，官府无信义可言，王阳明说了怎能算数？这些年他杀官兵、围官府，按明朝大律，全是死罪。所以，他非常犹豫。

　　王阳明见池仲容犹豫，紧接着又生一计。当时正赶上明正德十三年（1518年）戊寅春节过大年，他采取彻底放松、瓦解敌防心理策略，内紧外松，把官兵解散，让他们回家探亲过大年。

　　实际上，放假过大年只是写在告示上，张贴在大街上的，官兵的确背着行装回老家，但那只是做给池仲容兄弟看的，他们是按计划互换防地。表面上军士们背着行装乱走，你走我也走，可是部队没有变，只是乱哄哄走一阵，各自又走到了该去的防地，就像棋盘上的棋子乱动一阵，不会下棋的以为是乱走，实际上是在布阵，犹如王阳明早年的枣核布阵，一个子不吃，杀伤力却极强。

　　官兵在走动，王阳明也在走动，他带着池仲安在赣州四处走动，这里一片祥和的春节景象。一边走动，王大人一边说："令兄诚心归化，本院深表欢欣。如今春节在即，你们回去和家人一起过年吧，关于令兄投诚一事，过了年再说，事情头绪既多，急不在一时。"池仲安一伙背上王大人给的过年大礼，返回了浰头。

　　池仲安把王阳明那边的情况向兄长一一汇报，池仲容听后，心里又增加了几分投降的念头。

　　池仲容也款待谈判代表黄表一行人，酒席丰盛，大家谈得也蛮实在。池仲安多喝了几杯，他把自己去王阳明处行反间计的底细也说了出来，并劝哥哥："不必再犹豫，王大人是好官，早作投诚打算，王大人一定会宽恕我们。"

黄表也喝大了，他端起酒杯："老池啊，仲安兄说的明白，如今王大人待你们丰厚，又加官晋爵，我们看着都眼热。这是王大人心善，又实诚，换个人过来带兵，还不知会怎么样呢！年关一过，怕是要有新安排，我看还是趁着过年这会，老兄亲去赣州，同王大人一起过个祥和年，把条件谈定，以后就不会再变卦了。"

池仲安也说："赣州如今放假，王大人家远回不去，所在也多文职。我们正好去拜个年，顺便敲定一切。"

池仲容见自己的亲弟弟说话，他在王阳明身边已非一日，自然是摸透了底细，如今话都已挑明了，不去一趟也的确小气。再说王阳明一读书人，教书写字的，又能奈我何。

他一杯酒下肚，当场表示：亲往赣州，给王大人拜早年。

历史上大凡被招安的好汉都没好下场，梁山泊好汉被招安，一离开水泊再没回来。如今池仲容率领心腹去了赣州，如同猛虎离开了山林，直接走进了猎人的屠宰场。

王阳明搞心学的，是讲仁心和善心及同情心、良心等等，但他是明朝的命官，他也讲治国平天下。别看王大人心知肚明，朝廷让他前来镇压义军，完全是在利用他，兔死狗烹的事明朝昏君干得出来。但他既然是明朝官吏，忠君爱国，天经地义。像池仲容这般高悬义旗、四方迎合者，远比打家劫舍、拦道杀人者还该杀。

王阳明不待池仲容一伙前来，便已知消息，于是他安排一切，准备好张网捕大鱼，擒贼先擒王。

池仲容率领心腹，人数和梁山泊好汉差不多。王阳明也希望他们多来点，领导人物全来最好，一网打尽。

池仲容一班人马进入赣州城，果然无兵防护，处处张灯结彩，一片春节过大年气氛。

王大人热情接待，把来客安排在一座寺庙里，派人送吃送喝。高级人员就住在府里，王阳明让几个家丁书童，端茶送水。谈判条件早已经议定好，这回由王大人和池仲容两个一把手再共同过目,签字划押,就算一切敲定了。

喜庆日子过得就是快。转眼几天过去了,池仲容提出回浰头安排归顺之事。王大人完全同意,说事不宜迟,就在寺院开个大会,宴请诸位,尔后回浰头。地方归顺之事,悉听安排,只等着过完年回来,那时朝廷的封官晋爵也一定到了,诸位拜了官,取了印信,一切亦算完美。

池仲容听罢,总算有个好结局,心放肚里了,就如同当年宋江,盼到了朝廷招安,将来封妻荫子,不枉这些年大家跟着他辛苦了。

接下来就好办了。池仲容等完全没有了戒备,在鼓乐声中,好酒好肉可劲来。虽说强盗好汉酒量好,可也挡不住大杯大碗往肚倒。像李白那样,酒越喝,诗越多;像武松那样,喝醉了用醉拳打倒蒋门神。可惜那都是小说,喝醉了酒头晕目眩站不稳,如何能写出好诗,打得好拳?

眼前池仲容一伙就是明证,平日里钻山跳涧如猛虎,几十年刀口舔血,杀人放火攻官府,眼睛一眨不眨。山寨上好酒好肉有的是,可是喝了王阳明的断头酒,脖子上没了脑袋只有疤。

喝醉酒的群匪一无防备,二无力气,第三站不稳脚跟。被早已安排好的甲士刀砍斧劈,一阵叮当响,全部报销,当然也包括池仲容。

指挥官全数解决,王阳明早已安排好两路大军,一路奔浰头,一路奔池仲容的老家曲潭村。

池仲容前往赣州受降,这里无不知晓。所以也毫无准备,加上正是春节,于是,王阳明的两路大军万余人马,一阵好杀,两处的问题一时痛快解决。

此次征讨浰头,共毁巢穴四十余处,杀死池仲容、池仲安、池仲宁等三十余名匪首,杀死并俘虏匪军共计四千余名。

浰头匪患既平,王阳明奏设县治,以地名为县名,曰和平县,即今广东河源市和平县。

正德十三年六月,王阳明因剿匪之功升任都察院右副都御史。

至此，南赣义军被全部镇压，用时整整一年。王阳明镇压农民造反军，几乎没什么挫折，他是个全数的赢家。

曾国藩与太平军的第三段斗争就要复杂得多，大约是咸丰八年守制结束返回战场，组织军队进攻安徽，因江南大营之破，咸丰被迫放权，曾国藩实授两江总督，管辖苏、浙、皖、赣四省军务，是曾国藩及湘军鼎盛时期。

前文已述，曾国藩在江西受到石达开严厉打击，正在他一筹莫展之际，石达开被杨秀清调往天京，他才喘了口气，突然接到父亲病死的讣告，匆匆回乡料理丧事。

居丧期间，他先是向咸丰要官，要能控制地方、有实权的督抚之官。说如果不给，他就永远不回战场了，湘军的统帅让皇帝简派好了。①咸丰的失误便在此处，他真的批准了曾国藩的请求，让曾国藩过起家居生活。

这是曾国藩未曾想到的，结果他大为恼火，呆在家里坐卧不宁，天天骂人。

别人也骂他。骂他最凶的是左宗棠，如今他是长沙抚衙的师爷，连巡抚都得一切听他的，有"左都御史"之称。左宗棠骂他背叛前誓，在前方吃紧时跑回家躲起来，骂他伸手向皇帝要官，不要脸，假仁假义假道学！

曾国藩十分痛苦，他甚至要去入空门，然而深厚的儒家根基让他无法拔出世间的双腿。此时，为破心中之贼，他重读《左传》、《史记》、《汉书》、《资治通鉴》，也读了老子《道德经》和庄子《南华经》。

曾国藩认为，他家居的丁巳、戊午年，才是他真正"大悔大悟"之年。是儒家经典，加上老庄思想，才根本改变为他为人处世的立场态度。"大柔非柔，至刚无刚"，自此他由引为方正，变以办事圆通。

因太平天国内讧，迫石达开带兵出走，由江西转浙江。胡林翼、骆秉章先后上奏，要求起复曾国藩，咸丰帝见形势紧张，下旨起复，让他率湘军援浙江。

---

① 《曾文正公奏稿》第9卷，第76页。

曾国藩于咸丰八年六月七日离开荷叶塘之白杨坪,再度出山作战。他先去长沙,再去武昌,而后乘船到黄州府的巴河船上召开军事会议,决定了进攻安徽的战略。

此时,石达开又由浙江入福建,由福建攻湖南宝庆府,再舍宝庆入四川。咸丰再度命令湘军入川,胡林翼主张曾国藩入川可得到川督之位,同时有四川井盐作军饷。这时,他的弟子李鸿章来到湘军军营,中肯分析了大局,认为能灭"长毛"者唯湘军而已,若去四川与石达开流寇周旋,江西、安徽的大局谁来控制?被"长毛"占领的南京谁去收复?李鸿章当时仅以学生身份来军营,他对大局的分析令曾国藩十分佩服,从而放弃入川计划,出兵三路,向安徽进发,三路军的集结处都是安庆。

当时,湖广总督官文、湖北巡抚胡林翼上疏咸丰,说明曾国藩和湘军不能入川,石达开已经是走投无路,有地方部队进行监视即可。曾国藩则上疏,分析进兵安徽的重要性,得到了咸丰的认可。

太平军方面自天京自残后,前期主将或死或走,年轻将领李秀成、陈玉成脱颖而出。李秀成经营江、浙,陈玉成经营安徽,只要这三省尚有实力,天京就还安全。曾国藩三路大军入皖,陈玉成则立即组织兵力反击,在安徽太湖发生了湘军入皖的第一场恶战。

入皖的三路大军,先头军是第二路。第二路军统帅多隆阿及鲍超、唐训方等部两万余人。多隆阿是满洲正白旗人、福州副都统,此人作战勇敢,但十分傲慢,看不起汉官,也不把太平军放在眼里,在他的指挥下,第二路军很快挺进太湖。

陈玉成援太湖的军队数万,扎营七十余座,包抄进犯太湖的湘军。多隆阿命令湘军鲍超率领本部六千人马,在太湖东北的小池驿,阻止陈玉成军。由于其他军队有的距离尚远,有的有其他使命,攻击陈玉成援军,实际只有鲍超一军。

鲍超幼年失去父母,去峨嵋山道观为道士挑水打柴,成人后跟道士学了一身功夫,下山投了清军向荣部,向荣兵败,又投曾国藩湘军。

曾国藩见鲍超忠勇，十分器重，让他在军中做教官，每战他皆冲锋在前，因功提拔为营官。曾国藩家居期间，他留在湖北军中，更受胡林翼重视，又被提拔为参将。如今率军六千，成为进兵安徽的先锋。

这次太湖一战，他顶着数倍于己的陈玉成部队硬是不退一步，他屡向多隆阿呼救，多则置之不理。结果，他的部队死伤过半，被陈玉成团团包围。

鲍超坚忍不拔，在包围圈里仍不断组织反击，使陈玉成数万军队一时奈何不了他。一次深夜，他组织军队摸进陈玉成大营，发起猛攻，敌军几被击溃。

鲍超一军坚持了二十几天，直到胡林翼派的援军赶到，鲍超与援军里应外合，打败了陈玉成的军队，夺得陈军的粮草，陈玉成败回天京。湘军攻占太湖，进围安庆。

太湖战后，鲍超因功封为提督，曾国藩让鲍超领兵万余，成了湘军陆师的中坚。

咸丰十年七月（1860年8月），曾国藩终被清政府授为两江总督、钦差大臣，督办江南军务，成了坐镇江南的封疆大员。清政府之所以这时向曾国藩放权，是由于太平军打破了包围天京的江南大营。

江南大营是清政府建在南京城外的营垒，早在太平军占领南京时，钦差大臣向荣便在孝陵卫建立营垒，围攻天京。咸丰六年被太平军打破，向荣败死。咸丰八年，钦差大臣和春、提督张国梁再建江南大营，在城外筑垒挖壕，长达百余里，包围着天京，给太平天国政权以极大威胁。咸丰九年十二月，天京召开军事会议，决定以"围魏救赵"计打破江南大营。十年二月，李秀成攻击杭州城，打死浙江巡抚罗遵殿，江南大营分兵救杭州。李秀成急回大军，会合陈玉成、杨辅清、李世贤打破了江南大营。和春、张国梁、浙江巡抚徐有生皆被打死。

建立七年之久的江南大营被打破，清政府无力组织直接威胁天京的军队，只能把镇压太平军的全部希望寄托在曾国藩和湘军身上。据史料记述，江南大营被打破，两江总督何桂清临敌逃走，咸丰与军机大臣肃顺商量选谁取代何桂清做江督。肃顺提出必须让汉人去充任,满员再无人能担当此任。咸丰提出,如用汉员就令胡林翼充任。肃顺说,胡林翼在湖北尽善,未可挪动。咸丰说,可以让曾国藩做湖北巡抚,再以胡林翼任江督。肃顺说,六年前已下旨让曾国藩坐过这个位子,几天后又撤销了任命,如今再度任命,显得皇上恩德不重。不如直接让曾国藩任江督,曾、胡二人感情甚洽,二人合作,东西的事一定能办好。①咸丰帝采纳了肃顺的意见,才把江督让给了曾国藩。

  这个"小道消息"是胡林翼转告他的,胡林翼手中有肃顺给他的亲笔信。曾国藩听了后背发凉:皇帝对他寡恩如此!他也不感激肃顺:此人心怀叵测,违反朝廷制度,泄露皇朝绝密,拉拢地方大员,实非国家之福!他明知肃顺向他暗送秋波,但假装不知而未与他有私下的往还。

---

① 薛福成:《庸庵笔记》,第1卷,第10页。

15 / 破心中贼难，破城中贼也难

王阳明仅用一年时间就解决了赣、闽、粤三省交界处的山贼匪患，而要解决思想问题、使社会和谐，就不是一年两年的问题了。所以他说："破山中贼易，破心中贼难。"然而，对曾国藩来说，摆在他前面的不是山头上那几伙强盗，而是建立农民政权、占领大小百余城的起义大军，想扑灭他们甚是困难，致于破"心中贼"，实践教化，他也在做着。不过，眼前要做的还是破城中贼。

王阳明兵战和心战并施，很快消灭了匪患，接下来做他理想中要做的事，著书立说，实行教化，让人皆成圣贤。

对教育学生，宣传心学，培养人才的事，王阳明再忙也没停下。作战当口，只要战士没和匪徒拼刀子，他都要给他们讲些孔子、孟子的故事，就连到他身边行离间计的池仲安，只要有空也给他们讲心理学。看来，他讲学有了瘾。

戎马倥偬中，他的正式高级班，自然也不能停办。史料上说，南赣用兵之时，依然"设帐讲学"，门人薛侃、欧阳德、梁焯、何廷仁、黄弘纲、薛俊、杨骥、郭治、周仲、薛侨等，皆聚而听讲[①]。他来南赣剿匪时，几十名学生都跟了来，一直听他讲课，帮他编书，还学习打仗，帮他参谋。他对比当年孔子的讲学，还多了剿匪一项内容。孔子培养的学生会打仗的不少，但孔子却没带过

---

① 《王阳明全集》第33卷。

兵，没打过仗。

讲学、编书、社会教化同时做，都是为了破"心中贼"。

听说王圣人灭了山贼，又能大力开班讲学了，学生们从四面八方赶到赣州，为接纳众多学子，他又设立了濂溪学院。只要不动刀动枪，赣州这地方俨然是当年孔子讲学修身的洙水、泗水之滨。

此时，王圣人总觉得与朱熹有笔细账没算清，趁着现在有些空闲，得跟朱夫子算算。这笔账虽细，但不算清不行，关系着"破心贼"的大事呢。因为宋代以来，心性学兴起，儒者都讲修身、齐家、治国那一套。而这套理论载在《大学》中，《大学》本来是《礼记》中的一篇文章，总计二千一百余字。北宋的程颐、程颢兄弟见其重要，就把该文从《礼记》中抽了出来，与《论语》、《孟子》、《中庸》合称《四书》。宋朝以后的《四书》被知识界经典化，看得比《五经》还重要，因为这是先秦大儒们的直接著述。由于重要且语言精炼，后儒们便给加上解释、注疏。后儒们想的虽好，怕人们读不懂，但解释多了，人们反而真看不懂了，尤其不知道原来的意思到底是什么，是真是假都弄不清楚了。

到了明代，朱熹的《四书章句集注》成了官订权威著作，想修身的和想参加科举考试的，都得以它为标准，不和它一样就算错。王阳明对明朝官方拉着朱熹搞一言堂有看法，于是他把原本的《大学》和朱熹的《大学章句》认真比较，看他的释文水平如何，该不该做一言堂之一言。

原来朱熹为了发挥自己的哲学见解，对《大学》的原文作了一些改动，改动再加解释，就走了模样。一共二千余字的《大学》，朱熹把它分成"经"和"传"两部分。把正文开始"大学之道在明明德"到"此谓知之至也"，作为"经"，而后皆编为"传"，变成了正文中"三纲""八目"的释文。而"八目"中的"致知在格物"，原本《大学》中没有释文，朱熹则增补了一章来解释。朱熹的这种做法，对初学者来说有一定帮助，对研究者来说，则犯了为阐述己说而改动原文的大忌。

王阳明对朱熹的"心理为二"早有不同看法，朱熹把简单质朴的圣人之学解释得那么复杂,他更觉其行过妄。

王阳明为阐发自己的学说,他把原在南京编辑的古本《大学》再加整理,抛开朱熹《大学章句》,完全本着原本《大学》的经文,给以极为简明的注释,连同《朱子晚年定论》(该书的编著情况见前文第九)一起印出。此时,他的学生薛侃又刻印了徐爱编的《传习录》,这是一本记载王阳明和学生问答的书,如同孔子的《论语》,也是王阳明的经典著作。

刻印《传习录》时,编者之一徐爱已去世了。徐爱是王阳明的好学生兼妹夫。有人把王阳明与徐爱和孔子与颜回相比,他们都是老师和最优秀的学生。颜回死得太早,徐爱也仅活了三十一岁。那么好的学生竟这么早就去世了,对老师来说一时难以接受。当年的孔子曾说:"像颜回这么好学的学生死了,现在再没有这样的人了。这真是老天爷要我的命呀!"王阳明怕是比孔子还难过。

刀剑用来杀贼,教化用以"内治",比较好的统治者大都用这两手,从乱世而达治世。向往孔子的后儒们,总钦羡孔子在洙水、泗水边唱歌、跳舞的景象。细想想那时是奴隶主、封建主剥削人的时代,平民百姓唱不出歌,社会的歌舞升平只是孔子们的理想。

有理想就好,总比没有理想、只知武力统治好。《论语》里说:有一次孔子到他的学生子游作县长的武城,听到了弹琴唱歌声。孔子微微一笑说:"杀鸡用得上宰牛刀吗?"(就是说治理一个小县用得着这么教化吗?)子游说:"老师曾说过:做官的通过教化,就会有仁爱之心,老百姓通过教化容易听指挥。"孔子听了便向同学们说:"听到没有!言偃这话是对的,刚才我是开玩笑的。"①这件事说明,孔子多么重视社会教化,尤其重视社会的歌诗习礼。

王阳明饱读圣贤书,此道理他当然懂。剿匪完毕他写诗志之②:

---

① 原文见《论语·阳货第十七》。
② 《王阳明全集》第20卷。

百里妖氛一战清，万峰雷雨洗回兵。

未能千羽苗顽格，深愧壶浆父老迎。

莫倚谋攻为上策，还须内治是先声。

功微不愿封侯赏，但乞蠲输绝横征。

教化比"谋攻"重要，战后他在所属各州县"兴立社学，延师教子，歌诗习礼"，大力开展社会教育。

在社会教育中，王阳明首先重视童蒙教育。他行文岭北道督问府县官吏，选择人品端正的老师任职社学乡馆教读，根据其水平"支给薪米，以资勤苦，优其礼待，以示崇劝"。要求教读们"视童蒙如己子，以启迪为家事，不但训饬其子弟，亦复代喻其父兄，不但勤劳于诗礼章句之间，尤在致力于德行心术之本"①。他亲自撰写《社学教条》和《教约》，强调把德育放在首位，"惟当以孝弟忠信礼义廉耻为专务"，使儿童从小就养成良好的品德。

王阳明对幼童的教育内容和形式就是汲取自孔子。他亲自撰写的《教约》写道，对蒙童要"诱之歌诗以发其意志，导之习礼以肃其威仪，讽之读书以开其知觉"②。

他对儿童的行为、心理摸得很准，认为对他们的教育也应生动活泼。他说："大抵童子之情，乐嬉游而惮拘检，如草木之始萌芽，舒畅之则条达，摧挠之则衰萎。今教童子，必使其趋向鼓舞，心中喜悦，则其进自不能已，譬之时雨春风，霑被卉木，莫不萌动发越，自然日长月化，若冰霜剥落，则生意萧索，日就枯槁矣。"③

教育孩子和成人就是不能一样，要顺着孩子的天性自然，激发其兴趣；强制其就范，反而扼杀了他们的天性。总之，用诗歌、习礼、读书三种形式教

---

① 《王阳明全集》第17卷，《兴举社学碑》。
② 《王阳明全集》第2卷，《训蒙大意示教读刘伯颂等》。

育蒙童,就是顺导了他们的天性志趣,默化其顽劣,日使其渐习礼仪不觉苦难,这便是古圣先贤们成功的经验。现在的蒙童教育与先贤们对着干,每天就知道逼孩子背古书,责难他们学礼仪,"鞭挞绳缚,若待拘囚",弄得蒙童们"视学舍如囹狱而不肯入,视师长如寇仇而不肯见",本来想教育好孩子,却使他们"偷薄顽劣,日趋下流"。

在赣州大力实行教化时,王阳明尤其重视家庭教育。他批评当时的教育说:"近世人家子弟之不能大有成就,皆由父兄之所以教之者陋而望之者浅。"①不能以圣贤之学督教子弟,只以功利望其速成。

在家教方面,王阳明与曾国藩如出一辙。改革开放以来,人们对曾国藩的家教日渐熟悉,而对王阳明知者犹少。其实,二人本质上完全一样。王阳明在家书里也这样说:"家中凡百安心,不宜为人摇惑,但当严缉家众,扫除门庭,清静俭朴以自守,谦虚卑下以待人,尽其在我而已,此外无庸虑也。"他模仿《三字经》写了《示宪儿》:

> 幼儿曹,听教诲:勤读书,要孝悌;学谦恭,循礼义;节饮食,戒游戏;毋说谎,毋贪利;毋任情,毋斗气;毋责人,但自治;能下人,是有志;能容人,是大器;凡做人,有心地;心地好,是良士;心地恶,是凶类。譬树果,心是蒂;蒂若坏,果必坠。吾教汝,全在是。汝谛听,勿轻弃!②

他和曾国藩一样,认为立志要成圣成贤,不能以青紫肥家、富贵利达为望。要用先贤的忠孝仁礼清俭督教家庭子弟,不要用举业仕进督训子弟。看来,圣贤们的家庭教育有个通则,就是先抓德育,以德行为志向,有了这个大志向,其学习、举业自然能如实进益。

《三字经》开篇便说:"人之初,性本善。性相近,习相远。苟不教,性乃

---

① 《王阳明全集》第32卷,《上大人书一》。
② 《王阳明全集》第20卷。

迁。教之道，贵以专。昔孟母，择邻处，子不学，断机杼。"这里讲的是儒家的性善，善性要保持，就必得教育，而儿时的教育很重要，蒙童无知，如一张白纸，画墨则黑，近朱者赤，孟母的教育成功，就是抓准了这点。王阳明也是从这个最浅近的道理开始，让每个家庭注意孩子的交游，不要接近恶人，染上恶习；要"脱去凡近，以游高明"。他比喻说，人沾染恶习很容易，就像油渍沾染手脸衣服，习俗移人，虽为贤者，也很难避免。因此，千万教育子弟：不要同那些游手好闲者往来，不要沾染博弈饮酒的坏习惯；不要接触那些骄奢淫荡之恶人，不要染上贪财黩货之恶习；不要同冥顽无耻者交游，染上各种不肖之恶习。

他在赣州时，还广发告谕，制定乡约乡规，旌奖贞廉忠孝，大力开展社会教育。以告谕形式教育大众，更是他的专长。他曾发过《十家牌法告谕各府父老子弟》、《告谕各府父老子弟》、《告谕新民》、《告谕浰头巢贼》等。他用告谕教育社会，移风易俗。如居丧莫用鼓乐、莫为道场佛事；生病莫信巫术，应求医问药；嫁娶莫求聘财，应讲求俭约；亲戚要礼仪相问，莫以钱财相交。街市村坊，不得迎神赛会，百千成群，以至花去大量无益之费。强调"有不率教者，十家牌邻互相纠察，容隐不举者，十家均罪"[①]。

在《告谕各府父老子弟》里强调："父慈子孝，兄友弟恭，夫和妇从，长惠幼顺，勤俭以守家业，谦和以处乡里，心要平怒，毋怀险谲，事贵和忍，毋轻争斗。"《告谕新民》中说："无有为善而不蒙福，无有为恶而不受殃，毋以众暴寡，毋以强凌弱，尔等务兴礼义之习，永为良善之民。"[②]

他访知赣县退休的县丞龙韬，在任时清廉谨慎，退休后生活贫困难以自存。乡俗不仅不赞许，反遭讥笑。为了清洗贪酃之俗，敦促廉洁，他命令赣州府官吏，措置官银羊酒亲送其家，不仅奖励了龙韬，为他解决困难，还彰显了清正廉洁。

---

① 《王阳明全集》第16卷。
② 《王阳明全集》第17卷。

总之，为让人心归于正派，人伦归于教化，民风淳朴，社会和谐，王阳明下的工夫很大，效果应该说颇佳。但是，在那种封建剥削惨重，穷富分为两极的时代，穷苦人连一日之饱都难以为继，自然没有了受教育的权力。王阳明的忠孝节义对贫富者都有影响，但是当生活没了出路，明知偷抢犯罪，但别无选择，他的《告谕新民》就显得滑稽了。

孔子时代的鲁国执政大臣季康子，有一次向孔子发问："要让百姓听我的话，忠勉勤劳，不调皮捣乱，该怎么办呢？"孔子回答："你只要对百姓真心好，他们就会服从你；你孝敬父母，爱护幼小，并且认真提倡，他们也就会照着做，这样做就不再会有捣乱的，社会也就安宁了。"①

季康子照此办理了，可是效果不佳，他又连续发问："什么是政治啊？"孔子回答："政字意思就是端正。你带头端正了，谁敢不端正呢？"季康子又问："盗贼这么多，可怎么办？"孔子回答："假如你不贪财，就是你奖励他们去偷，他们也不干。"又问："我想杀掉那些坏人，去亲近好人，对不对？"孔子回答："治理国家不能用杀戮，你做了善事，百姓也会做善事。领导人的作风好比风，老百姓的作风就是草。风向哪边刮，草向哪边倒。"②

孔子回答的这些内容，都是说为政的领导者，先要以身作则，为人民做出好榜样，然后对百姓实行教化，社会慢慢就会好起来，靠杀人进行强治是不行的。王阳明实行教化，就源自孔子的这些主张。

两千多年的封建社会，官和民即地主阶级和农民阶级，为争夺生产资料进行着激烈的斗争。从民这方面说，叫"官逼民反"；从官这方面讲，叫"贼逼官剿"。季康子为什么对孔子说要杀掉那些人？是因为当时鲁国暴动者、抢劫者层出不穷，迫得他要从文治改为武剿。

王阳明仅用一年便剿平了南赣土匪，是因为那几股土匪还不成气候，王阳明的军事才能又太高明。那几股土匪简直无法同他较量，他们的水平相差

---

① 原文见《论语·为政第二》。
② 原文见《论语·颜渊第十二》。

太远，因此短期便能平定。

然后王阳明才有机会进行社会教育，把孔孟的道德情操、把他新创的心学，硬往贫苦农民脑子里灌，在南赣开辟出一片儒家的天下，让这里的官民都成为圣人。

《传习录》里载，汝止（王艮）出游归，守仁问："游有何见？"汝止答："见满街都是圣人。"守仁说："你看满街都是圣人，满街倒看你是圣人。"董萝石出游归，对守仁说："今日见一异事。"守仁问："有什么异事呢？"董说："见满街人都是圣人。"守仁说："这不过是平常事罢了，何足为异！"①满大街都是圣人，不太可能；但至少说明通过教化，效果一定不错。

曾国藩不像王阳明那样会打仗，又遇上最强大的起义军，哪怕是一小仗，面对的敌人也有好几万。

下一次战役是攻击安庆，安庆是拱卫南京的最重要军事要塞，曾国藩要打下南京，必须先攻克安庆。相反，太平天国要保住南京，安庆绝不能丢。

洪秀全的起义队伍有个最大的毛病，就是各顾各的，不怎么配合；如果有某一次打个配合仗，必胜无疑。例如三河镇那一仗，湘军的作战部队是绝对的中坚力量，就是所谓的"王牌"军，军头是李续宾和曾国藩的六弟曾国华，领着七千王牌军，光是皇帝加封的府道级文官和总兵以上的武官就有四百多名。这支部队纯是湖南湘乡人，是曾国藩的老班底，多年历练出来的精英。

可是，由于李秀成、陈玉成两军的配合作战，一仗把这七千精锐打个精光，使湘乡一带家家焚纸、处处招魂。李、陈两军配合作战，两次破江北大营，歼清军一万五千人马，一次破江南大营，又歼清军万余人。

这次攻击安庆，又是李秀成和陈玉成的联合作战，可这次他们就不配合了，所以才失败。李、陈二人为保安庆商定了联合作战的计划，但却未实行。

其计划是：采取攻破江南大营的"围魏救赵"策略，两军沿长江西进，攻击武汉，湘军必然回救，也就撤了安庆的围军。在湘军西进途中，两军再

---

① 《王阳明全集》第3卷。

合击之。

计划定得很好，但李秀成正忙着经营苏浙，建立苏福省，就近拱卫南京，对打武汉、保卫安庆不怎么热心。陈玉成一心要保卫安庆，那是他的地盘，但此人有野心，把安徽搞成独立王国，对攻武汉不感兴趣。后来安庆失守，他向大西北逃走，洪秀全多次让他回南京，他宁投敌营也不再回来。

当湘军三路入安徽后，曾国藩命九弟曾国荃率万余精锐攻进城厢，紧围安庆城；鲍超、多隆阿、李续宜各部置于外围，准备聚歼陈玉成的援军。曾国荃深挖战壕两道，内围安庆、外击援军。临江、临湖驻扎湘军水师，配合陆军作战。

陈玉成、李秀成两军的西进武汉，又称"第二次西征"。陈玉成在江北西进，于咸丰十年八月从安徽定远出发，一个月打到桐城西南的挂车河，这里是多隆阿的外围防区。陈玉成大战多军，全部失败，退回庐州休整。第二年二月，组织了五万大军正式西征。由于湘军大军正在安庆城外作攻城准备，陈玉成一路顺利攻到湖北黄州，逼近武汉。湖北巡抚胡林翼闻讯急得口吐鲜血，连后事都准备好了，武汉三镇官员尽数出逃，少量守城军也纷纷逃走。但是，一方面汉口的英国领事干预，不许在此用兵。另一方面，原计划是陈、李二军在武汉会师，此时李军尚未到达。其三，陈玉成认为"西征"为的是解安庆之围，而湘军围安庆部队并没有撤围救武汉。因此，他不等李军到达，便回师去救安庆了。

李秀成对"西征"救安庆一开始就消极，他的心思完全不在这里。迫于军令，他还是前往武汉了。他迟于陈玉成两个月率军从苏、常西进，咸丰十年十一月攻克皖南黟县，遇上鲍超军，稍一接触他便退出战场，改道浙江、江西，绕了一大圈，进入湖北。第二年五月攻占武昌县，当地人民纷纷参加太平军，一下子便扩军三十万。等到接近武汉时，陈玉成早在两个月前就已返回安庆方向了，于是他也迅速返回江浙。

陈、李两军的配合失败，曾国藩认为已无后顾之忧，便命令部队，大举发起对安庆的进攻。

咸丰十一年三月下旬，陈玉成自湖北返回安庆，由宿松、石牌（今安徽怀宁），攻进安庆外围堡垒集贤关。他分兵千人，由吴定彩率领进入安庆城，协助叶芸来守安庆。他带领部队在菱湖南北两岸筑垒十八座，用小船往来湖中，向安庆城送粮送弹药。此时，天京派来援军由洪仁玕、林绍璋率领；外号黄老虎的黄文金部太平军，也由芜湖赶来。

曾国藩、胡林翼见太平军调兵遣将，也进一步调整部队，把鲍超、成大吉调来集贤关，命多隆阿配合鲍、成两军作战。

四月十日（5月19日），是两军作战最为关键的日子，鲍超、成大吉两军抵达集贤关外，与多隆阿、曾国荃联系，决定第二天会攻集贤关堡垒。就在这一天，陈玉成留下刘玱琳，自率主力退走桐城，去找外围的洪仁玕商量退敌之策。他的错误举措，造成救援安庆军事上的极大失误。

曾国藩利用陈玉成离开之机，命令部队包围集贤关，日夜攻击；命令曾国荃包围菱湖的太平军堡垒，割断菱湖与集贤关的联系。

集贤关守将刘玱琳只有四千太平军，他在赤松岗修筑四个堡垒。这四千人是陈玉成部队的精华，号称"百战精锐"，陈玉成在当时号称常胜将军，靠的就是刘玱琳和这四千人马。曾、胡湘军将领和清政府的许多将领，皆知刘玱琳的威名。曾国藩在书信中，毫不掩饰对刘玱琳的尊敬，称之为"玱琳先生"、"玱翁"，以湘军中缺少这样的将才感到遗憾[①]。他知道刘玱琳不可能被招降，因此决心利用这难得的机会，消灭刘玱琳的部队，下令不许放过一人，尤其不能放过刘玱琳本人。

鲍超、曾国荃、成大吉等人都深知这一仗至关重要，备好精兵良器，决心快速攻破赤松岗堡垒。

五月一日（6月8日），鲍、成两军集中精兵猛烈冲击赤松岗，先用大炮轰击，再用集团军反复冲锋、肉搏。刘玱琳军果然是"百战精锐"，湘军一点也占不到便宜，在刘玱琳指挥下，以一挡十，毫不动摇。但时间一久，战士们没

[①] 《胡文忠公遗集》第83卷，第9页。

有吃饭和休息的机会，枪炮弹药也一点点用尽。而湘军却是轮番进攻，轮流休息、吃饭，枪炮弹药供应充足。攻击堡垒的部队也是湘军精锐鲍超的"霆军"，这支军队专打硬仗、血仗，都是不要命的精壮汉子，经年血战，已不知生死是何意，更兼鲍超多在血战中带着喝人血、吃人肉，训练战士的野性。

一天之内的冲杀不断，赤松岗的四个堡垒被攻破三个，三千太平军战士英勇牺牲。第二天又战斗一天，刘玱琳所在堡垒仍未被攻破。因弹药用尽，刘玱琳于当夜率八百战士突围而走，至马踏石被大水所阻，"霆军"追赶而至，杀死六百人。刘玱琳率余下的二百战士乘船而走，被湘军炮船拦住，全被杀死。

与此同时，曾国荃也全力围攻菱湖十八垒的太平军，两天内攻破，八千太平军也全部牺牲。

陈玉成在安庆外围得知湘军攻击赤松岗，才后悔不该率兵突击，立即反攻回救，为多隆阿阻挡，既救不了刘玱琳，也回不了安庆城。他只好率军西入湖北，再从蕲州折回，经宿松、石牌，绕了一个大圈子进入集贤关，这时刘玱琳已牺牲七十多天了。湘军用这七十多天打破安庆城外所有堡垒，紧紧包围了安庆城，城内粮草断绝，已到不攻自破的危急时刻了。

陈玉成又在集贤关筑起四十余座堡垒，用小船装食物运向安庆，可是被湘军水师拦截，一点也送不进去。

陈玉成督军攻击曾国荃的围城军，他命令每个太平军战士背上一捆草，如蜂如蚁拥向长壕，把草捆填到壕中，填出路来蜂拥冲过。湘军退入第二道壕沟，开枪开炮阻击太平军，前面的被打死，后面的又冲上来。如此血战五天，仅在长壕内外便牺牲万余太平军，湘军的火药用掉十七万斤，枪子用掉五十万斤[1]，可见战斗打得何等激烈！

可是，太平军终于没能冲过内壕，城内守军几度突围也未成功。外围的太平军也连日向湘军进攻，但始终未能冲破湘军的外围防线。

---

[1] 赵烈文：《能静居士日记》，咸丰十一年八月十三日。

八月一日（9月3日），曾国荃率湘军轰倒安庆北门城墙，大队冲进安庆城。城内太平军已断粮多日，饥疲得举不起刀枪，少数抵抗者当即被杀，投降者万余人。曾国荃等商量如何处理这么多降者，大家根据以往的破城经验，认为还是杀光干净。但是，一次杀这么多俘虏，如何杀法？朱洪章献计：让俘虏排起队来，十人一组分投湘军的大帐，在帐内杀之，半天就杀完了。按朱的计划而行，"自辰至酉万余贼尽行歼戮"①。安庆一战，先后死难太平军战士三四万人，被杀的百姓也不少，其家属男的被杀尽，女的被掠走，金银衣物抢掠一空。

安庆的杀俘达到高潮，完全投降不再抵抗者先后二万余人被杀，满城百姓尽数杀戮，具体领导执行者曾国荃心里不安。曾国藩写信教训他："既已带兵，自以杀贼为志，何必以杀多为悔。"又说："虽周孔生今，断无不力谋诛灭之理。既谋诛灭，断无以杀为悔之理。"②

曾国藩一直教育杀人最多的曾老九："吾家兄弟带兵，以杀人为业，择术已自不慎，惟于禁止扰民、解散胁从、保全了官三端痛下功夫，庶几于杀人之中寓止暴之意？"③"以杀人为业"的说法本就错误，而要"痛下功夫"的那"三端"，也没怎么下功夫，湘军每攻下一城，往往不分兵民一律屠戮，曾国藩无不拍手称快，九江、抚州、吉安等城攻破，皆下令屠杀，甚至下令"剜目凌迟，以泄居民之愤"。

与曾国藩的这些作为相比，王阳明就大不相同了。他读圣贤之书，深知孔孟皆以"仁心"、"善心"对人、教人，哪里有过"力谋诛灭之理"？前文举过一例，季康子要杀强盗，孔子赶紧制止他，让他去多做善事，用善事制止人们做恶事。王阳明以带兵打仗、杀人为被迫，而曾国藩却认为是职业。杀人为"止暴"，制止农民的"暴乱"，必须杀人，而且要多杀、杀光。这种狠劲就不大像个大理学家，社会上、小说里讽刺那些"儒"，骂他们是"假道学"。曾

---

① 朱洪章：《从戎纪略》，紫阳堂光绪十九年版，第32页。
② 《曾国藩家书》，咸丰十一年六月十二日。
③ 《曾国藩家书》，咸丰十一年正月二十八日。

国藩的这些行为,岂止该骂?

　　王阳明基本上用"苟能制侵凌,岂在多杀伤"止暴,以礼义教化让社会和谐为先导,以"满大街都是圣人"为快乐。"半个"圣人曾国藩以杀人为职业,以多杀、杀光造反者为快事。他二人的差异,在此处也太大了点。

16 / 王道圣业，乱臣贼子（上）

古代社会某些时期，尤其是王朝末年，朝廷昏庸、朝纲紊乱，此时往往出现文臣武将拼命拯救。听书看戏者往往慨叹：这些有作为的文武大臣为什么不取而代之？但是，一旦取而代之，哪怕是想了、做了，人们立即会说他篡位、乱政，是乱臣贼子。曹操、王莽、武则天等，都是如此；而陈胜、吴广、洪秀全等就更不用说了。

孔子时代，姬姓周王朝已走向没落，分封国互相争战，各自称霸，不把周天子放在眼中，这便是孔子说的"礼崩乐坏"。孔子培养学生，四处讲学，就是要让大家维护王朝统治，"克己复礼"，恢复西周时的那种相对安定的社会局面。孔子是圣人，圣人之业就是维护君王的统治地位，做忠臣孝子。圣人的能耐再大，对君王之权不能有非分之想，否则就是乱臣贼子。

翻开《论语》，孔子说得最多的就是如何作忠臣孝子。稍有对君王和上级非礼者，他都十分愤怒，大臣的越礼行为，他也谴责。

如：孔子谓季氏，"八佾舞于庭，是可忍也，孰不可忍也？""八佾"即六十四人歌舞，是天子的礼乐，季氏怎么能越格，太不像样子！

季氏只是鲁国的大臣，他没资格去祭祀泰山，可他却去了。在他手下做事的冉求，就受到孔子的严厉批评。①

孔子甚至认为，那些"夷狄"就不该有国有君，他们的国和君也都是"僭

---

① 两例见《论语·八佾第三》。

越"的。

"贤贤易色；事父母，能竭其力；事君，能致其身；与朋友交，言而有信，虽未学，吾必谓之学矣。"

"弟子，入则孝，出则弟，谨而信，泛爱众，而亲仁。行有余力，则以学文。"①

这些，是孔子教育学生，让学生做到的最基本信条。这些信条，是王阳明和曾国藩做人的基本准则，翻开王阳明的作品、曾国藩家书等，也比比皆是。王阳明在赣州进行的社会教育活动，对官吏、百姓、学生教育，其基本内容就是忠孝节义礼。忠孝两条又是"仁之本"，他们都能牢记在心，绝对要去实行的。

所以，当曾国藩有了"取而代之"的资本，他拒绝了一些人的劝谏，仍做他的忠臣。王阳明为一个极为荒佚的皇帝拼命，宁愿受尽了委屈也还一如既往。他们宁尽愚忠，亦无丝毫二心，原因就在于他们是读圣贤书修养出来的圣人。什么时候他们都必然是忠臣、是孝子。

安庆城被攻陷的第七天，曾国藩由东流前往安庆，设公馆于陈玉成的英王府，直到攻陷南京，他一直在这里指挥湘军作战。

他刚刚安顿好就接到京师送来的公文，报告咸丰皇帝于七月十七日（1861年8月22日）在热河行宫驾崩，六岁的皇子载淳即皇帝位，以载垣、端华、肃顺等八大臣为顾命，定明年为祺祥元年。

这一消息震动了曾国藩。皇帝英年早逝，继位的小皇帝只是孩童，又采取顾命赞襄制，王朝不安的日子怕是要到来了。

历史上顾命大臣凌驾朝政的例子不少，本朝的第一个入关皇帝顺治帝，二十四岁逝世，临终指定鳌拜、索尼等四大臣辅政。结果，鳌拜专权，弄得朝政乌烟瘴气。幸赖康熙帝英明，智擒鳌拜，才让王朝走上正轨。

如今的顾命八大臣中有无如鳌拜专权者？他一个个分析，八大臣中真正有实力者是肃顺。此人对汉官特别照护，自授江督便是肃顺的推荐。但是，

---

① 两段文见《论语·学而第一》。

肃顺刚愎自用，锋芒毕露，又明显在拉拢地方大员。如果有重大变故，怕是此人作怪。

曾国藩这么想了，大家也都在议论。许多官僚、政客、大将都跑到安庆，找曾国藩议论形势。

胡林翼首先到来。二人是知心密友，谈起话来推心置腹，毫无顾忌。胡林翼是湖北巡抚，与湖广总督官文同城而驻，官文对宫中秘密甚为清楚，胡林翼知道的也就多。

胡林翼告诉他，八大臣和慈禧太后已剑拔弩张，恭亲王与太后联手，一场大乱就要发生，其结果如何，难以预料。

胡林翼看着曾国藩，慢慢从怀中抽出一个信套，一面递过来，一面说："左宗棠给我一封信，说他游浮梁神鼎山，偶得一联，让我送给你看。"

曾国藩接过信套，抽出一纸，上面是左宗棠的亲笔：

神所依凭，将在德矣；
鼎之轻重，似可问焉。

曾国藩见联脱口称赞：一副佳联，字头恰好嵌着神鼎二字。

当他抬头看着胡林翼，见他正神秘地盯着自己，顿时悟出联语暗藏的机锋。胡林翼向他微笑、点头。

胡林翼又从怀中抽出一纸，递了过去，口中说："我也有一拙联，不妨一起请教！"

曾国藩接过来一看，写道：

用霹雳手段，显菩萨心肠。

曾国藩看罢大笑："这联妙极，可以解决九弟心中疙瘩了。"

胡林翼追问原因。曾国藩说，九弟攻克安庆，杀了一些长毛，心里总有疙瘩，有此一联，犹如良药，可以让九弟释怀了。

两天后，胡林翼回武昌，曾国藩将他送至码头。拿出左宗棠的那封信，嘴里说，我给季高的联语改了一字。胡林翼见左联改为"神所依凭，将在德矣；鼎之轻重，未可问焉。"

曾国藩解释：天地有位，阴阳有序，谁也无法颠倒。季高却要颠倒天地之位，所以我才给他再颠倒过来！

胡林翼知道他是在规劝自己。他的联语：用霹雳手段，显菩萨心肠。也是让曾国藩在大变之中，以非常手段，取皇帝之位，来拯救大乱的天下。可曾国藩巧妙地移为以霹雳手段对待起义者，镇压起义军为的是拯救世界众生，他就无话可谈了。

胡林翼走后，彭玉麟从池州来到安庆。

彭玉麟和他的关系非比一般，曾国藩把他当作"一二知己者"。彭玉麟是孔子说的"谨言慎行"的君子，但此来对曾国藩却说出一番石破天惊的话来。他分析：皇帝早逝，载淳幼年，必然要发生变乱。如今乱世之秩，乃国之不幸，能拯救危难者，唯湘军可担此平乱之任，湘军统帅是当然的一国之君。最后说："今东南半壁无主，老师岂有意乎？"

曾国藩听后甚为震惊。彭玉麟心细如丝、持身严谨、心热肠赤，说话做事都要认真思考，如今竟然进言让他当皇帝。曾国藩听后心惊胆战，彭玉麟能想得到，说得出，说明湘军内外已议论纷纭了。他赶紧拿话岔开，彭玉麟也再未提起。

不久，湖南名士王闿运又来劝谏。

王闿运因其才名而被肃顺延为"西席"，做了他的家庭教师，当时是一位二十七八岁的热血青年。他身为当时宫中斗争焦点肃顺的"西席"，宫中的秘密自然了解甚详，而且权威性也高。但曾国藩不大喜欢王闿运，见他自视太高，狂妄而不务实。

王闿运说话不让别人插言，夸夸其谈。他站在肃顺立场上，非难西太后垂帘听政，认为纵观史册，女子临朝，国必大乱。而认为肃顺能力矫弊政，重用汉官、高瞻远瞩。但是，目今是恭亲王与慈禧联手，内结权臣，外援胜保等武臣，肃顺难是他们的敌手。因此，他为曾国藩指出两途：一条是拥湘军之重兵，入觐九重，申明垂帘违背祖制，帮助肃顺行顾命之制。另一条是干脆在东南举起义旗，为万民作主。以湘军实力和曾国藩的威望，天下必然响应，他可以入京说动肃顺，拥戴曾国藩做当今皇帝。

对王闿运胆大妄为的说教，曾国藩自然不予认同，况且如此忌讳的胡言乱语，也无法答言。他只是以指醮茶，在桌子上画着。王闿运顺着他的手指看去，竟是一连串的"狂妄，狂妄，狂妄……"王闿运看后，起身告辞而去[1]。

---

[1] 见《清人逸事》第7卷和《投笔漫谈》等。

17 / 王道圣业，乱臣贼子（中）

前文已述，王阳明和曾国藩在忠君爱国的思想方面完全一致，因为他们接受的教育都是孔孟之道。

但是，王阳明遇到这方面的具体事要比曾国藩麻烦。曾国藩处在当时的乱世中，许多人劝他做皇帝，他只要咬紧牙关不去做就可以了。做国家忠臣，不做乱臣贼子。曾国藩咬牙挺下来了，就是选上他当皇帝了，他也不去当，结果成了拯救清王朝的"中兴名臣"，有人说：清政府是混蛋政府，何必为他卖命？曾国藩说：他混归他混，我讲的是"人臣之义"，我不混就成。如果领导或家长"混"了，你就去取代之，那还成何体统？

回头说说王阳明遇到的麻烦事。

麻烦事是宁王朱宸濠叛乱了。朱宸濠是明太祖第十七子朱权的五世孙，明武宗的叔叔。朱权在朱元璋封藩时，封地是大宁（今河北平泉县东北），故称宁王。成祖永乐时，徙封南昌。

明初，朱元璋二十六子封了二十四个王，长子朱标为皇储，幼子朱楠夭折，别封侄孙朱守谦为靖江王，共封了二十五个藩王。朱元璋听信大臣劝谏，为避免藩王反叛，而对他们加强限制，如"不裂土，不领民"。就是封你去某地作王爷，可那地方却不是你的；那里的地方官是皇帝的流官，不归藩王管，百姓归流官管，藩王不能管理地方民事。

藩王府要有卫队，那是怕地方的土匪前来攻打、抢掠。卫队人数为三千到二万人，规矩的藩王不想养那么多卫士，而有野心的就想多养，把卫队弄成了军队。当初宁王府有卫士万余人，到明英宗时，宁王府以罪被削去护卫。

明孝宗弘治丙辰（1496年），朱宸濠袭封宁王位。对藩王来说，有理想有抱负不如只知吃喝玩乐，藩王的抱负是什么？再往上一步就是皇帝位了。哪怕当今天子的智商比藩王低百倍，他也是天子，藩王再有理想，若要谋天子位便是乱臣贼子。所以，有理想就是有野心。

朱宸濠既有理想又有野心，当上藩王后反而不如老百姓，行动处处受限制，不许离开封地半步，平日和谁相会、在繁华地方转悠转悠，地方官也会报告给皇帝。他不满意这些，他要改变这些，就产生了他的光辉理想。

藩王有了新理想，马上就有人跟着煽呼。大神汉李自然听说了这个消息，马上到了南昌，见到王爷开口便说："王爷有天子骨相！"朱宸濠本来只嫌朝廷对他限制太多，闷得难受。现在来个神汉说他有天子相，这可更好了，同样是老朱家的血脉，为什么非他朱祐樘当皇帝？李自然见朱宸濠上了道，赶紧再忽悠："南昌城南有天子气！"真是人杰地灵，还等什么？

朱宸濠在神汉李自然忽悠下，做造反的准备工作。他重赂专权的刘公公，恢复了宁王被夺的护卫。再结交朝内官员和皇帝左右，同时结交江湖大盗闵念四、凌十一，并不断发展党徒，招兵买马，制造兵器。

朱宸濠造反依靠的三个人，一个是刘养正，江西吉安人，举人出身。他以知天文，懂星象，被想做皇帝的朱宸濠留在身边。另一个是李士实，南昌丰城人，进士出身，刑部侍郎任退休，被朱宸濠拉来作谋士。第三位便是前面说的那位神汉李自然。

宁王的动静弄得太大，惊动多事的官员揭发他，其中副使胡世宁坚决上奏，要求皇帝调查宁王的罪行，予以处理。宁王见胡世宁咬住不放，便活动朝廷，反诬胡世宁，使胡世宁被贬谪，差一点死在大牢，后被谪戍辽东养马。

朱宸濠在京里使钱收买官员，连兵部尚书这么重要的官员都被收买，王府的卫队就是他主持兵部时恢复的。可是费宏就不受收买，给多少钱也不做乱臣贼子。费宏在中央有实权，他是内阁首辅，连皇帝同意过的事，也还得内阁再讨论通过，起草诏书。

费宏，忠臣孝子，骨头还硬，违反原则的事，再大的官想从他这通融，门都没有。他是江西广信府铅山（今上饶市铅山县）人，现在铅山县还有费宏纪念馆。他曾在科举中"连中三元"：乡试第一名中解元，会试第一名中会元，殿试第一名中状元。朱宸濠造反之前，他是内阁大学士、太子太保、武英殿大学士。

他是江西籍，朱宸濠在南昌做王爷，朱王爷满以为他会帮忙的。可是，费宏当了他的绊脚石头，该他起草诏书宣布宁王的好事，费宏是道铁门，不给启关，给多少钱也不干。然而，在当时京中乌烟瘴气的黑暗年月里，关键人物皇帝朱厚照是一大昏君，最后费宏被踢出内阁，被迫辞职归田。在回家的途中遭到袭击，几乎丧命。家中也遭强盗抢劫，房屋被烧，连祖坟都被刨了。可是，费宏就是不低头，在大节面前，性命丢了不算什么。

要说骨头硬，还有几位。江西巡抚孙燧、江西提刑司按察副使许逵，硬到底跟朱王爷对着干，王爷造反时头两刀砍的就是这二位，砍头之前他们把脖子挺得倍儿直，就是不向乱臣贼子低头！

孙燧是王阳明的老乡，弘治六年进士，历任刑部主事和郎中。正德年间外放河南布政使，再升至都察院都御史，正三品大员。最终被放到宁王朱宸濠的势力范围，做了江西巡抚，办公地点就在朱王爷府所在地南昌。

到南昌做官，等于进坟墓。要么投降朱王爷，当他的鹰犬，最终一条死路；不与配合，对着干，死路一条。反正不免一死，孙燧选择的是王道圣业，坚决不做乱臣贼子。

凡到南昌做官者，朱宸濠都拉到王府招待。对皇帝至亲，无论从哪个角度说都不能轻漫，这也是礼数。一顿酒菜下来，就能看出是鹰犬还是绊脚石。要造反，南昌的官必须摆弄明白。

招待孙燧的宴会上发生一场激烈的正义与邪恶的大辩论，但气氛看起来很和平。孙燧拿定主意做皇帝的忠臣，死力拉王爷一把，让他悬崖勒马。他暗示朱宸濠，谋反的成功率太低，到头来祸及家属子孙，那条道千万不能走。朱王爷见孙燧一死硬绊脚石，要成大事先得搬开他。孙燧也看出来了，朱宸濠再无药可救，身子已在地狱中，谁也拉不回了。

南昌城是孙燧的治所，更是朱王爷的码头，较量是难免的了，不能像吃顿饭那么轻松。孙燧明白，小小一个南昌城，不是王爷鹰犬的官一定不多了。经过观察，提刑司按察副使许逵是个忠勇之人，孙燧做这么多年官，不大费力便发现了他。

二人商量，宁王心怀叵测，反意已显，得赶快准备，首要者加强南昌周边军事部署，以应不测发生。孙燧抓紧拟奏疏，让皇帝批准、兵部下文，调兵遣将。但是，奏章连上几通，就是没有下文。显然，朝廷要害皆有朱王爷的人在，对宁王不利的奏折，难以通达。

不久，让孙燧等来了机会，王琼调任兵部尚书；王琼又奏派王阳明巡抚南赣。看来，宁王的死对头到了，江西有救了。

但是，王阳明前来江西，忙于南赣剿匪，一剿就年余，没工夫帮他和王爷干架。好在王琼在兵部主持工作，对孙燧有利。

王阳明剿匪这一年，关于朱王爷造反的事变化不小。

王琼料定朱宸濠必反，他向各军区发出通知，申明军律，督责抚臣修武备。新官上任，这么做纯属正常。但在江西就不大正常了，孙燧就是"抚臣"，他认为这是王琼让他抓紧备战，准备和朱宸濠决战。

宫中也发生一系列变故。宁王抓紧时间准备造反，王琼等也在挖他的墙角。于是，御史萧准上疏说宁王包藏祸心，招纳亡命，贿赂京官，私造兵器，潜谋不轨，建议逮入京师，或下诏削藩。奏疏中列出李士实、刘养正、太监毕真等，言称宁王拉拢这些人，准备造反。

言官言之凿凿，皇帝朱厚照不能不问，他找来王琼、杨廷和（内阁首辅）、崔元（驸马爷）等人一核实，吃惊不小：朝中各部官员大部分是朱宸濠的人了，他这个皇帝快被架空了。得抓紧行动，慢了这朝廷社稷就成王爷的了。于是，派太监赖义、驸马都卫崔元、都御史颜颐寿前往南昌宣旨：革其护卫。

按照明朝祖制，派驸马到地方宣旨，说明问题已很严重，要么就地正法，要么抓回京师。朱厚照有意这么做，试试宁王是否真要造反。

宁王在京师的眼线飞马去南昌报信，宁王得知后大惊失色，派驸马前来，最轻的也是逮捕，看来造反的实底已为皇帝掌握。那天正值朱辰濠生日，南昌大小官员都在场，如今也不用保密了，老子明着干了。

于是，他向席上众官宣布：当今皇帝朱厚照无道，我今发兵讨贼，诸位务必参与。江西巡抚孙燧、副使许逵不从，当场揭露其乱臣贼子嘴脸，被当即处死。

众官或被胁迫，或被软禁。朱辰濠置伪官，以李士实为太师，刘养正为国师，闵念四为都指挥，王仓为兵部尚书，大盗凌十一等尽封官职，号兵十万，宣布举事。

此时，王阳明正在前往福建的路上。他是接到命令，说福建三卫军人哗变，让他去处理。六月九日从赣州出发，六月十五日路过江西丰城，知县顾佖把他迎进城里，告诉他：朱宸濠反叛了！而且在极短时间里占领了南康、九江两镇，南康知府陈霖、九江兵备曹雷、知府汪颖、指挥刘勋望风而逃，属县尽为敌有，江西一片白色恐怖。

王阳明一个过路客人，可以事不关己，继续赶往福建，但是他却立即做出决定：返回吉安，征讨朱宸濠！他的学生心里纳闷，朱宸濠拥兵十万，连易守难攻的九江都被其占有，我们一兵一卒皆无，拿什么征讨叛贼？王阳明回答得很干脆："《春秋》之义，臣不讨贼，非臣也！"（董仲舒：《春秋繁露·王道》）。作为臣子，为国家征讨贼人，没有兵马也得去征讨，这是天经地义的。

此时，朱宸濠的确在注视着王阳明的行动，他要在王阳明还没站稳脚跟时就消灭他，于是派出杀手前来追杀。王阳明早已料到，他命令随行的学生和官员解散，换上百姓的衣服，分头出发，到吉安会合。

吉安知府伍文定同王阳明等人会面时，面前是一群衣衫不整的百姓。伍文定见面就问，带来多少人马？王阳明塞给他一张谕令：某官某军领兵从某地出发，前往南昌，克期平叛，误者军法处治！总数兵力是三十万。

伍文定异常兴奋。但王阳明手下说：都是假的，无一兵一卒。从得知宁王造反消息后的四五天，王阳明除了赶路就是写东西。写的是宁王起兵的事实奏报，快速送往京师，并冒着矫诏掉脑袋的危险写了各道三十万兵马会剿藩王的假圣旨。进入府衙仍命人准备，他还要继续写，这回是写讨伐宁王的檄文。

伍文定和一帮学生跟随王阳明多年，知道他写字、干活都不白干，一定有道理。于是，都一齐帮他干，别的不行，写字写文章都是内行。写好后往外寄、派人各处贴。

伍文定问王阳明，文章写毕后还怎么办？王阳明回答："此心不动，随机而动。"他解释：一定要拖住朱宸濠。随之又递过军事密信，让人封好，马上发出。这是给朱宸濠手下李士实、刘养正的，以朝廷名义表彰他们甘作内应。再附上其属下凌十一、闵念四等人的投降密状。

皇帝朱厚照接到了王阳明的奏报，召开紧急会议讨论对策。兵部尚书王琼说："宁逆起兵仓促，王守仁据上游，贼不足虑。"随后布置剿逆，以上谕名义签发，明朝中央正式讨伐宁王叛乱。真正的战争，还是在王阳明和朱宸濠之间进行。

王阳明的真檄文、假圣旨唬住了朱宸濠。皇帝发三十万大军前来，将如何应对？自己的十万军队，数字夸大不说，尽乌合之众，抗得住官兵三十万吗？朱王爷在焦虑中度过十多天，王阳明用这一宝贵的时间，集结了临江、袁州、赣州、瑞州、南安、新淦、泰和、宁都、万安等州县兵马，加上伍文定、顾佖的军队，总数八万，号称三十万。

队伍刚集结完毕，王阳明的学生邹守益前来说："朱宸濠欲使叶芳来攻打吉安。"王阳明回答："叶芳不会叛变。他们以茅草为屋，叛乱时烧了房子。我让他们砍大木，盖了万余间房子。他们是舍不得烧这些房子的。"邹守益说："朱宸濠许以高官，如今怕是不能以平时的情况来判断了。"王阳明沉默片刻说："天下尽反，我辈固当如此做！"付伐乱臣贼子，是义不容辞的事，哪能顾及个人安危呢？

朱宸濠浪费了宝贵时光，失去了最佳战机，但既已宣布造反，就不能回头。他打算攻下安庆，沿江而下，再攻下南京。于是，命令部队直逼安庆。

安庆知府张文锦，山东安丘（今山东潍坊市安丘）人，与王阳明同榜进士。山东汉子不惧硬，他与都指挥杨锐合计好：地方官有守土之责，脑袋掉了也得守，不然白读圣人书，吃公家粮！朱王爷派人来劝降，张文锦直接把劝降者砍了，从城墙上扔了下去，表示同朱王爷干到底。朱王爷一看肺都气炸，立即命令攻城。但是，守将坚强，守军也不会软，进攻受到顽强抵抗。

这时，朱宸濠叛军攻城进度慢了下来。王阳明知道这是他发的密信起了作用：让李士实、刘养正引宁王打南京，官兵在南京设下套，事成后许以高官。因此，宁王停止了攻打安庆的步伐。

此时，王阳明和诸军将领在讨论他们的下一步行动计划。多数人认为应该奔向安庆，与城内守军里应外合，歼灭城外的叛军。但王阳明却不同意打安庆，而主张先破南昌，宁王必回援，安庆围解。众将听从了王阳明的破敌计划。在攻城前，王阳明又亲自撰写一份告示，让学生抄写多份，撒进南昌城。告示内容是给南昌城全体市民的一封公开信，言称官兵三十万，救市民于水火，攻城之日望父老兄弟们莫出家门，恐官兵误伤之。公开信显然是为瓦解城内宁王守军而写的。

七月二十日深夜，王阳明部署的攻城部队数万人，突然向南昌发起攻击，枪炮齐鸣，呐喊之声震动天地，战士们如天兵天将，顺着架起的梯子爬上城墙。

等他们上得高墙，上面并没有守城兵，下面的战士也大声呼喊："都下来吧，城门开了！"正是王阳明的攻心战，瓦解了守城官兵军心，平叛大军几乎没遇到抵抗，便顺利进入南昌城。擒获主帅宜春王朱栱㮮及伪太监万锐，千余名士兵投降。其宫眷放火自焚，亡者数百人。守城军万余，在城破前军心瓦解，大多逃出城四散而走。

王阳明释放胁从，收缴印信，出榜安民，休整部队，准备再战。

18 / 王道圣业，乱臣贼子（下）

朱宸濠袭取安庆，然后顺流东下进攻南京，这种战略方针同后来曾国藩如出一辙。但是，朱王爷用兵没有曾国藩坚定。皇帝三番五次严令曾国藩上救武汉、下救江南大营，他就是咬住安庆不放，一直到攻破，然后下围南京，终于，消灭了在此奠都十四年的太平天国。

朱宸濠却不能坚持攻打安庆的正确军事行动。那是王阳明用的离间计，他以皇帝名义假造李士实、刘养正等投降的文件，伪称让李、刘等引朱王爷进攻南京，让他进入陷阱。宁王没有动动脑子，分辨真伪，就怀疑自己的得力部下，自毁长城。当接到南昌告急文书后，他拒绝了李士实、刘养正坚持围攻安庆的正确意见，下令回师南昌。

他派巨匪头子凌十一和闵念四率兵二万，火速赶往南昌，自率主力殿后。

当宁王回师南昌消息传来，王阳明部下无不佩服王大人料事之准，因此也早有心理准备。但究竟如何打法，众人却无定论。多数人认为，我们兵力不占优势，应以城池为屏蔽，守住南昌城，以逸待劳，打击宁王。

这回王大人跟众将明着说，不可守城，叛贼宁王的老窝是南昌，其将官的家属也多在南昌城里，试问：谁的老家被人占了不拼命争夺的？所以我们不能坚守南昌城。

现在的真实情况是，贼势虽大，这些人没打过大仗，一个安庆多日打不下来，足以证明其毫无实战经验。这当口，贼人进不能攻克安庆，退亦无归所，军心已经大乱，士气已然消弭。我军必须主动出击，以奇制胜，敌人必将不战自溃。战争，时机不能错过，军心尤为重要。王守仁谈笑自如，心有成算，让众将信心百倍。

王大人立即作出军事部署：吉安知府伍文定、赣州知府邢珣、袁州知府徐琏、临江知府戴德孺各领五百士兵，分四路突袭敌军先头部队。赣州卫都指挥余恩领兵五百，往来于鄱阳湖，引诱贼兵。胡尧元、李缉、邹琥、王天与等，各带本部人马四面埋伏，等伍文定等军与叛匪打起来后，突然起兵，攻击敌人，合围重创之。最后，引敌入鄱阳湖，擒拿叛贼朱宸濠。

王阳明向众将交代，打仗时皆避免正面攻敌，最好是奇兵突袭，以夜间偷袭最佳，可收到以一当百的奇效，多数可以先令敌人溃乱，不战而胜之。

布置完后，他马上恢复教书先生和学术研究家的身份，恢复他的经学学习班，与学子们讲经论道。这次，他令手下把官署所有房门都打开，可以让大家都能看见对方在做什么。外面有军士进来报告军情，他也只是顺便处理一下，来人见他正专注于讲学或研究问题，也小心谨慎地悄声相告，生怕打扰了课堂教学秩序。打发走兵士人等，他照常讲学或同学生认真探讨学问，似乎完全不把战事放在心上。

这时，令人想起东晋的宰相谢安。北方前秦皇帝苻坚率兵八十万大举进攻东晋，谢安派出侄子谢玄在淝水上阻止敌兵，东晋的抗敌部队仅是敌人的十分之一。谢安布置好军队，同别人专心下围棋，当军士送来打败敌人的捷报时，他只是看了一眼，便把报告放在一边，继续下棋。棋局结束后客人问起战事，谢安漫不经心地说："小儿大破贼。"

唐朝时发生安史之乱，逃亡中的唐明皇李隆基命其子李璘率兵打击叛军，李白应邀参加了李璘的幕府。为称赞李璘平叛盛况，写《永王东巡歌》十一首。其一曰："三川北虏乱如麻，四海南奔似永嘉。但用东山谢安石，为君谈笑静胡沙。"

李白以谢安比喻李璘，可李璘没能做到，不料七百余年后的王阳明却做到了。一边谈论心学，一边指挥歼敌，像王阳明这样的圣人兼将军，历史上怕是找不出几人的。谢安指挥的淝水之战是著名的以少胜多的战例，可他在学问上的水平却远不如王阳明了。

七月二十三日，伍文定、邢珣首先接近敌人，他俩完全遵照王阳明的部署，采取偷袭的作战原则。敌人是坐大船来的，深更半夜，只能慢悠悠前行。伍文定等事先组织小渔船埋伏在江边，这种战法很像后来曾国藩败在石达开手里，地点差不多也在这附近的江面上，曾国藩战败，曾有跳江、奔马两度自杀未成。如今，武文定等指挥小船，突然奔向大船，敌兵毫无准备，一下子便被打蒙。混乱之中，剿匪军四支人马一齐杀入敌军阵营，挥刀砍敌。敌军阵营已无法控制，敌兵无处逃奔，纷纷跳入江中。

凌十一、闵念四等皆土匪，从未经历过正规训练，也未经过上阵杀敌。他们手下不是抢劫成性的强盗，就是强拉进来的贩夫、老农，皆无战斗能力。如今一经战阵，早想着逃命，前面跳江的多已淹死，淹死似乎比被杀强，后面的蜂拥跳江，没人能阻止。一阵混乱过后，叛军被淹死者有万余人，被平叛军杀死者二千多，余下残兵跟着惊慌失措的闵念四逃向鄱阳湖东畔的八字脑。

宁王叛军元气大伤，只好集结南康、九江守军，与王阳明决战。王阳明早已料及，命令抚州知府陈槐、广信知府周朝各领本部人马，攻击南康和九江。两处敌人早如惊弓之鸟，闻知王阳明派兵来攻，尽皆弃城逃走。他们不敢去见宁王，乃溃散各走他乡。

朱宸濠残军退入鄱阳湖，这也是王阳明为歼灭他们早已准备好的计划之一。

此前一百五十多年，朱元璋与陈友谅在鄱阳湖上大战。朱元璋以弱小的水师战胜陈友谅强大的水军，建立了大明帝国。三百三十多年后，石达开在鄱阳湖湖口战胜湘军水师。鄱阳湖是长江的军事要塞，胜败决定两军命运。

朱宸濠用上所有家底，与王阳明一拼。王阳明命令众将：全力歼敌，敢有退者，斩！

开战之初，刮起北风，这是七月份少见的风向。叛军在北，占有了天时。朱宸濠自上而下，命令开炮。一阵猛烈轰击，击沉击毁平叛军数十条渔船。伍文定见状红了眼，脱去上衣，站在船头高呼："放箭！放箭！"鼓动座船冲向敌人。诸军见状，也跟着伍文定冲锋。

此时，王阳明仍在南昌城里讲学。忽然有人来报："伍大人胡子着火了！"众人一听，纷纷围上来问伍文定负伤没有？战况如何？显得很紧张。王阳明火了："再言伍大人焚须，重惩！"接着继续讲学，并对学生说："适才阵中稍许不利，现已摆平，不用担心。"

在伍文定的带领下，诸军皆奋勇冲锋，敌军败退。这一天歼敌二千，船破溺死万余。

第二天两军再战，朱宸濠听信部下主张，"连舟为战"，即学习当年曹军，把战船用铁索连在一起。曹操当年指挥的北方军队，不习水战，站在船上头晕，这才"连舟为战"的。叛军皆南国兵士，驾船玩水打小就会，如何要"连舟而战"？宁王长期住在南昌，鄱阳湖就在城边，况且《三国演义》故事他也不会不知道，可他竟然同意了这个馊主意。

七月二十六日，朱宸濠水军"连舟而战"，平叛军各驾小船，船上装满可燃之物，火箭、抛火筒、抛火罐样样俱备。于是，新版赤壁之战正式上演。连在一起的大船起火，谁也别想跑，湖面上烈火腾腾，浓烟滚滚。历史上又一位曹阿蛮跑到戏台中央，长叹一声："大势去矣！"再看左右，他的大臣、谋士、将军或逃或死，一个也不见。他自己找了一只小船，跳了上去，在混乱中向湖边驶去。眼看划到了岸边，前面一丛芦苇荡，正好遮住他的身影。他满以为天可怜见，逃得一条生命，再作别论。

正在思索，忽然跳出数人，将他按倒捆来，捆他的人是万安知县王冕。

此次事变，前后月余。而从王阳明集结部队进攻南昌始，至剿灭朱宸濠十万大军，只用了六七天。自古戡定祸乱，未有如此神速者。

此次共俘虏宁王以下首贼一百余人，从贼六千余人，释放胁从千余人。斩首四千余人，烧毁敌船七百多只。获金银物品、战马牛畜无算。

王阳明将战况写成奏折上报，并称封存获得物资、囚禁朱宸濠等首贼和从贼，待皇帝下旨发落。

奏折送上，京师很快回复。王阳明打开一看，当即蒙在那里。有个自称"威武大将军镇国公"的人，要率兵南下戡乱。他一时未明白过来，这哪来个"威武大将军镇国公"，谁呀？身边的人说，那是当今皇帝陛下的自称。

原来，当朱宸濠谋反的消息传到京师，兵部会议命将讨贼。事过三天，诏书下到兵部，"不必命将，朕亲率六师，奉天讨伐"，落款便是王阳明不知何许人的那位。他久有去江南旅游的想法，一直没理由去，这次正好是个机会，御驾亲征叛贼，堂而皇之。

没多久又传来消息，王阳明讨贼，仗打得很顺利。接着王阳明的奏报到了，朱宸濠已被活捉，叛乱完全平定。

可是朱厚照不管这些，他命令太监张永、张忠、安边伯许泰、江彬、都督刘晖等随行，率官军南下。

自从皇帝要去"亲征"，兵部王琼、内阁杨廷和等朝廷重臣便上疏阻止，后来捷报已达、内乱已平，皇帝仍坚持率兵前往。众臣也就明言叛贼既已平息，皇帝非要前往，这是皇帝带头扰民，江西才经过战争，再不堪大兵扰乱。

无奈皇帝就是不听，强调"元恶虽擒，余党未尽，不捕必遗后患"①。王阳明具疏谏止，朱厚照仍然不听。王阳明仍然苦劝，奏疏称江西无贼可讨，皇帝坚持御驾亲征，岂非令天下人取为笑谈。南巡出师无名，仍望皇上收回成命。

江彬等看了王阳明的奏疏，贼党既已成瓮中之鳖，莫如让王阳明将宁王放入鄱阳湖，还予水师，让皇帝亲与接战，亲自擒之，而后再奏凯论功。

其时，江彬、许泰、张忠等已率兵由大江至南昌，皇帝则去了南京，张永驻军杭州。江彬等人追索朱宸濠，让王阳明将他纵入鄱阳湖中，王阳明未听，乘夜把朱宸濠送往杭州，献给张永，自己则称病住在杭州净慈寺。

江彬等阴谋未得逞，又在皇帝面前诬告王阳明，先与宁王通谋，后来见

---

① 《王阳明全集》第34卷。

形势不利才擒住宁王的。不然,陛下召见之,必不敢来。皇帝听信谗言,乃下诏杭州,让王阳明去南京见驾。王阳明奔南京,中途又为江彬等人所阻,不得进见。此时处境之险,随时有被害可能。不得已,乃改装易服入九华山。赖张永在皇帝面前说情,言王忠于朝廷,别无二心,江彬等人阴谋才告失败。

于是,皇帝命王阳明巡抚江西,他才得以返回南昌。

然而,南昌城中的江彬、许泰等百般挑衅。他们鼓动北军谩骂、侮辱王阳明,他皆强为忍耐,并传示南昌,北军离家之苦楚,居民当以礼对待。又极力亲自抚慰北军,消除矛盾。

张忠、许泰则自认为武将,而王阳明一介书生,虽能指挥打仗,却不会武艺。乃邀王阳明在教场比箭,以期出其丑。不料王阳明同意,竟三发三中,获得北军的欢呼。此举打击了张忠、许泰的气焰,知道王阳明确实不好对付,只好打算班师回朝。

但是皇帝在江南没玩够,仍未班师,王阳明心里焦虑,写诗《三日风》云:

　　一雾二雨三日风,田家卜岁疑凶丰。
　　我心惟愿兵甲解,天意岂必斯民穷!
　　虎旅归思怀旧土,銮舆消息望还宫。
　　春盘浊酒聊自慰,无使戚戚干吾衷。①

第二年五月,江西暴雨,庐舍倒塌,田园大水。王阳明上疏自劾,请求辞职,未准。七月,张忠、许泰等又谋袭功,受张永阻止。皇帝命王阳明删改上疏内容,重奏捷音。王阳明无法,只好把群小人的名字写入,皇帝才于正德十五年底还京。

---

① 《王阳明全集》第20卷。

从王阳明一生经历我们发现一个奇异现象,即他的学术思想都是在他极为困难时获得跃进的:在龙场九死一生时得以悟道,其心学从而发生;而在他擒获宁王,反而遭到当今皇帝那种胡闹的折腾,遭到张忠、许泰众多小人的迫害,也是危险之至,他又提出"致良知"学说。

《年谱》载:十六年"正月,居南昌。是年先生始揭致良知之教。先生闻前月十日武宗驾入宫,始舒忧念。自经宸濠、忠、泰之变,益信良知真足以忘患难,出生死,所谓考三王,建天地,质鬼神,俟后圣,无弗同者。"在给学生邹守益的信中说:"近来信得致良知三字,真圣门正法眼藏。往年尚疑未尽,今日多事以来,只此良知无不具足,譬之操舟得舵,平澜浅濑,无不如意,虽遇颠风逆浪,舵柄在手,可免没溺之患矣。"①

此后,他多次论说,"致良知"说超过他之前的任何学说,至为圆融,再无弊病。他的学生们认为,此说的提出,是王先生成为圣人的标志。

既然"致良知"让王阳明成了圣人,那么就得进一步看看他的"致良知"说的到底是什么。

王阳明对"致良知"有过许多解释,例如下面这个解释近于核心:

> 性无不善,故知无不良。良知即是未发之中,是廓然大公,寂然不动之本体,人人之所同具者也。但不能不昏蔽于物欲,故须学以去其昏蔽;然於良知之本体,初不能有加损於毫末也。知无不良,而中、寂、大公未能全者,是昏蔽之未尽去,而存之未绝耳。体即良知之体,用即良知之用,宁复有超然於体用之用者乎?②

这是哲学的特有语言,如果通俗易懂就不是哲学语言了。但是,如果仍用哲学语言解释,那会越解释越让人不懂。这段话其实用那时蒙学馆教材之一

---

① 《王阳明全集》第34卷。
② 《王阳明全集》第2卷,《传习录中》。

《三字经》的语言解释，就开头那几句的意思。

"人之初，性本善"，就是王阳明这里说的"性无不善，故知无不良"。人生之初，都具有一颗纯善、纯良、纯洁超然、大公无私、未被沾染的心，此心与生俱来，处于未发之中、寂然不动的状态。

"性相近，习相远。苟不教，性乃迁。"就是王阳明这里说的"但不能不昏蔽于物欲，故须学以去其昏蔽"。那本善的性不断遭到物欲的沾染，因此不能保其纯善纯良。要回复人性本来超然纯净的状态，就是通过学习、克省、检束，不断清除思想中的污点，逐步完成。

王阳明发现了"致良知"，人生就有了行船的舵，无论是惊涛骇浪、深流浅滩，只要这一舵在手，都能平静通过。他认为"致良知"才是古圣先贤的真传，他跟学生说："譬之人有冒别姓坟墓为祖墓者，何以为辨？只得开圹，将子孙滴血，真伪无可逃矣。我此良知二字，实千古圣贤相传一点骨血也。"①

不用别人去评论，王阳明自己便认为自古以来，只有他才是圣人血统纯正的嫡派传人，只有他才是当今唯一"圣人"。

王阳明在当时对"致良知"说是珍秘的，认为是"从百死千难中得来，不得已与人一口说尽"。这些年大家多看过武侠小说、电视等，如《倚天屠龙记》，主人翁经过"百死千难"，才拿到了"武功秘籍"，自然不能"与人一口说尽"。这些武功秘籍究为何物，我们不得而知。但是，王阳明的"致良知"说，尽管他不想与人"一口说尽"，总起来说，因收徒讲学，又留有著作，还是千方百计地"说尽"了。他"说尽"之后的这一理论，除去那些难懂的绕来绕去的哲学语言不好懂之外，把一颗竹笋从外向内剥尽，我们才发见核心什么也没有。"致良知"，用最简单的话说就是要做有良心的人，或说人要做到都有良心。

如果都这么简单地去说，也许就没有哲学理论、没有哲学家了。但是，正如王阳明所说，简单的理论"只恐学者得之容易，把一种光景玩弄，不实落

---

① 《王阳明全集》第32卷，《补录》。

用功,员此知耳"。这就叫做说起来容易,做起来难。通观王阳明一生,他是一边说,一边做的。的确如他自己所论,是通过学习和修行,不断除去自己思想中的"昏蔽",光明做人,磊落做事,使自己成为"廓然大公"的圣人。

王阳明提出"致良知"说,至今近五百年过去了,可是他的这个理论仍被不少人当作"光景玩弄"。多么简单,做某事时你能拍拍胸脯,"凭良心做了"吗?如果大家都能做到,那么王阳明"满大街都是圣人"的理想也就实现了。

19 / 无辩止谤

王阳明和曾国藩一生创下事功勋业，嫉恨者有之，迫害者有之，诽谤诋毁者有之。在诽谤面前，他们都超常冷静，不仅对谤者不予理睬，还反求诸己，表现出圣人的博大胸怀。

正德十六年（1521年）六月，明武宗朱厚照崩，世宗朱厚熜即位。以王阳明功，升为南京兵部尚书，参赞机务，召他入京，但朝中有人阻止新君下诏书。十月，新君再封他为新建伯，辅臣又阻给颁铁券，岁禄亦不给。[1]

嘉靖元年二月，王阳明的父亲龙山公卒，他回家服丧。此后六年，一直闲居于家。

闲居家乡，王阳明对国事异常超然，这是之前他没有过的态度。当世宗即位便出现所谓"大礼"之政事，武宗无子，死后由孝宗朱祐樘之弟兴献王朱祐杬子朱厚熜继位。新君即位便令群臣议生父的尊号，宰辅大臣杨廷和及众位大臣根据前朝家法，尊兴献王为皇叔，尊明孝宗为皇考。张璁、桂萼等则认为让皇帝称亲生父亲为皇叔不妥，主张尊为皇考，双方争论不休。最后世宗坚持，尊兴献王为皇考恭穆献皇帝。反对的大臣哭阙力争，被廷杖而死者十余人，下狱者一百多。

王阳明对此置若不闻。他的一些关系密切者责问，王阳明只是不答。期间，他讲学之余便是留连山水。

---

[1] 《明史·王守仁传》。

> 百战归来白发新,青山从此作闲人。
> 峰攒尚忆冲蛮阵,云起犹疑见虏尘。
> 岛屿微茫沧海暮,桃花烂漫武陵春。
> 而今始信还丹诀,却笑当年识未真。①

对朝廷发生的"大礼"争议,他作诗回答:

> 一雨秋凉入夜新,池边孤月倍精神。
> 潜鱼水底传心诀,栖鸟枝头说道真。
> 莫谓天机非嗜欲,须知万物是吾身。
> 无端礼乐纷纷议,谁与青天扫宿尘?②

王阳明心思全在讲学之上。因为他居家时间长,地点固定,环境平和,所以前来听讲者日多。江南数省,许多名流皆前往。有个人年龄已超过一个甲子了,仍甘愿作他的学生,他就是海宁人董沄,号萝石。他以诗名闻江湖,六十六岁游会稽,闻知王阳明之名前来。起初还挺傲气,等听了王阳明的讲学深有领悟,即称弟子。乡人以其老,不必前往做别人的学生,自找苦吃。董沄称自己从之学,恰是有幸脱离苦海,留在王阳明身边,还给自己取了个新名:从吾道人。

此时,从王阳明学者,达三百余人。郡首南大吉自称门生,开辟稽山学院;另一些门人又建阳明书院,仍难以容纳学者。南镇、禹穴、阳明洞诸山远近之奇刹,皆住满了听讲的学者。大家一同听讲、一起吃饭、更相就席,"歌声彻昏旦。""诸生每听讲出门,未尝不跳跃称快。尝闻之同门先辈曰:'南都

---

① 《王阳明全集》第20卷,《归兴》。
② 《王阳明全集》第20卷,《碧霞池夜坐》。

以前，朋友从游者虽众，未有如此越之盛者。'此虽讲学日久，孚信渐博，要亦先生之学日进，感召之机申变无方，亦自有不同也。"①这是王阳明门人黄修易的回忆。

王阳明非常自负，尝自比春秋时的孔子。例如，嘉靖三年八月，王阳明在天泉桥宴请门人。时值中秋，月白风轻，酒半酣，歌声起。门人百余，有的击鼓，有的泛舟。王阳明赋《月夜》之诗：

> 处处中秋此月明，不知何处亦群英？
> 须怜绝学经千载，莫负男儿过一生！
> 影响尚疑朱仲晦，支离羞作郑康成。
> 铿然舍瑟春风里，点也虽狂得我情。②

这首诗表示：孔子之学已断绝千载，只靠他王阳明才能继承薪火；朱熹的理学值得怀疑；东汉郑玄的"郑学"更是支离破碎。他也只承认孔子，同时自比孔子，"点也虽狂得我情"就是自比孔子。《论语》里记述，孔子和他的四个学生子路、曾晳、冉有、公西华一起聊天。孔子问他们都想干点什么，他们各自发表意见，子路、冉有、公西华说完后，曾晳一直在鼓瑟，没有回答。

孔子问曾晳："你想干什么？"曾晳不慌不忙地把一曲奏完慢慢说："在晚春季节里，正是试穿新衣的时日，约上五六个大人，带上五六个童子，在沂水边洗洗浴，在祭坛上吹吹风，一路唱着歌走回来。"孔子情不自禁地点点头说："我和你想的一样啊。"③

曾晳名曾点，就是后来名声显赫的曾子的父亲。王阳明诗里用这个典故，既点出孔子对曾点的赞同，又称誉曾点的想法和他自己一样。如今，他同自己的门人一起晏游，此情此景，同当年孔子切合，也就把他自己比作了当年

---

① 《王阳明全集》第3卷，《语录三》。
② 《王阳明全集》第20卷。
③ 原文见《论语·先进第十一》。

的孔子。

王阳明在哲学界的影响之大,他自比孔圣人,也不为狂。如黄宗羲所论:此时的王阳明"更无假借凑泊,如赤日当空而万象毕照",指他的"致良知"说的影响之大,照耀着我国思想界。

他把"致良知"编成诗歌,令门人传唱,"歌声彻昏旦"。

> 个个人心有仲尼,自将闻见苦遮迷。
> 而今指与真头面,只是良知更莫疑。

> 问君何事日憧憧,烦恼场中错用功。
> 莫道圣门无口诀,良知两字是参同。

> 人人自有定盘针,万化根源总在心。
> 却笑从前颠倒见,枝枝叶叶外头寻。

> 无声无息独知时,此是乾坤万有基。
> 抛弃自家无尽藏,沿门持钵效贫儿。[①]

回头再说南大吉修稽山书院,请王阳明为书院中的尊经阁写记的事。

南大吉是绍兴知府,他是嘉靖三年正月拜王阳明为师的,时称绍兴知府为"郡首"。原来汉朝时称绍兴府为会稽郡,直至南宋建炎四年(1130年)才改设绍兴府。南大吉也是个很有名气的人物,他是西安府渭南人,正德六年进士,嘉靖二年任绍兴知府。做王阳明学生之前,他已是位著名学者了,尤善长古文。以王阳明为师后,努力学习心学,颇有成就,其思想理论被黄宗羲收入《明儒学案》第二十九卷。

---

① 《王阳明全集》,第20卷。

南大吉做了王阳明的弟子后，与山阴县令建稽山书院，请老师来书院讲学，出版发行《传习录》向社会宣传心学，并请王阳明为尊经阁写了《尊经阁记》。①

王阳明这篇文章，就思想性来说是他心学的极至发挥；从文字形式来说，这虽是一篇散文，但文字的对仗俨然一篇四六句体的骈体文章，其优美、流畅，不亚于王勃《滕王阁序》、杜牧《阿房宫赋》，在王先生的文章中也是最美的一篇。

我们不去评论他文章的优劣，而就其对六经的评论，简直天下独此一文，不可能再有人写出这么评价的文章来。既然叫"尊经阁"，当然要写对经的"尊"而不是贬。文章的确把尊经写到了极至，开篇就"尊"："经，常道也。其在于天，谓之命；其赋于人，谓之性；其主于身，谓之心。心也，性也，命也，一也。"

尊得可以了吧：儒家六经《诗经》、《尚书》、《礼记》、《易经》、《乐经》、《春秋》是永恒不变的思想指导。它在天就是命，赋于人就是性，主于人身就是心。而心、性、命，则又是一个东西，都和经相同。

经和心既然是一个东西，所谓"六经"则是心的六种表现："六经者非他，吾心之常道也。是故《易》也者，志吾心之阴阳消息也者；《诗》也者，志吾心之歌咏性情者也；《礼》也者，志吾心之条理节文者也；《乐》也者，志吾心之欣喜和平者也；《春秋》也者，志吾心之诚伪邪正者也。"

就是说六经根源于心，怎么读六经，怎么理解六经，怎么发挥六经，只有一端：到心中去找答案，找出答案与六经相印证就可以了。因为心就是六经，心中早就有六经存在了，心外本来就无一物，六经怎么不在心中呢？

更有趣的是，王阳明把六经比作富贵之家，祖辈给子孙留下的财产登记册，家产登记的账本子，"故六经者，吾心之记籍也，而六经之实，则具于吾心。犹之产业库藏之实积，种种色色，具存于其家，其记籍者，将各状数目而已"。

---

① 《古文观止》（下），第 550—554 页。

六经的实在内容都在我们心中了，六经形式也就是一个账本子，记下了祖宗留下的各种家产及其数目，别散失了。

他说，历史上和现实中读经的那些人，不知道从内心去探求六经的真实内容，却总是咬文嚼字，拘守训诂。他们就像买椟还珠的郑人一样，把经书的精华丢掉了；就像败家的子孙们，已经遗忘了祖宗留下的家产，只是把记载家产的账本子不知羞耻地向人炫耀："这就是我家的全部家产！"

那些把六经捧上天的人，只去弄些文字训诂，或背上一些断章取义的文词警句，那是对六经的糟蹋。而那些用六经章句，掩其险恶用心和卑鄙行为，又假装曲高和寡，自命不凡的人，更是最无耻的文贼流痞。这些人连祖宗留下的账本子都已撕毁丢弃了，哪还知道什么是尊经呢？

他的《月夜》诗中有"支离羞作郑康成"，这个郑康成就是以注疏六经出名的东汉学者郑玄。他把经书全作了注解，清代一位经书家皮锡瑞，称郑玄是注解经书的一统天子。因此，郑玄得以配享文庙，和孔子一同受祭。而王阳明讥讽他只去搞文字训诂，把六经弄得支离破碎，糟蹋了经书。但郑玄还不算用经书章句掩盖险恶用心的文贼流痞，在高位上的那些人，有多少真能懂得六经真味？他们以经书的皮毛举业、用之乎者也吓唬百姓，正是王阳明讽刺的那些用经书掩盖其险恶用心的文贼流痞。

自从王阳明平息宁王之乱，拯救了明王朝，其不世伟功就让朝中大臣心生嫉恨了。因此，新君即位，多次下诏让王阳明入京，皆被阻挠。后来，皇帝又封新建伯、光禄大夫并兼兵部尚书，岁支禄米一千石，子孙世袭。这些封赏，亦为朝臣阻挠，其封爵也成空头支票，连禄米也不发给。能够阻挡皇帝封爵者，绝非等闲之官，其最有力者乃首辅大臣杨廷和等。

后来，朝中发生"大议礼之争"，宰辅杨廷和带头与皇帝对着干，王阳明则不置一词，杨廷和等更为恼怒他。

随着王阳明的居越讲学，其影响日隆，朝中反对他的大臣，心生嫉恨。加之他非难朱熹、郑玄，提倡心学，对六经评价如账本说法，等等，更让假道学们难以容忍。

于是，御史程启充、给事毛玉受宰辅之意，大肆攻击王阳明的心学为"异端邪说"。当时刑部主事陆澄是王之门人，他上疏为王阳明辩护。王阳明写信给陆澄说："无辩止谤，尝闻昔人之教矣。况今何止于是！四方英杰以讲学异同，议论纷纷，可俟可胜辩乎？惟当反求诸己，苟其言而是欤，吾斯尚有所未信欤，则当务求其非，不得辄是己而非人也。使其言而非欤，吾斯既以自信欤，则当益求于自谦，所谓'默而成之'，'不言而信'者也。然则今日之多口孰非，吾侪动心忍性，砥砺切磋之地乎？"①

为了批判王阳明，嘉靖二年的会试，《策问》试题即以"心学"内容为主，意让举子答题时批判，彰显日渐颓瘘的朱熹道学。王阳明的许多学生都参加了考试。一学生许珊看了题目叹道："我怎么能昧着良心讨好时俗呢？"他一看便知道是让考生为朱熹道学说好话，非难老师的心学，于是放下卷子离开了考场。

王阳明的另几个学生欧阳德、王臣、魏良弼也参加了这次考试，他们却借题发挥了王阳明心学观点。主考看了无法否认考卷上正确的观点，也只好录取了他们。

钱德洪参加了考试，但却没被录取，见到老师后很为当局这么做感到愤怒。没想到王阳明却高兴地对他说："圣学从此将大明于天下了！"钱德洪问："时事如此，为什么还这么说呢？"

王阳明回答："我的学说无法遍告天下之士，现在试卷以此为题，虽然穷乡僻壤也都会知道。如果我们的学说不对，天下人必然有起而求其是者。"在王阳明心中，真理就是真理，谁发现了真理对人类都是贡献，何必非得是我们呢？有他那么坦荡的胸怀，他怎么会为自己的学说遭人恶意非难而感到愤懑或计较呢？

---

① 《王阳明全集》第35卷。

20 自惕自概

1861年11月初，慈禧太后发动宫廷政变，将顾命八大臣肃顺等或杀或流，由两宫皇太后垂帘听政，恭亲王奕䜣以议政王辅政。慈禧太后与奕䜣政权为尽快镇压太平军和捻军，改变咸丰不信任汉官的政策，向汉官大胆放权。同年11月20日，即发布谕令，曾国藩以两江总督管辖江苏、浙江、江西、安徽四省军务。根据曾国藩的提议，四省巡抚等重要官吏多由湘军将领或湘系人物担任，曾国藩成了实际上的"东南之主"。

曾国藩命李鸿章仿照湘军编练淮军，开赴上海，取代薛焕领江苏巡抚一职，占领东南最富有的地域和最大的通商口岸，为镇压太平军做好曾国藩的后援。

此时，曾国藩正在为攻陷天京的最后一战作准备。

在军事方面，突然冒出的曾国荃，不用他大哥多操心，主动招兵买马，一门心思要包打南京，不让别家参与。

曾国藩对他这个弟弟一点办法也没有，表面上还得支持他所做的一切，就是劝了他也不听。

当时曾国藩的计划是，五路东进，步步为营。可是曾国荃快速组建围城军，突进至南京城下。

曾国荃，字沅甫，号叔纯。曾国藩的四弟。曾氏习惯男女一起排行，他行九，故而被人称作"曾九"，曾国藩亦称其为"九弟"，曾国藩家书最多的发信对象就是"九弟"。曾国荃生性骄横，"偘傥不群"。16岁时随曾国藩在京读书，他对经书不感兴趣，未几甩手还乡。不过，回家不久即以府试第一名入县学，举为优贡。① 咸丰六年，曾国藩为石达开打败，坐困南昌，他弃文就武，募得三千湘勇，自率赴江西。途中连陷安福、吉安，表现出他在战斗中的狠劲，尚未见着曾国藩，就以战功被朝廷赐同知官衔（即同与知府，相当于知府），他的军队称"吉"字营，是湘军嫡派中最敢战的部队。

胡林翼很看中曾国荃，见他总是单独作战很危险，便调他入湖北湘军，所部增加到万余人。安庆一战，为清廷立下大功，官升布政使。战后，曾国荃便有了独打南京的想法，他在长沙设立募兵局，以攻打南京为号召，只有几天便募得六千人。他觉得仍不够攻打南京的兵力，又派人四处招兵，后来一次募勇二万。他不同曾国藩商量，又纳降十营。曾国藩向曾国潢说："沅近日添募陆军二万之多，又添募水师十二营，全不函告余处，殊不可解。"但是，曾国荃既然已经做出了，他也只好予以支持："弟新募二万人，银米恐接济不上。且安庆后，弟添兵近二万，此次又添二万，前此老营能战能守之将并分散太多。譬之一壶醇酒，参水至四五壶，则太淡，不成酒味矣。"②

曾国荃招降纳叛，如太平军韦志俊部，韦是原太平天国北王韦昌辉的弟弟，是天京事变后太平天国的主要将领之一，为右军主将，地位仅次于李秀成和陈玉成。后转战安徽，因与陈玉成不合，便率军投降湘军，为曾国荃接纳。为速攻南京，曾国荃又广募军队。因此，他所部湘军虽是嫡系，成分复杂，已远非曾国藩的要求，但曾国藩也只好默许。

曾国荃东下的部队，已达五万人，再加上后勤运输的长夫人等，总数不下十万，这些人的粮饷供应就成了当时的最大问题，每天的吃粮也得二十万斤。

粮饷供应，曾国藩千难万难也只得一力承担，他向曾国荃保证："弟尽可放心治军，不必挂念饷事。"曾国藩只是让曾国荃放心东下，实际上他毫无办

---

① 因成绩优秀，破格由秀才选入京师国子监读书。
② 《曾国藩全集》第20册，第1041页。

法保证能供应这么多军队。以前，他为部队供应，曾与他一手培植的沈葆桢闹翻脸；为了一点军饷，湘军大将毕金科被江西巡抚文俊逼死；李元度徽州兵溃、鲍超部襄阳哗变，都是因为军饷供应不上。如今曾国藩虽有实权，但三江两湖多年兵灾，粮饷几被用尽，老百姓忍饥挨饿，再无钱粮供应这么多军队。

为保曾国荃的东征军，曾国藩千方百计筹集，他向四省地方官要，向上海方面的李鸿章和官绅要，并挤压他军的供应，以供东征军。例如：他曾给九弟写信说："饷银于前解二万之外，续解三万，本日又解三万。米粮昨解三千石，本日禹志涟到，又买得四千余石。它营正在载饥载渴之时，弟处已有苟美苟完之乐。"①总之，从史料反映，曾国藩始终保证了曾国荃军队的饷项供应。

有了充足的供应，曾国荃率军急进，连连攻下无为、巢县、含山、和州、太平府、东梁山、金柱关、芜湖、江宁镇、林陵关、大胜关，直逼南京城下。他原想乘胜一举攻克南京，但当他近抵南京城下后，抬头望着这座六朝左都、江南名城，其高城深池，城围辽远，绝非以前他进攻过的安庆等城可比。想一下子攻取这座虎踞龙盘的金陵，简直白日做梦。于是，他命令李典迈、萧孚泗、刘连捷、彭毓橘、朱洪章等部将，抓紧修筑堡垒，作长期围城准备。

曾国荃此人性格残暴，贪婪跋扈，排斥异己，人品人格一无可言。但他所率部队作战十分勇敢，尤其坚忍不拔，很难撼动。在镇压太平天国的战斗过程中，他的部队攻下的城镇最多，打的仗最艰苦，最重要的战役也都是他的部队经历的。从曾国荃部湘军我们可比较中学的重点班，那里的老师不比一般班强多少，学生也不比一般班聪明到哪儿去，但都有一个风气，互相比着学习的空气，这是一般班难比的。一般班的学生送一些入重点班，很快为那种争强好胜的风气所鼓舞、所挟持，他们很快就抖擞精神，急起直追。

曾国荃湘军就是，他所召募的乡勇根本没作挑选，谁来都要。但一入其

---

① 《曾国藩家书》，同治二年四月初八日。

营,就马上被部队的敢打敢冲、吃苦耐劳、坚忍不拔所感染。曾国荃率领的军队从皖南出发时,多数是新兵,土匪、流寇、兵痞大有人在,没有一点战斗经验的农民占大多数。但是从安徽一路打到南京,连续作战,接连攻下十几个城镇,皆所向无敌,新兵不用训练,在战场上拼刀拼枪,很快便成了能战能守的士兵。

当曾国荃在雨花台修垒屯扎,成为孤军时,李秀成则亲率二十万大军,受天王洪秀全之严命,对曾国荃发起进攻。曾国藩闻报,以为他九弟的灭顶之灾到了,向自己的学生李鸿章求救兵,还求自己的部下李续宜"夺情"率兵救援曾老九(此时李续宜因父丧在家守制)。结果,李续宜染病上不了战场;李鸿章在苏南战场也正吃紧,派不出大量兵力,仅令吴长庆、张树声带少量新兵支援,被曾国藩拒绝了。

救兵求不到,李秀成二十万大军便包围了雨花台,向曾国荃部发起了进攻。每天炮声隆隆,枪声震荡四野,曾国荃想走也难了。

然而,出人预料的是,李秀成大军从同治元年八月二十日(1862年10月13日),到十月五日(11月26日),围攻四十六天之久,竟没能攻陷曾国荃修筑的壕垒。

李秀成未打破曾国荃湘军的营垒,在退走时却遭到湘军的追袭,伤亡十几万人。此后,太平军再未大规模进攻曾国荃,直至其攻陷南京城。

究其原因,一如王闿运《湘军志》所言,是李秀成迫于洪秀全的严令,才勉强进攻雨花台湘军营垒,既不愿战,也失去先前的斗志不敢战。只是以枪炮轰击,没作冲锋①。二是曾国荃湘军坚忍不拔,宁愿战死也不撤退。

距离南京被攻破尚有一年时,城内的粮食断绝,洪秀全号召种菜、种粮维持;后来又让大家吞食野草。金陵孤城内无粮草,外无救兵,就等着破城了。

同治三年六月十六日(1864年7月19日),湘军挖地道屯积炸药炸开城墙,

---

① 王闿运:《湘军志》,第22页。

饥疲无力的守城军仍坚持战斗，自午至申战斗半日，天京九门皆破，最后陷落。

曾国荃湘军开始劫城。三天之内，他们对南京的官府衙门、居民住户进行强盗般烧杀抢掠。城内数万百姓差不多被杀光，金银财物被抢掠一空。甚至挖地拆屋，掘坟开墓。最后是放火烧城，大火燃烧了十余日，因天降大雨才慢慢熄灭。

在湘军即将获得全胜时，曾国藩却日夜不安，忧心忡忡。他自认为历史上大臣"功高震主"、"兔死狗烹"的例子，今天将要降临他们兄弟头上。

远在两年之前，他给雨花台大营的曾国荃、曾国葆写信说：现在是咱们曾家兴盛之时，兄弟们非督即抚，近世有几家得此殊恩！但"日中则昃，日盈则亏。吾家亦盈时矣。管子曰：斗斛满则人概之（即粮食装满了斗斛，人就要抚平它——引者），人满则天概之。余谓天之概无形，仍假手于人以概之。霍氏盈满，魏相概之，宣帝概之。诸葛恪盈满，孙峻概之，吴王概之。待他人之来概，而后悔之，则已晚矣。吾家方丰盈之际，不待天之束概，人之束概，吾与诸弟当设法自概之"①。

如何能做到自惕自概？关键在"廉、谦、劳"三字，即不贪财、不贪功，每日劳心自省，时时回头看看，及时想到后退，到该退下时才有退路。

此后，他惶恐不安，日甚一日，说不上哪天就要倒大霉，斧钺即加诸项。同年六月十六日他给曾国荃写信说："阿兄忝窃高位，又窃虚名，时时有颠坠之虞。吾通阅古今人物，似此名位权势，能保全善者极少，深恐我全盛之时，不克庇荫弟等，吾颠坠之时，或致连累弟等，惟无事常以危词语互相劝诫，庶几免于大戾。"

哪怕官场有点不利于他的风声，便惶恐乃至于要激流勇退。如他急需江西厘金，以供湘军攻城之饷，而巡抚沈葆桢因此与他发生矛盾，官场说他"恃功骄蹇"。他给好友郭嵩焘去信，认为自己掌握军政大权太大，惹人"疑

---

① 《曾国藩家书》，同治元年五月十五日。

忌"，"揆之消息盈虚之常，即合藏热收声，到嫌谢事"①。

当接到曾国荃攻破南京的急信时，他既惊又惧，无力打开信件；当开信看后，那种巨大的心理压力，使他晕死过去。

六月二十四日（7月27日），慈禧太后和皇帝向他发谕祝贺，赏他太子太保、一等侯爵。曾国藩接旨后，当天乘轮赴南京视察。

到南京后，他目睹这座名城被焚烧、破坏的惨状，自言："自五季以来生灵涂炭殆无逾于今日。"②他深知曾国荃不理解月亏水溢的道理，湘军诸将也只知抢掠和争功，他深知自己估计得不错，怕是自家的祸事不远了。

到南京不久，又接到新颁上谕，其内容是对湘军众将的赏赐，曾国荃赏加太子少保、一等伯爵。曾国荃不满意自己的封赏，牢骚话刚一出口，又一道上谕到达。上谕直接点了曾国荃的名，谕责他"指挥失宜，遂使伪忠酋夹带伪幼主一千余人，从太平门缺口突出"；指责曾国藩奏报幼天王"积薪自焚"失真；还说"金陵城陷于贼中十余年，外间传闻金银如海，百货充盈"，勒令曾国藩把金银上交户部。并让曾国藩"申儆"曾国荃等将领，"勿使骤胜而骄，庶可长承恩眷"③。

曾国藩担心的事终于发生了，朝廷要幼天王等人犯和天京"如海"的金银；指责他谎报军情；指责曾国荃"骤胜而骄"。做不到这一切就难以"永保勋名"，再不能"长承恩眷"。

上谕对曾国藩那样的重臣来说，已是口气极重。尤其让他做不到的是上缴天京"如海"的金银，追要逃走的幼天王。还要他把李秀成、洪仁玕押送京师，但这两个人已被他们杀死。

现在的确到了自慨自惕的时候了，不然就将被太后"慨之"、皇帝"慨之"了。那么，如何才能自惕自慨？曾国藩很清楚：慈禧所以责难他，是由于她不放心他手中的大权和军队。清朝建国二百多年，没有一个汉人能有他今

---

① 《曾文正公书札》第23卷，第39页。
② 《曾文正公书札》第24卷，第13页。
③ 赵烈文：《能静居士日记》，同治三年七月二十一日。

天的权势和军队。因此，他首先决定解散湘军，丢掉手中的军队，变得赤手空拳，太后就会让他"长承恩眷"了。

他向清政府奏请裁撤军队，清政府很快就批准了。清廷最不放心的是曾国荃的"吉"字营，他便决定先裁"吉"字营。然后是自己的的"老湘营"，开始裁军，"老湘营"还留了万余人，到清政府命他北上剿捻时，他手中只剩下刘松山统领的少量军队了。

军队裁撤后军饷也一并不留，他用裁饷作为条件，请求清政府不再追迫上缴金陵城中"如海"金银，他的请求立即得到了允诺。

当时，湘军中的一支精锐，即鲍超、周世宽部二万余人，因为在江西作战，归江西巡抚沈葆桢指挥。这支军队的饷源是"江西厘金"，以前这笔钱归曾国藩调拨，如今随鲍超、周世宽湘军使用。同样是湘军、同样是军饷，归江西巡抚指挥了，也就不用裁撤了，这的确表明裁军问题是针对曾氏兄弟的。军队一裁，清政府马上表示对曾国藩的信任。

裁军停饷之后，曾国藩又奏请曾国荃开缺回籍。一般而言，曾国荃战功卓著，金陵城是他率兵经几年战斗才攻克的。他身任巡抚之职，又是曾国藩的亲弟弟，即使开缺也总要客气一番，也得给曾国藩一点面子，给他们兄弟一个台阶下。可是，当曾国藩上奏后，清政府立即同意曾国荃开缺回原籍，一点余地都不给。

同治三年九月八日（1864年10月8日），曾国藩在南京正式就职两江总督，满堂宾客，共庆典礼。盛会之上，曾国荃以大功不赏，反被逼令开缺回籍，三杯老酒下肚，他又哭又闹，搅得盛典难以进行，曾国藩也狼狈不堪，"直无地置面目"。①

为了安慰弟弟，在曾国荃四十一岁生日那天，曾国藩派赵烈文登门劝慰，并亲写十三首诗为之庆寿。诗歌内容记述曾国荃征战九年的功劳，但却遭到嫉谤。劝弟弟暂且回籍休息，不必把回籍一事看得太重。

---

① 《能静居士日记》，同治六年九月十日。

九载艰难下百城,漫天箕口复纵横。
今朝一酌黄花酒,始与阿连庆更生。

河山策命冠时髦,鲁卫同封异数叨。
刮骨箭瘢天鉴否,可怜叔子独贤劳。①

这是十三首诗中的二首,前首写曾国荃领兵征战九年,攻克百余城镇,到头来却换得遭人辱骂诽谤。第二首是写曾国荃在征战中屡次负伤,刮骨疗伤继续战斗。

曾国荃读后放声大哭,只得又无可奈何地返回湖南老家。

---

① 《曾文正公诗集》第4卷。

21 / 起征思田，光明留给后人

嘉靖六年（1527年）五月，朝廷命王阳明兼任都察院左都御史，征讨广西思田之乱。王阳明以病上疏辞免，未获允准。

当时无论公私，他的确不想再度领兵勘乱了。

从私处说，王阳明原配夫人于嘉靖四年正月病故。夫人诸氏自从弘治元年归于王家，王阳明亲往洪都迎娶，至其病故，凡三十七年。二人感情一般，并无子女后代，诸氏就如一张年画，贴在王家门上这么多年。嘉靖五年，即诸氏病故第二年，五十五岁的王阳明续娶张氏，当年便得一子，这说明原配夫人有不孕疾。

王阳明老年得子，心情愉快，乃有了安居于家的想法。

于公而言，他平息叛藩，历经险恶，反遭疑嫉，归家六年，仍被嫉恨。官场上的黑暗，他已不想再涉足了，讲讲学、写写书，挺好的。

加上他的身体一天比一天差，积年的老肺病，使他咳嗽不止，经常咳得喘气困难，不得入眠。脚疾也一天天加重，疼痛不堪。所以，他的确不想再上战场了。

他在上疏里分析，思田的问题不大，比南赣的土匪好办多了，姚镆为官老实稳重，虽然征讨思田有点不顺利，但只要皇帝激励他，让他努力去做，不多久便会平息那里的变乱。

原来，我国西南数省，云南、贵州、广西、四川，是少数民族集居之地。历代王朝皆未认真治理，视之为"西南峒诸蛮"，在清代雍正朝实行"改土归流"，比较彻底治理之前，这里实行的是土司制度。该制度野蛮落后，是奴隶制度的变种农奴制，广大农民遭到非人的剥削和迫害。土司拥有军队，多者达到数万。土司之间经常发生争夺土地和财物及农奴的战争，汉官处理不当，就会发生土司反叛，甚至发生民族矛盾激化的恶性事件。

王阳明恶劣的身体状况实在不宜再上战场，但是，朝廷偏就信任他。王阳明上折推荐姚镆，嘉靖便让他主动辞职，非让王阳明去不可。

王阳明毕竟是位关心国家大事，把广大民众的利益放在心中的大儒，所以没让皇帝多加动员，他便拖着重病的身子上路了。当年九月，他离家赴广，在过桐庐钓台时，赋诗一首志之：

> 忆昔过钓台，驱驰正军旅。
> 十年今始来，复以兵戈起。
> 空山烟雾深，往迹如梦里。
> 微雨林径滑，肺病双足胝。
> 仰瞻台上云，俯濯台下水。
> 人生何碌碌，高尚当如此。
> 疮痍念同胞，至人匪为己。
> 过门不遑入，忧劳岂得已。
> 滔滔良自伤，果哉未难矣。

十年前，王阳明平定赣南诸义军，班师路过钓台，因军旅忙碌未登此台。十年之后，拖着肺足重病之身，重上战场，不是因同胞们仍在兵荒马乱里挣扎，为什么还会带兵勘乱？

如上所言，思田之乱，起于土司的内乱，因汉官处理不当，发展成反叛朝廷。土司酋长岑猛是广西田州（今广西田阳）的世袭知府，明初时他的先世岑伯颜以田州归附明太祖，被封为田州府土官知府，子孙世袭。后来，发生另一土司岑濬攻伐岑猛、占领田州的事变。明都督御史潘蕃发兵攻灭岑濬，改思恩为流官（即明朝派的官）知府，兼领田州。降岑猛为福建平海千户。正德初年，岑猛贿赂太监刘瑾，复为田州府同知（即相当于知府），重新组织军队。后来，因与地方流官发生矛盾，起兵反叛。

嘉靖派右都御史、提督两广军务兼巡抚姚镆调集大兵数万前往平叛，岑猛败逃被杀，其部属卢苏、王受逃到越南，扬言借兵二十万，重与官兵作战，攻陷思恩府。姚镆调集四省大兵，犹不能剿。嘉靖才想起在家乡六年的王阳明，下诏让他去平叛，他上疏辞免而未得允准，只得再度辞家，前往平叛。他心里明白，以他现在的身体状况，这一去或成永诀，很可能回不来了。

嘉靖六年九月，王阳明离家，经桐庐、衢县、常山、南昌、吉安、肇庆而至梧州。一路上他与将官商量对策，重要的是严剿还是招抚。手下大都认为，土司为害边区人民已久，又与越南互通，造成巨大危害，莫如一举剿除，永绝后患。

但王阳明却不同意。他认为岑猛为乱，固然死罪，但造成其为乱之原因，前任流官有重大责任，特别是改土官为流官，还不是时候，违背了少数民族的民情，才造成后来的结果。田州与越南毗邻，土地多深山绝谷，必须扶植其土官，让土官建立起统治地位，又与中央政府相一致，才能借其力量，以为中土之屏蔽。如果采取强硬手段，武力剿杀，造成边区之患，那就不敢想象了。所以，此次用兵，重在安抚。

手下众将官听了王阳明的解释，同意以大军之威，成招抚之局。但中央首辅大臣桂萼等却不同意招抚，来信催他用武力剿平。经过宁王之乱，王阳明不想再有许泰、江彬等小人为恶，如今的身体和精力，也实在折腾不起了。于是，他写信给重新起复的杨一清，并给方献夫、黄绾等大臣写信，说明广西形势，采取招抚的好处，并一再强调自己身体已是油灯枯尽，不想要任何功劳，只求得能顺利平息西南事端，自己告归田园，希望能得到支持。

他这么做是吸取了宸濠变乱教训，把功劳先让给中央官员，让他们给以支持，最少也别掣肘或迫害。杨一清等深知原委，立即回信表示赞同。

王阳明开始了他的清剿工作，他仍然采取以往策略，能安抚的绝对安抚，拒不投降的坚决镇压。

王阳明仅率几千官兵来到南宁。

他给卢苏、王受写了安抚信。两个头领知道他的大名，当年南赣土匪那么猖狂尽被剿平，宁王那么嚣张，也被擒获。跟这样的人玩硬的，等于找死。听到王阳明前来，他们已有了归顺之意，如今接到招抚信，更失去了对抗的信心。王阳明了解到他们的动向，为让其彻底放心投降，乃下令尽撤防守之兵，湖广路远一时不能遣返的，令其解甲休养。总之，王阳明手中没有了作战部队，还怎么剿除他们。卢苏、王受等自我捆绑，同手下数百个头目赴王阳明军营请降。王阳明表示他们为乱日久，不能不稍示惩罚，提出各杖一百。卢苏、王受自然接受，刑仗者亦不过表示表示。于是，不折一兵、不废一矢，为时不过月余，就平定了思恩、田州之乱。

平定思田后，当地居民求王阳明剿八寨、断藤峡山贼。两地高山深峡，地形特别险恶，有两股巨匪居间，经年扰害当地百姓。自明朝开国以来，屡征未服。明英宗天顺年间，都御史韩雍曾率兵二十万前往镇压，匪寇临兵逃入深山之中。待大兵撤后，又出山为恶。八寨之贼，占据天险，大兵进剿无路。明初都督韩观以数万兵围其地，终未破除。

王阳明则应邀前来剿匪，他用湖广尚未遣散之兵，令湖广佥事汪溱、广西副使翁素率领往剿山贼。又利用卢苏、王受愿意报效之军队督师进剿。二处贼寇以为官兵已全解散，又有天险可恃，故而不曾防备。结果突受袭击，未待逃离便被剿灭。

对此，王阳明颇为自得，曾写诗志之。

平八寨[①]
见说韩公破此蛮，貔貅十万骑连山。
而今止用三千卒，遂尔收功一月间。

---

① 《王阳明全集》，第20卷。

岂是人谋能妙算？偶逢天助及师还。
穷搜极讨非长计，须有恩威化梗顽。

破断藤峡[①]
才看千羽格苗夷，忽见风雷起战旗。
六月徂征非得已，一方流毒已多时。
迁宾玉石分须早，聊庆云霓怨莫迟。
嗟尔有司惩既往，好将恩信抚遗黎。

  平息思田、八寨、断藤峡之乱后，王阳明亦如南赣所为，改田州为田宁府，立岑猛后人为吏目，以便收拢当地民心。在另两地立卫所，增设县治，加强对地方的控制。

  嘉靖七年十月，王阳明病情加剧。本来他的肺、足之疾就很严重，出征思田，当地气候十分炎热，连随行的医生也惧怕气候恶劣，中途回去了。此后，他也不敢轻易用药，以致通体肿毒，昼夜咳嗽不止，每日只能吞几匙稀饭，稍多即呕。他只得上疏请求还乡养病，疏中有言："惟陛下鉴臣一念报主之诚，固非苟为避难以自偷安，能悯其濒危垂绝不得已之至情，容臣得暂回原籍就医调治，幸存余息，鞠躬尽瘁，以报陛下，尚有日也。臣不胜恳切哀求之至！"

  此时，他虽感到病情加重，但仍以为不会近日就死，仍挂念着他未来的讲学事业和自己终生为之努力的圣学的发展。他又提笔给自己的两位得意门生王畿和钱德洪写信，信中说："地方事幸遂平息，相见渐可期矣。近年不审同志聚会如何？得无法堂前今已草深一丈否？想卧龙之会，虽不能大有所益，亦不宜遂尔荒落。且存饩羊，后或兴起，亦未可知。"

  王阳明在出征思田前夕，曾与王畿、钱德洪道出他新得的体会。有一天夜晚，这两个学生坐在同学张元冲的船上，讨论王先生的理论。王畿说："老师

---

① 《王阳明全集》第20卷。

说知善知恶是良知，为善去恶是格物，不知到底如何理解？"

钱德洪不以为然。王畿又说："老师说，心是无善无恶的，良知是无善无恶的，物也是无善无恶的。而意却有善恶之分，心怎能是无善无恶的呢？"

钱德洪则说："本心自然是无善无恶的，而后来却被物欲侵害、世俗沾染，就变得有善有恶了。我们要努力去恶存善，回复心的本来面目。如果心是无善无恶的，就不下工夫去恶存善，那么致良知说也就是变成形式了。"

他二人就内心、意、良知等议论不休，也弄不出鲜明的答案来，便去找老师求问。

二位见到老师后天已很晚。王阳明刚刚忙乎完，又见两个爱动脑子的学生来找，便走了出来，让人把椅子搬到天泉桥上，在月光下开始谈话。王先生听到二人所提问题后，非常高兴地说："我正希望你们能提出这类问题来讨论，等我出征之后，周围很少有人能讨论这些学问。"他进一步分析："你们二位正好可以互补，王畿要学习钱德洪的钻研和实干精神，而钱德洪要学习王畿那渊博的知识。你们二位互补，我们的圣学就更能光大了。"

王阳明先回答钱德洪心体善恶问题："善恶只是个人有，良知本体一片空虚，涵盖万象，不断流转，什么东西也阻碍不住，故而无所谓善恶问题。人心本体也是这样，照原来本性运行，不要过于用意，能这样就可以了。"

他回答王畿时说："你只能按你的想法进行个人修行，不能用此理论指导别人。禀赋佳者，很难遇到。能悟到本体，可以立进化境，物我之间本是一体。颜回和程颢也没有这种灵性，一般人更是不具备了。"

钱、王二位学生被老师说得更加晕乎，二人正呆呆思索，王老师又神秘地说："你们两个以后要按我下面说的去做、去修行，就一定能达到圣人的境界。"他说："无善无恶是心之体，有善有恶是意之动，知善知恶是良知，为善去恶是格物。"

钱、王二人问："悟透本体了，还要这四句话指导吗？"王阳明说："无论尧舜大圣，也只是做这样的工夫。从刚入门的人，到顶级人物都能用得着它，到了圣人的境界也要遵循着它。"

王阳明向他两学生说完，似乎把一生最为珍贵的东西拿了出来，特别叮嘱他们："我自从讲学以来，也曾变过几次认识，现在才确定这四句话最为确切。人人皆为习俗沾染，如果不让他们在良知上下工夫，为善去恶，只想着悟透本体，都是不切合实际的幻想。"最后这几句话的原文是："人有习心，不教他在良知上实用为善去恶工夫，只去悬空想个本体，一切事为俱不着实，不过养成一个虚寂。此个病痛不是小小，不可不早说破。"①

　　他们师徒三人的对话，便是中国思想史上大名鼎鼎的"天泉证道"，王阳明提出的那四句话被称为"王门四句教"。据称，这是王阳明心学所达到的最高水平。

　　他得知弟子们按照他的要求不断深究理论，相互砥砺，不断进步时，非常高兴。他告诉弟子们，这里的事情已结束了，旬月间就可以上路回家了。

　　他归心似箭，不等皇帝批复他的回家请求，便由南宁起程归越。途经梧州时，他拜谒了伏波庙，少年时的梦想，终得应验。十一月二十五日，王阳明过梅岭到达南安府，他的门人周积、张思聪闻讯赶来送行。这时他的病情已很严重，咳喘得说不出话。周积请安，问询身体状况，他费力地回答："病势危亟，所未死者，元气耳。"到此时，他感到自己已不久于人世了。舟过青龙铺，又召周积入，良久开目对周积说："我要去了。"

　　周积等人泣不成声："先生，您还有什么遗言？"

　　王阳明微笑着说："此心光明，亦复何言！"过了片时，便瞑目而逝，此时为嘉靖七年十一月二十九日（1529年1月9日），年五十七岁。赣州兵备门人张思聪追至南安，迎入南埜驿沐浴衾敛。十二月四日舆榇登舟。八年正月在南昌发丧，二月四日到绍兴。每天来吊的门人达百余人之多。葬期门人千余前来，麻衣墨绖，扶棺痛哭。是年葬于绍兴城外三十里之洪溪（今绍兴市兰亭镇洪溪），这是他生前自选的墓地。此后，中国历史上的一个圣人永久地眠于这里，其不朽思想永远留给了后人。

---

① 原文见《王阳明全集》第35卷，《年谱三》。又见《王阳明全集》第3卷，《传习录下》。

22 / 无兵不帅，荣誉留给学生

太平天国失败后，北方的捻军又在河南、河北、安徽数省暴动。清政府同样镇压不下，又强令曾国藩前往剿捻，然而湘军早已解散，他已无兵可用，因而遭到挫折。

早在太平天国兴盛时，捻军已在北部中国配合打击清政府。太平天国失败后，其余部遵王赖文光去江北，把张宗禹、任化邦、牛宏升的几支捻军团结一起，组织新的抗清武装，坚持斗争。

赖文光是少见的军事天才。原隶属陈玉成部，是陈军的精锐，因战功封遵王。现在他独立成军，按太平军组织原则，改编捻军。同时汲取太平军的各种教训，尤其不固守一城一地，用大规模运动战打击清军。他大力发展骑兵，采取机动灵活的战术，瞅准机会万骑包袭，急如狂飙，敌人无法应付。退兵时急奔如飞，让敌人追之不及。

清政府对付捻军主要靠蒙古王僧格林沁部，陈玉成失败后僧部利用捻军孤立无援的机会，一举攻陷捻军根据地安徽蒙城雉河集，捕杀张洛行以下众多首领，血洗蒙城、亳州。清廷因功升其郡王为亲王。

清政府所以敢于解散湘军有多种原因，其中之一是有僧部军队可倚为"长城"，对捻军在北方作乱不以为大患。

但是，僧格林沁骄横狂妄，不把捻军放在眼中，更不与其他军队配合，对捻军穷追猛攻，企图追上一举歼灭。赖文光看准了他的这一弱点，故意用游击战骚扰僧部，使之愤怒而不能控制，急于决战。同治四年（1865年）春夏之交，赖文光以轻骑引诱僧军，从河南追至山东，使僧格林沁少量人马远离他的大部队，乃于曹州设伏。四月二十四日（5月18日）山东菏泽高楼寨一战，捻军将僧格林沁击毙。

自此，清廷失去"长城"，又回头让曾国藩赶往山东剿捻。曾国藩读圣贤书，以忠君报国为己任，自然对清政府免死烹狗的态度不敢深问。但是，出自人之常情，他此时的心情很坏，对清廷总感到"令人寒心"[①]。加上他手中的确无兵，对清政府的多次催逼，都未能应命。最后，一是由于太后的"严令"，二是出于镇压农民起义的阶级立场，他还是勉强出师了。

他根据捻军流动作战的特点，制定了"以静制动"的战略。出师后的二十天，曾国藩上奏剿捻方略：一是划定战区，北起黄河，南至沙河、淮河，东起运河，西至贾鲁河，把捻军限制在这个战区之内。战区内各省督抚组建地方剿捻军，与国家派去的剿捻军配合作战。二是将军事进攻与政治攻势相配合，开展清查运动，割断捻军与地方百姓的联系，坚壁清野，断绝捻军的供应。三是追剿与拦截相配合，用水师防止河道，在临淮、周口、徐州、济宁四镇驻扎重兵，把捻军堵死在有限的范围内，再另筹两支军队，到战区内游击捻军[②]。

曾国藩与太平军作战十余年，积累了丰富的作战经验，他把这些经验同僧格林沁的失败教训用在与捻军的作战上，他的上述战略无疑是非常正确的。捻军的失败，最终也是败在曾国藩的这个战略上，只是曾国藩手中无兵，无法落实，自己却走了麦城，这是后话。

当时，他深信自己的战略正确。但是，他手中没有军队去执行他的计划。这时他深切怀念过去手中的十几万湘军，然而湘军的历史永远地成了过去。离开南京时，只有刘松山、易开俊的二千人马，在北进途中不断逃跑，过黄河故道时，只剩下一半人马。另一支由张诗日率领的亲兵，也只有二千人马，但

[①] 《曾国藩家书》，同治四年十二月十五日。
[②] 《曾文正公奏稿》第22卷，第68—69页。

全是新募的军队，虽然也来自湖南，可是全无作战训练，半数以上被逼前来，也准备逃离。

湘军确已成了昔日黄花，要同捻军作战，只能靠淮军。淮军的军阀性质极强，纪律很坏，没有早期湘军的教育，本性与曾国荃湘军很相似，只有李鸿章及其手下才指挥得动，曾国藩也不行。

李鸿章派给老师的淮军是刘铭传、张树声、周盛波、潘鼎新四支军队，的确是淮军精锐，总计是二万二千人马。为方便指挥，由李鸿章的两个弟弟——李鹤章管理营务，李昭庆协助军务。尽管如此，曾国藩仍指挥不动，这是他剿捻失败的根本原因。

同治四年五月二十五日（1865年6月18日），曾国藩自南京动身，准备去徐州剿捻老营。他命令刘铭传驻周口，刘松山驻临淮，张树声、周盛波驻徐州，调僧格林沁的部将陈国瑞去清江浦。

但是，部队尚未调动，刘铭传与陈国瑞两军便大打出手，使曾国藩出师便遇上指挥失灵的兵家大忌。

陈国瑞是僧部悍将，也是僧部败后保留下的一支完整军队的统领。陈国瑞原是太平军士兵，后投降清军，被总兵黄开榜认为义子。他身材短小，打仗时常穿红盔红甲，勇冠三军，人称"红孩儿"。同治二年（1863年），苗沛霖叛清，清廷命陈国瑞帮办僧格林沁军务，讨伐苗沛霖。僧格林沁命他主攻，他冒着苗军之弹雨反复冲杀，击败苗军，杀死苗沛霖，因功赏为提督，慈禧特赏其三代一品封典。僧格林沁追赶捻军时，陈国瑞尾随其后，但未及救援，僧氏即被打死。他大呼闯入捻军马队，夺回僧格林沁尸体。而后，清廷命他率领僧格林沁的军队，护理钦差大臣关防，驻扎济宁。此时，刘铭传军驻扎在济宁城北的长沟集。

陈国瑞的作风极似僧格林沁，暴戾成性，也不把湘淮军看在眼里。他见刘铭传部洋枪装备，便发起五百士兵，突入刘部军营，杀死数十名淮军，抢走三百多杆洋枪，回营而去。

正好刘铭传性格与陈国瑞相同，平日也不把其他军队放在眼里。当时他不在军营，才让陈国瑞得手。陈国瑞一个败军之将，敢于入营杀人抢枪，简直太岁头上动土。于是，他也发起大队人马，突入陈国瑞军营，逢人便杀，全歼陈国瑞五百名亲兵，活捉了陈国瑞，押回长沟集。刘铭传亲自鞭打他，打后将其关进黑屋，整整饿了三天，然后才放走。

二人火并之后，齐到曾国藩处互告。曾国藩出师以来，一个捻军没"剿"到，却发生了两军火并、杀死数百人的大案，这是他领兵十几年从未发生过的内部相杀事件。曾国藩对两军毫无办法，一个是慈禧太后看中的大将，一个是淮军主力，如今用人之际，又不能大动"手术"，按他过去的治军原则，两员大将都是死罪。

这场恶性事件，足以说明他对自己率领的客军，毫无控制权，指挥这样的军队，要想获胜是妄想。

没办法，曾国藩只能苦口婆心劝谏陈国瑞。开始时仍是不听劝，还要求惩办刘铭传，不然就不听将令，不去清江浦。曾国藩又软硬兼施，要参他不顾主帅安危，造成僧格林沁战死之罪，陈国瑞只好率军前往清江浦。光绪年间，陈国瑞又因内部纠纷，造成命案受牵连，被革职发遣，死于黑龙江戍所。死前叹曰："吾早从曾文正公之言，不及此夫！"①

让曾国藩难办的不是陈国瑞，他毕竟是僧格林沁留下的一支孤军，翻不出手心。可淮军的四支军队，是他剿捻的主力，他也一样难以指挥，造成很多纠葛，使他非常恼火。

李鸿章不在军中，可所出命令得他同意才能落实。如曾国藩派刘铭传去周口，这是剿捻战役中至关重要的地区。刘铭传见那里是捻军活动的中心地带，危险性大，就是不去。曾国藩要行使指挥权，他便告病不入军营。曾国藩只好向李鸿章问计，并向他发牢骚，争取直接指挥权。李鸿章是他的学生，不好争辩，双方议定：除罢免军官要双方商量外，其他如保参、增勇、请假、

---

① 朱孔彰：《中兴将帅别传》，第344页。

行军、作战等，不许李鸿章再行遥控，所有军务必得让曾"径自主持"①。这些条件李鸿章虽然同意了，但是，这四军毕竟是李鸿章的军队，曾国藩是借来使用的，用协议解决不了指挥权。

例如：曾、李二人才议好条件，便马上发生不听将令之事。曾国藩要建立一支骑兵，与捻军的骑兵对抗。他把僧格林沁的战马调到徐州，又让鲍超为他买了八百匹口外良马，组成了骑兵队。曾国藩命令李鸿章的弟弟李昭庆亲自指挥，可李昭庆却不干，害怕骑兵与捻对仗有危险，落得僧格林沁下场。他要求哥哥出面干预，李鸿章果然写信过来，让曾国藩改变用人计划。曾国藩接到信很生气，认为他应该劝说弟弟听命令，不该帮着违抗命令。李鸿章不敢再对抗，最终由李昭庆任骑兵统领。但将帅之间存在如此矛盾，又怎么能打好剿捻仗？

淮军难驭，曾国藩奏请未被裁撤、归沈葆桢调度的鲍超部前来剿捻。获准后，曾国藩让他就地整军，新募五千骑兵，总计一万五千人前往剿捻战场。

同时，清政府起用开缺的曾国荃为湖北巡抚，让他协助曾国藩作战。曾国荃接旨后召集彭毓橘、郭松林等四部将官，募得湘军一万五千人马，这支人马被称为"新湘军"，赴湖北堵击捻军。

曾国藩手中有了一定实力，便组织队伍追袭捻军，企图与之决战，从而歼灭之。但是，他组织四路大军，追击了一个多月，只是同捻军打转悠，跑得精疲力尽，也没能动捻军一皮一毛。时而还被捻军回击或偷袭，诸军多避其锋芒，不敢对阵。所以，捻军十分看不起湘淮军，认为不如原来的僧格林沁、陈国瑞敢于拼杀。

曾国藩感慨地说："淮、霆各军将近五万，幼泉（李昭庆——引者）万人……不能与之一为交手，可憾之至。"又说："人皆言捻子善避兵，只怕打不着，余则谓不怕打不着，只怕打不胜，即鲍、刘（刘铭传——引者）与之相遇，

---

① 《曾文正公书札》第25卷，第37页。

胜负亦在不可知之数。"①

通过追袭失利的实战证明，捻军的长处是骑兵奔走，若坚持奔袭即将蹈僧格林沁之覆辙，因此坚信起初设计的"河防大计"的正确。于是，曾国藩坚决改变策略，实施"河防大计"。此后，他停止军事行动，而与地方协商，分守黄河、运河、沙河、贾鲁河、淮河，把捻军困于黄、淮之间的狭窄地带，待机歼灭。他与漕运总督吴棠、山东巡抚阎敬铭、直隶总督刘长佑、河南巡抚李鹤年等地方官协商，又把湘淮诸军分派至各线，与地方武装相配合，四面围困捻军。

同治五年六月中旬，捻军张宗禹在河南西华、上蔡与湘军刘松山、张诗日两军相遇。双方激战七天，大仗打了六次，击毙捻军骑兵六千余人。这是曾国藩剿捻以来第一次胜利，也是清军与捻军作战以来，取得的很大一次胜仗。曾国藩不让捻军喘息，迅速调集大队人马，把捻军驱赶到贾鲁河、沙河之间进行消灭。但捻军统帅赖文光等看透了他的目的，也迅速约集任化邦、牛宏升及张宗禹残部，于八月十六日夜间，对河南巡标营河防发动突然袭击，突破河防防线，于开封城南东去，进入山东。

一时失利无碍剿捻大局，捻军奔往山东，仍在河防包围之中，并未对清廷造成威胁，更未说明"河防大计"的失策。可是，曾国藩的反对势力抬头，想借这点失利全盘否定他，一举轰之下台。于是，朝野交章弹劾，要求罢免曾国藩两江总督之职，收回钦差大臣之命。清政府害怕捻军由山东北上，渡过黄河，攻打北京。于是，连发上谕，严厉斥责曾国藩。曾国藩心里很明白，自湘军被裁，做武力统帅的日子已一去不回了。无论怎么说，自他调兵以来，捻军的攻势被扼，已成流寇，没有实力进攻北京。再者，他的"河防"完全正确，对付流寇最好的战略就是堵截，对付骑兵流寇最有效的战策就是河防。清政府看不到这些，却放纵舆论对他恶毒攻击。他预感到，一次险恶的风波就要到来。

---

① 《曾国藩家书》，同治五年十二月十八日、十二月十二日。

对清廷的上谕他不能不表态，他以身体欠佳为理由，上疏请求开缺大学士、两江总督，另派钦差大臣接办军务。而自己不准备离开战场，打算以"散员"身份留在营内，进一步落实"河防大计"。

曾国藩要求留营，实施"河防"的要求很快传出，又成舆论笑柄，"闻者皆笑其迂"。就连他的学生李鸿章也讽刺说："古有万里长城，今有万里长墙，不知秦始皇千年后遇公等知音。"清政府没有留曾国藩在军营，而是派李鸿章前来接替他剿捻，让他回任两江。

曾国藩不计较李鸿章对他的无理，乃叮嘱他坚持"河防大计"，告诉他这是唯一正确的对付捻军的战略方针。

开始一段，李鸿章未听老师之言，以大兵团围歼捻军，结果遭到大败。郭松林部先在湖北安陆吃了大败仗；半个月后张树珊部又在湖北德安被捻军全歼，张树珊被打死；不久，捻军又在安陆尹隆河大败刘铭传，如果不是鲍超赶到，刘军将全部被歼；一个月后捻军又在湖北蕲水歼灭彭毓橘部，打死统帅彭毓橘。从同治五年十二月，到第二年二月，两个月打败李鸿章第一次围追的所有部队，打死屡立战功的湘淮军大将彭毓橘和张树珊，几乎全歼淮军第一军刘铭传部。尹隆河一战，湘淮矛盾白热化，鲍超的"霆军"全部解散，曾国藩湘军的历史至此宣告终结。

曾国藩仍旧劝告李鸿章，必须改变战略，不然难免要全面失败。曾国藩虽回任两江总督，可以置身事外，但他的忠君思想一直很坚定，没有因为清廷的不信任而抛弃儒家信条；李鸿章是他一生唯一受业弟子，他不能眼看自己学生的失败，他自己身败名裂不在乎，他要把荣誉留给李鸿章。再者，捻军一旦成了气候，他更无法置身事外，出于阶级立场，他一定会帮助李鸿章消灭农民起义军。

屡遭失败后，李鸿章不得不考虑老师的劝诫。手下大将刘铭传、潘鼎新等一致认为"河防大计"是唯一的制敌良策，共同劝谏李鸿章。诸方面因素，让李鸿章实行了老师的"河防大计"，这才转危为安，消灭了捻军。

时人认为，曾国藩湘军打败了太平军，李鸿章淮军歼灭了捻军。实质上，是李鸿章帮助曾国藩打败了太平军，曾国藩帮助李鸿章消灭了捻军。他们都是清政府的"中兴名将"，他们共同镇压了19世纪中期发生的、我国历史上规模最大的"发捻"农民起义。

捻军在湖北大败湘淮大军后，北走河南，向东挺进，突破运河防线，进入山东胶（州）莱（阳）地区。李鸿章根据刘铭传的建议，采取"倒守运河"，即把守军从运河东岸迁至运河西岸设防，把捻军堵在运河以东，聚歼于胶莱海边。

此后，李鸿章坚持"河防之策"，顶住了来自多方的舆论压力。李鸿章不是曾国藩，没那么多清规戒律，也不信儒家信条，我行我素，谁也拿他没办法。他听信了曾国藩的忠告，并不是因为师生之谊，他是认为"河防之计"的确正确。他就是坚守运河防线，用重兵防守，捻军始终突不破河防。而后把捻军赶到黄河、运河和大海之间的狭窄地带，使其马队无法施展特长，首先歼灭了赖文光、任化邦部。张宗禹见赖文光东捻军危急，率西捻军东救，又被堵在黄河、运河、徒骇河之间，终被歼灭于"河防"阵线之中。

捻军的最终失败，败在曾国藩制定的"河防大计"。所以，曾国藩知道自己的失败不在战略失误，而是另有原因。而"河防大计"最终发挥了歼敌作用，把歼敌的大功和荣誉留给自己的唯一受业学生李鸿章，他也心安理得。

23 / 损而未损，是非自在人心

王明阳和曾国藩一生坚守儒家信条，革除人心因私欲产生的屏蔽，归复他们认为的人心本体的善良，是圣人的信念。人生中往往如此：对有信念者，在信守上打击他，往往很容易击中。而对没有信念者，用信守打击他，等于对牛弹琴，他会毫不在乎。但归根结底，即使击败了品质高尚、有操守者，本质上他并未失败，因为是非全在人心中。

评价曾国藩，论者多认为自湘军攻陷南京，他的人生走了下坡路，以后他做的大事既未做对，还都失败了，身败名裂。当时和现在，大体都是这么说。

其实，剿捻他是失败了。但归根结底他又没有失败，因为李鸿章是用了他的"防河大计"才打败捻军的；当时如果他仍有得心应手的军队，就不会失败。即使他败下阵来了，人们也皆知，他的剿敌谋略、军事思想胜利了。得胜的李鸿章，永远是他的学生，但在信守和品质方面，他永远是个不合格的学生。

如何处理天津教案，是曾国藩和李鸿章的再一次表演。否定曾国藩的人，同样认为这是曾国藩一生最大的失败，身败名裂！但李鸿章也是那么做的，在这件事上却没人非难他。如果曾国藩没有在道德信守上规范自己，也如李鸿章那般我行我素，人们就不会说他身败名裂，他也不在乎名声操守。

曾国藩剿捻无功回任两江，补授体仁阁大学士。才过一年，因直隶总督官文阻击西捻军失败离职,曾国藩接其直督之职,就在此任上,发生了天津教案。

第二次鸦片战争后天津成为通商口岸,西方各国纷至天津进行贸易,同时开展教会活动,盖教堂、设教会、开办教会学校、开设教会医院和育婴堂等。天津人民仇视洋人侵略,同时也仇视他们的这些宗教文化活动。

同治九年五月(1870年6月),法国天主教育婴堂收养的中国婴儿突然死亡三十多名。尸体外运时被市民发现,正巧有人风传,天津市郊不断发生幼孩被人迷倒拐走事件,与教堂有关。

五月二十一日(6月19日),一名叫作武兰珍的拐骗犯,被抓住审问。该犯承认自己把迷药放进熬制的红薯糖里,哄骗幼童,迷倒后拐卖。人们逼问迷药的来源,该犯说是天主教民王三给的。

此事轰传开去,群众便认为是天主教堂谋害中国儿童。当时直隶旱情严重,颗粒无收。饥民蜂拥进城里,人心嚣浮,骚乱不安。如今又发生育婴堂杀婴事件,如烈火烹油,立即发生群众性反"洋教"斗争。

群众把武兰珍扭送到知府衙门,知府张光藻审问武兰珍和一同前来的证人。有人说,亲见法国育婴堂抛弃死婴,胸腔尽开,心肝俱无,眼珠也被挖去。武兰珍供认教民王三授以迷药,拐出幼童交给育婴堂,由王三给洋银五元。张光藻解释,案情复杂,又事关中外关系,自己作不了主,愿带犯人去找法国育婴堂对证。并提醒大家,去后千万别闹事,闹起来吃亏的是中国人,尚未结案的四川酉阳教案,老百姓和法国传教士闹冲突,死伤百姓八百余人。

张光藻约了天津道周家勋,一同给法国育婴堂发照会,让他们交出罪犯王三,遭到拒绝。五月二十三日(6月21日),张光藻、周家勋率领人证,押着犯人到育婴堂门前对证,并让武兰珍指出王三来。结果,育婴堂里并无王三其人,而武兰珍反被育婴堂问得无言以对。天津府、道只好当场向法国人赔罪,讪讪告退。

中国官员走后,围观群众与法国人发生口角,进而互殴。群众越来越多,他们向法国天主教堂、育婴堂扔石头、垃圾,高声谩骂。法国领事馆也在教堂、育婴堂附近，领事丰大业暴怒，立即派人找三口通商大臣崇厚，令他派兵镇压。并带上武装人员奔向崇厚的衙门，强令崇厚派兵。崇厚强调，未经允准，不敢派兵。丰大业蛮横地枪击崇厚，未能射中。此时，天津知县刘杰闻讯赶到，丰大业又向刘杰开枪，刘杰的随从高升护主而被击伤。

丰大业的暴行激起民众义愤，大家一拥而上，当场把丰大业和他的秘书西蒙殴毙。随后冲进法国天主教堂和育婴堂，打死打伤传教士多名，又将两堂点火烧毁。接着冲击法国领事馆和洋行，并捣毁了英国和美国教堂，先后打死二十多名外国人。

天津教案发生后，英、法、美、俄等七国，向中国提出联合抗议，调集军舰进行战争威胁。清廷害怕与多国决裂，以总理各国事务衙门向各国照会，表示严惩肇事凶手，保护各国在华势力。为平息外人愤怒，未问案情先把天津地方官"交部议处"。然而，各国公使仍不肯罢休，进一步进行战争威胁：各国军舰都已升火待发，准备进攻天津大沽口炮台。

清政府不断向各国表示诚意，并迅速作出决定：派直隶总督曾国藩前往天津查办。曾国藩知道教案难办，一年前在两江任内发生的扬州教案，几个月交涉也未能圆满结案。不接受洋人条件会立起事端，接受了洋人条件将损害国家利益，清廷怪罪他，中国民众更饶不了他。办教案，原本就是左右为难的事。

接到谕旨时他正在病中，这次他病得很重，自觉朝不保夕，把棺材运到了保定。幕僚们劝他以重病难以胜任为理由，另派他人前往。但曾国藩不肯辞其行，他说："大将不辞刀头死，只要死得其所，岂能因祸福避趋"决定"力疾受命"。

他在行前给二子纪泽、纪鸿写了遗嘱，强调此去绝难措手，或无以再返，但云："自咸丰三年募勇以来，即自誓效命疆场，今老年病躯，危难之际，断不肯吝于一死，以自负其初心。"

他的遗言是："余生平略涉先儒之书，见圣贤教人修身，千言万语，而要以不忮不求为重。忮者，嫉贤害能，妒功争宠……求者，贪利贪名。""所得人能充无欲害人之心，而仁不可胜用也。将欲立品，先去求心，所谓人能充无穿窬之心，而义不可胜用也。忮不去，满怀皆是荆棘；求不去，满腔日即卑污。余于此二者常加克治，恨尚未能扫除净尽。尔等欲心地干净，宜于此二者痛下功夫，并愿子孙世世戒之。"①

曾国藩的遗嘱和王阳明与王畿、钱德洪两个学生"天泉证道"所嘱何其相似。他们都要求大家按圣贤修身，去掉贪求等私心，做光明磊落之人。

曾国藩还谆谆嘱托"以勤俭持德，以孝友持道"。长逝后灵柩返南，谢绝一切，概不许花公家一文，不许收众人一分礼。所留奏稿、文书等留在家中，绝不许刻布送人等。

留书后，他率领赵烈文、薛福成、吴汝纶等，冒着七月酷暑，扶病就道。

听说曾国藩要来天津审案，那里的绅民以为他是敢于反"洋教"之官，定能主持正义，为天津人民伸冤。当他们一行到了天津城门，早有众多官员、士绅和百姓前来迎接，并拦轿鸣冤。大家争论伸说冤情，尤其是当事人、知情人皆哭天抹泪，跪拜求救。人群拥挤，天气炎热，曾大人被挤得汗下如雨，天津官员赶快驱走群众，扶他上轿离开。

进城后谢绝来请者，带着随从住进文庙。刚安顿好，三口通商大臣来访，曾国藩顾不得劳累，忙以礼相见，并让他把情况如实说明。崇厚的态度与天津绅民完全相反，他认为发生教案，纯属百姓反洋情绪加上无知所致，迷拐儿童挖心取肝之说不仅无稽，而且有人恶意煽动。天主教仁慈，收养的儿童不是孤儿便是弃婴，育婴堂总为之辛劳。儿童死亡都是流行病，医治无效而死，不去育婴堂的儿童死亡更多。崇厚还说，一些盗匪趁火打劫，教堂等处混乱时都曾被劫。

曾国藩提审了武兰珍，并多方调查。调查表明，育婴堂儿童并无一人是被拐来的，育婴堂对他们照料有加，还教儿童识字唱歌。

再度审讯武兰珍，结果是她和王三勾结拐卖儿童，与天主教和育婴堂毫

---

① 《曾国藩家书》，同治九年六月初四日。

无瓜葛。他们相继被捕，供认与教堂有关，是想借洋人之力逃避罪责，王三也根本不是教民。

调查结果还表明，反洋教的骨干是活动于京津一带的团伙，称做"水火会"。该团伙由来已久，多是海河脚夫、铁木匠夫等手艺人。这次闹事打死丰大业、火烧教堂就是他们带的头，许多外来的流民、强盗则趁火打劫。

案情并不复杂，但如何处理，事关中外邦交、中国官民，实难定谳。从心理上讲，曾国藩对洋教十分反感，正如他当年《讨粤匪檄》中所揭露，天主教不敬祖宗，违背中国礼仪伦常，是扰乱中国数千年文明的异教。他举兵讨伐洪杨，就是捍卫中国纲常名教。但是，如今面对的不是洪秀全，而是据有条约，得到皇帝允准的英、法、美、俄诸国。他们的军事力量远比中国强大，上谕明文让他"查拿中国滋事之首"，"持平办理，以顺舆情而维大局"。

既然不能得罪外国人，又如何面对天津人民的舆论压力，这将更为困难。现在，朝廷内外攻击崇厚"卖国媚敌"。醇郡王、内阁学士宋晋、翰林院侍读学士袁保恒、内阁中书李如松等上奏朝廷，说天津反洋教是义举，要求皇帝下旨讨伐洋教。他们的奏言，更使群言汹汹。现在，形势把他逼到了火炉之上，天津人要求惩办卖国的崇厚，要求他为受害的百姓说话，如果他根据实情办理，他将同崇厚一样，被骂为卖国、媚外。

天津教案的严重性是，牵扯的国家多，各国联合，对中国压力极大。而反洋教的群众面广，还包括官员士绅。双方力量都大，互不相让，得罪哪一方都不好交代。他要做当年的林则徐，给太后、皇帝上书，历数洋人罪行，力申天津民心可用，向洋人宣战。但是，林则徐有皇帝支持，是皇帝向英国宣战的。如今，太后、皇帝绝不会支持他与这么多国家宣战。一旦向外国人挑战，先不说他手中无兵无法抗敌，就是同洋人对抗一阵子，外国联合进攻中国，中国将如何抵御？他将成为拿抗战收买人心，拿国家安危不当回事，引起列强侵略的真正历史罪人。所以，他真要做被罢官的林文忠公也是不可能的。

那么，既做不了"民族英雄"（实际上的历史罪人），就必然是千夫所指的"汉奸卖国贼"。佛有句最后的偈语是"我不下地狱谁下地狱"，这次他只能"下地狱"了。

同治九年六月十九日（1870年7月17日），曾国藩会见了法国驻华公使罗淑亚。罗公使训练有素，举止适度。但文雅的背后是掩饰不住的傲慢，他们十分看不起中国官员。但是，在罗公使眼里，面前这位做过十几年湘军统帅的曾大人，却是如此苍老和虚弱。但在老弱的背后有一种山崩不动、惊雷不闻的气度。罗淑亚以外交官温煴之词，指责中国暴民戕害法国领事、焚烧教堂、杀死法人的种种罪行，问曾大人作何处理。而曾国藩也不亢不卑，指出事态起因是来自教堂虐待中国儿童的传闻，丰大业开枪打伤中国官员，而激起民变。

二人各执一词，罗淑亚的态度可以令曾国藩接受，所提条件曾国藩也在预料之中，回答说请示朝廷旨意再予回答。

不料两天后，曾国藩接到法、英两国联合照会，指责曾国藩对他们所提条件不予理睬，毫无诚意。故此重申两国要求：所有凶手立即正法；严惩天津官员知府张光藻、道员周家勋、知县刘杰、总兵陈国瑞；赔偿白银五十万两。上述条件十天内兑现，不然就出兵进攻天津和北京。①

曾国藩对英、法公使的无理要求，先让崇厚口头拒绝，他再发正式照会。但崇厚害怕他态度强硬造成决裂，提出把张光藻、刘杰交部治罪，以平息英、法公使之怒。曾国藩原想只让总理衙门上奏朝廷，将张、刘交部治罪，作表面文章，而先让二人称病回籍，事后再予招回。谁知英、法公使迫令总理衙门，必让皇帝作出明确处理意见才肯罢休。曾国藩只得把已放走的张、刘二人找回，录下口供，交前来审问的大理寺卿成林押送进京。

随后，英、法公使又迫令曾国藩缉拿凶手，派总税务司英人赫德来津，赫德见到曾国藩透露，只要办好缉凶，张光藻、刘杰便可以无罪结案②。于是，曾国藩派人四处缉凶。案中被杀的外国人二十名，中国也必须以二十人

---

① 莫尔斯·霍锡阿·巴劳：《中华帝国国际关系》第1卷，第375页。
② 《曾文正书札》第32卷，第56页。

抵命。曾国藩先后逮捕八十多名疑犯，进行审问。

当曾国藩把天津地方官交部议罪，又四处捕拿凶犯以抵洋人之命时，京、津士人一片哗然，"卖国贼"的骂声随后腾起，使他一下子陷入舆论包围之中。报纸记载："诟詈之声大作，卖国贼之徽号竟加于国藩。京师湖南同乡，尤引为乡人之大耻。"① 京师虎坊桥长郡会馆、教子胡同湖南会馆等处，由曾国藩所题匾额，被愤怒的士子砸破，把凡有曾国藩之名者尽数刮掉，口吐、脚踏犹不解恨。

此时，天津府、道官员被逮押解进京，天津官绅士子都去慰问，使其门庭若市。舆论称赞他们"爱民"、"正直"，敢同洋人抗争，联系曾国藩自然成了害民、邪佞的卖国官员。曾国藩情绪低落，病情加重，口里反复自语"内疚神明，外渐清议"②，身体再无法支撑下去，只好上奏简派大臣赴津协同办理。清政府立即同意，调江苏巡抚丁日昌来津会办，又因丁日昌由苏州前来需要时间（约十天才能到达），又派工部尚书毛昶熙先行赴津。

不久，崇厚奉命前往法国赔礼道歉，毛昶熙署理三口通商大臣，留在了天津，丁日昌也从苏州赶到了。

曾国藩满以为清政府能替他担当一点，让他办完此案再回直督任职。但是，慈禧避开舆论攻击，指责曾国藩"文武全才惜不能办教案"③。于同治九年八月二日（1870年8月28日），下令曾国藩回两江总督任，让李鸿章接任直隶总督，查办天津教案。这种调动明白地告诉国人，曾国藩无能办理此案，而政府不满意他的作为，才改让李鸿章代替他。这个做法同剿捻一样，让老师败下阵去，学生接着再来。

慈禧的这个做法，是要把天津教案办理不善的责任全推给曾国藩，也让曾为她背上卖国罪名。但是，她完全想错了。李鸿章和丁日昌到了天津，根本不问舆论怎么说，他们该怎么办就怎么办。丁日昌见到曾国藩，劝他放宽心，

---

① 《国闻周报》第6卷，第38期。
② 《国闻周报》第16卷，第38期。
③ 《曾胡谈荟》。

别把"清议"和辱骂当回事。丁日昌上奏称:"自古以来,局外之议论,不谅局中之艰难,然一唱百和,亦足以荧视听而扰大计,卒之事势决裂,国家受无穷之累,而局外不与其祸,反得力其清议之名。"一到天津便径自去找洋人道歉,同时纠工修天主教堂,严刑审讯在押之人,悬赏捕拿凶犯,做这一切都毫无顾忌。京津之人骂走了害怕舆论、顾忌名声的曾国藩,招来个甘做洋人鹰犬的丁日昌。于是,四处张贴标语,骂丁日昌是"丁鬼子"、"丁鬼奴"、"二毛子"等。丁日昌的确一点也不当回事,该做什么就做什么。

李鸿章完全支持丁日昌,更不顾忌舆论,与英、法公使交涉,完全同意他们提出的惩凶、惩罚官吏等要求,把天津官员发往黑龙江极边,杀死人犯十六名,四名缓期执行,很快结束了天津教案。原先的舆论制造者对李鸿章、丁日昌没什么办法,也很快叫歇。

曾国藩觉得天津官员被判过重,亲为张、刘二人筹款一万五千两白银,以求得心里稍安。

曾国藩因教案名声受到如此损害,而王阳明死后仍受到莫名诽谤。

王阳明抱病征思田之乱,死在征途,嫉恨他的人竟无端诽谤。时任吏部尚书的桂萼闻信,上奏称他擅离职守,尤诽谤他生前创立异学,"欲立异为高,则非朱熹格物致知之论",因讨贼擒叛有功,免追伯爵,而应"禁邪说以正人心"①。明世宗听信了桂萼等人的奏言,下诏停世袭封典,且以王阳明之学为"伪学","令都察院通禁约,不许踵袭邪说,以坏人心"。

皇帝令禁,使王阳明的家人也受到骚扰,当时其子正亿才四岁,与继子正宪皆"离仳窜逐,荡析厥居"。直到其门人大学士方献夫署吏部,"择刑部员外郎王臣升浙江佥事,分巡浙东,重纪其家,奸党稍阻"②。

至此,我们不能不说王阳明对门人教育的成功。老师受到了不公平的待遇,他的弟子们皆奔走呼号,为老师鸣不平,或相约一起,讲论老师的学

---

① 《明史·王守仁传》。
② 《王阳明全集》第20卷。

术思想；或建祠堂纪念老师；或修书院，继承师志而授徒等。据统计，其重要的活动有：嘉靖九年五月，门人薛侃在天真山建精舍，祭祀老师。十一年正月，门人方献夫合同门四十余人于京师，聚于庆寿山房讲论师说。十二年癸巳，门人欧阳德会门人于南畿，讲论师说。十三年正月，门人邹守益在安福建复古书院，纪念老师。三月，门人李遂在衢麓建讲舍，纪念老师。五月，巡按贵州监察御史王杏在贵阳建王公祠。十四年乙未，钱德洪等人在姑苏刻守仁文录。十五年丙申，巡按浙江监察御吏张景、提学佥事徐阶重修天真精舍。十六年十月，门人周汝员在绍兴建新康伯祀。十一月，佥事沈谧在文湖建书院。十七年戊戌，巡按浙江监察御吏傅凤翔在龙山建阳明祠。十八年已亥，江西提学副使徐阶在洪都建仰止祠，吉安士民在庐陵建报功祠。十九年庚子，门人周桐、应典在寿岩建书院。二十一年，门人范引年在青田建混元书院。二十三年甲辰，门人徐珊在辰州建虎溪精舍。二十七年八月，万安门人在万安白云山建云兴书院。九月，门人陈大伦在韶关建明经书院。二十九年正月，吏部主事史际在溧阳建嘉义书院。三十年辛亥，巡按贵州监察御史赵锦在龙场建阳明祠。三十一年壬子，提督南赣都御史张烜在赣州郁孤山和南安建复阳明王公祠。三十二年癸丑，江西佥事沈谧在信丰县修复阳明王公祠，三月在南康改建王公祠。六月，崇义知县王建耀重修阳明王公祠。三十三年甲寅，巡按直隶监察御史闾东、宁国知府刘起宗在水西建水西书院。三十四年乙卯，欧阳德改建天真仰止祠。三十五年二月，提学御史赵镗在广德建复初书院。总之，在世宗嘉靖三四十年间，阳明祠、阳明书院遍布全中国，毛大可《王文成传本》引《勋贤祠志》云："书院七十五所，祠四百二十所。"[①]王阳明的门人、朋友和信奉者的上述活动早已打破了朝廷的"禁约"，极大地扩大了王阳明思想的影响。

明穆宗隆庆元年（1567年）五月，新君登基，"诏病故大臣有应得恤典赠谥而得者，许部院道官议奏定夺"。于是给事中辛自修等上疏，请为守仁恤

---

① 张祥浩：《王守仁评传》，第52—53页。

典。经吏部礼部会议后，两部疏称："王守仁具文武之全才，阐圣贤之绝学，筮官郎署，而抚疏以犯中珰，甘受炎荒之谪。建台江右，而提兵以平逆，亲收社稷之功。伟节奇勋，久见推于舆论，封盟锡典，岂宜遽夺于身终？"皇帝见疏，诏赠新建侯，谥文成。

至神宗万历十二年（1584年），廷议以王守仁、陈献章从祀孔子庙庭。神宗诏准，王守仁、陈献章、胡居仁、薛瑄同祀孔子庙庭。

在王阳明遭到诽谤诬陷时，湛若水曾为之辩诬："若夫百年之后，忌妒者尽死，天理在人心者复明，则公论定矣。"①事实上，忌者未死时，人们心中天理已在；而半个世纪后，皇帝亲诏褒奖，晋为新建侯爵。

至此，我们尤不解者，曾国藩的人格影响之大，然而当他危迫时，他的唯一受业弟子李鸿章不帮他反而两次取代他，又进而讥讽他。他的好友左宗棠，在清廷向曾氏施压时，也曾落井下石，造成二人失和，直至曾国藩逝前左氏才表示歉意。

若将王、曾作一比较，虽然时事不同，但差别之大，简直不可同日而语，实令人费解。

---

① 《王阳明全集》第38卷，《阳明先生墓志铭》。

24 圣人的"远略"

毛泽东说："自从一八四〇年鸦片战争失败那时起，先进的中国人，经过千辛万苦，向西方国家寻找真理。"①毫无疑问，当时西方国家比中国先进，"真理"是在西方国家。然而，可悲的是，持有"真理"的先进国家却扮演着侵略者的角色；学习"真理"却要向杀人抢地的强盗去学！这种历史状况连马克思都感到"离奇"，他在《鸦片贸易史》一文中说："在这场决斗中，陈腐世界的代表是激于道义原则，而最现代的社会的代表却是为了获得贱买贵卖的特权——这的确是一种悲剧，甚至诗人的幻想也永远不敢创造出这种离奇的悲剧题材。"

这种特殊的历史原因和奇特的历史现象，把"先进的中国人"推向了一种困境——二律背反的困境。中国人既要打倒自己的敌人，又要向敌人学习，说开了也没啥困窘，就是魏源所说的"师夷长技以制夷"。这句话字面上很好理解，但实践中就难以分辨了。正如马克思所说，"陈腐世界的代表是激于道义的原则"——这又是一个二律背反：道义在手者那时却代表着落后；向西方学习的先进者，却要向侵略者学习。

十九世纪七八十年代兴起的"同光新政"，即洋务运动，便是"先进的中国人"向西方学习近代科学技术，但实行起来极不顺利。例如恭亲王奕䜣以握有实权身份，要培养懂科技的人才，便遭了持有"道义"原则人的反抗，说

---

① 《毛泽东选集》合订本，第1358页。

他"诱佳弟子拜异类为师"。当年曾国藩的理学老师倭仁就上疏言："窃闻立国之道，尚礼义不尚权谋；根本之图，在人心不在技艺。"①曾国藩的好友郭嵩焘出使英国，士人便骂他"未能事人，焉能事鬼，何必去父母之邦？"郭被人骂为"二毛子"，湖南诸生抄他的家，挖他的祖坟。

如果说徐继畬、魏源等首先看到西方的科学文化、政治制度都远比中国先进，首先提出学习西方，即"师夷长技"；而曾国藩则是首先实行学习西方科技文化者。他是所谓"同光新政"的发起人之一，创办了第一个近代工厂；首先奏设轮船制造厂，也造出了第一艘轮船"黄鹄号"；第一个提出派遣留学生。他死的时间太早，没能像李鸿章那样大规模进行，但因为他是率先进行的，所以人称他为"洋务之父"。

王阳明没赶上学习"洋务"的时代，看不出他有这种思想，也做不了毛泽东所说的"先进的中国人"，无法比较。但是，我们把学习经学的同时代人与他相比较，前文提到的倭仁就是用"礼义"反对"权谋"，以"人心"反对"技艺"，用"圣道"阻挠"新政"，成为反对学习西方科技文化的顽固派代表。当时围绕京师同文馆应否招收科甲子弟入校学习天文、算学等，倭仁作为顽固派之首，坚决抵制。他不仅抵制曾国藩、李鸿章、左宗棠、文祥等人的奏折要求，甚至同奕䜣、慈禧面对面辩论，咬定中国必须"以忠信为甲胄，以礼义为干橹"，学习西方必将"上亏国本，下失人心"②。

倭仁时为大学士、理学大师，也是同治皇帝的老师，在京中影响极大。由于他的反对，京师同文馆的天文、算学招生归于失败。

恭亲王见顽固派的力量居然如此之大，他抓住倭仁反对招生的奏折中有"天下之大，不患无才。如以天文、算学必须讲习，博采旁求，必有为其术者，何必夷人，何必师事夷人？"之说上奏，既然倭仁有精通此术的人才，就让他"实力保举"。慈禧见奏，更进了一步，下旨："该大学士确有所知，著即酌保

---

① 《翁文恭日记》第7册，第12—13页。
② 《洋务运动》丛刊（二），第34页。

数员,另行择地设馆,由倭仁智饬讲求","并命大学士倭仁,在总理衙门行走"①。倭仁身边并无那种人才,更加讨厌奕䜣负责的总理各国事务衙门。而慈禧太后却让他推荐人才,还让他负责新设天文算学馆。倭仁几度请辞,慈禧皆不准。他要求辞官归里,慈禧亦不准。最后弄得"潜焉出涕",头晕坠马,慈禧和奕䜣才饶过他。一个理学大师,却在历史潮流中被弄成笑柄,的确悲剧。

以后,中国历史舞台上出现了代表时代潮流的洋务派、维新派、革命派。而顽固派的势力也一直很大,尤其是顽固基础牢固,中国下层社会分不清何为先进何为保守,他们保守着落后的生产方式,激烈反对新的生产力,成为马克思所说的"陈腐世界的代表"。

其实,曾国藩为什么在反"洋教"时遭到那么多人攻击?攻击者是否能用"爱国"一词包括?站在洋人一边是否就是"卖国"者?看了马克思和毛泽东的论断,也许看问题会更全面一些。曾国藩同倭仁相比较,为什么既能坚持作理学大师,又能称"洋务之父"?或因为当时他身在作战前线,既要有先进的杀人武器同起义者作战,又能看到将来的中外战场上更需要先进的军舰大炮,同洋人角逐。

洋务运动所以从军事工业开始,就是因为曾国藩、李鸿章等正同"发捻"作战,战场上的武器决定着胜败。远在咸丰十一年(1861年)初,曾国藩便上奏清廷,建议在长江下游设一造船厂,造船供应湘军水师,以攻取泽国城镇金陵、苏、常。奕䜣、文祥研究了这个奏折,认为办个造船厂,没有几年造不出大船,不如用设厂的钱购买欧美各国的大轮船,马上就可以在战场上派上用场。

曾国藩的奏折,应该说是中国近代洋务运动的发轫性文献。此奏折上奏后,清政府便向长江沿岸几省的督抚发出谕旨,让他们就购买西方军舰问题"妥筹具议"。当时的李鸿章、左宗棠还是曾国藩手下的幕僚,或正在募军

---

① 《清穆宗实录》第17册,第4577页。

上战场,无议论国家大事之资格,湖广总督官文对此不感兴趣。因此,能对造船、买船发表意见的还是曾国藩。

他很同意向外国买船,认为"购买外洋船炮,则为今日救时之第一要务"。"购成之后,访募覃思之士,智巧之匠,始而演习,继而试造,不过一二年,大轮船必为中外官民通行之物,可以剿发逆,可以勤远略"①。

曾国藩当时的眼光不仅在于用先进武器"剿发递",更主要是"勤远略"。他认为大轮船必然成为"中外官民通行之物",买来外国轮船,雇募研究人员和能工巧匠模仿制造,逐步达到"夺洋人之智巧","但使彼之所长我皆有之",那时就可同洋人一较长短了。

洋务运动期间,总共开办过二十多个军工厂,最早开设的就是曾国藩的安庆内军械所。为开办此军械所,他到处搜罗人才,先后把浙江宁海的著名学者李善兰、江苏金匮(今无锡)的数学家华蘅芳、徐寿等人请到安庆,并雇了数十名工匠、技师,在广州、上海买来一批洋枪洋炮和开花炮弹,交给他们研究、仿造。

安庆内军械所很小,没有先进的机器,只是利用土法仿造出洋枪洋炮。这些仿造品在战场上的威力,亦远非土枪土炮可比。从同治元年(1862年)开始,曾国藩鼓励、支持李善兰、徐寿、华蘅芳研制大轮船军舰。经过半年研制,他们于同治元年七月造出了一部轮船发动机。又过半年,安庆内军械所试制出了第一艘火轮船,这艘轮船虽然很小,但它是中国造船史上的一个创举。该船重二十五吨,长五十五尺,高压引擎,单汽筒,回转轴长十四尺,锅炉长十一尺,直径二吋②,曾国藩为这第一艘轮船取名"黄鹄"号。

曾国藩集合军官和幕僚在长江中试航,顺流航速为每小时二十八里,逆流每小时十六里,曾国藩自认"行驶迟钝,不甚得法",他让徐寿等人"以次放大,续造大船",中国便会有自己的舰队③。然而,徐寿等人绞尽脑汁,还是

---

① 《洋务运动》丛刊第2册,第225页。
② 张国辉:《洋务运动与中国近代企业》,第31页。
③ 《曾文正公手书日记》,同治二年十二月二十日

造不出外人那种大型军舰来。

军械所造不出大轮船，华蘅芳想起前时在上海认识的广东人容闳。他是美国耶鲁大学毕业的中国留学生。容闳毕业后，打算回国奉献才智。他曾到南京找洪仁玕，向他献上七项"新政建议"。洪仁玕替他呈给天王洪秀全，但等了多日，只等来一枚"太平天国卫天义容闳"小印，容闳悄然离开南京。

华蘅芳三次去信，才把容闳约来安庆。

容闳表示，自己曾给太平天国上过建议书，怕曾大人加罪。曾国藩表示：上书长毛表明你有爱国心，所上《七条》，除尊《圣经》一条外，其余六条都可接受。容闳回国五年了，第一次听到中国官员愿接受他的建议，而且是理学大师、湘军统帅。他俩一起议论关于办工厂、办教育、派留学生等问题。容闳表示，要落实这些，得有个"好政府"支持，没有官方支持将无法实现。曾国藩说："好政府没有现成的。有缺点的政府改去缺点就变成好政府。中国人学习了西方的好东西，中国也就变好了。"二人共同认为，在安庆能做的只有购买机器，开办真正的近代工厂这一条。曾国藩给他申请了个五品顶戴，委他去美国购买机器。

容闳去了美国，直到同治四年（1865年）才由美国买回机器，曾国藩与李鸿章在上海共同办起了当时中国最大的军事企业——江南机器制造总局。该局不仅制造枪炮弹药，还设立了船坞，制造军舰。到光绪二年（1876年），共造出七艘轮船，其中铁甲舰一艘，炮舰六艘。曾国藩不久就调任直隶总督，剿捻和办教案都遭失败，没给他多少时间创办更多的近代企业。我国办起第一个民用工业时，他已离开人世。但他是中国近代工业的开拓者之一，作用和影响不能因为做的不多而忽略。

曾国藩所做第二项洋务事业是办教育，派留学生。前文提及，中国走近代化道路需要人才，而开办新式学校受到很大阻挠，倭仁等理学大师成了近代化建设的绊脚石。曾国藩开办近代工厂缺乏人才，而请来的徐寿等人的科学知识还不够。

同治六年（1867年），曾国藩向容闳请教培养人才的办法。容闳建议在江南机器制造局设立一所新式学校，聘请外国人，一边翻译西洋科技书籍，一边教授中国员工学习新技术、新知识。这是曾国藩在容闳帮助下，建立的第一所新式学校，译出了一批科技书，培养了一批科技人才。容闳心里很高兴，在他的书里写道："于江南制造局内附设兵工学校，向所怀教育计划，可谓小试其锋。"①

同治九年（1870年），曾国藩调任直隶总督，容闳作为幕僚和翻译，随行去了天津。期间，容闳建议中国派遣留学生，曾国藩同意了容闳的要求，答应同李鸿章联名上奏，请求旨准。容闳听到后"乃喜而不寐"②。这年冬天，清政府批准了曾、李二人的合疏。

第二年七月，曾李二人再上派遣留学十二条，主要内容有：

（一）与美国政府接洽，清政府向美国派遣留学生，一切经费由中国承担。

（二）在上海设立"留学出洋局"，派有关人员负责，选幼童在局中培训，作出国准备。

（三）出洋幼童在十二至十三岁间，首批一百二十名，分四次出国，留学期限十五年。

（四）留学学习专业由中国根据需求决定，毕业归国同样由中国政府选择录用。

（五）幼童在美国，听从中国方面的管理和约束，学习洋文同时也学习中文。

（六）拨留学经费一百二十万两，由江海关拨出。③

同治十一年一月（1872年2月），曾、李两人再度上奏派遣留学生的具体落实情况。任命陈兰斌、容闳为正、副委员，常驻美国，管理留学事务；派刘翰清负责幼童出国前的培训工作；留学生的年龄扩大至十二至二十岁。

但是，由于当时风气未开，招生工作极为困难。曾国藩派人到城镇和乡

---

① 容闳：《西学东渐记》，第121页。
② 容闳：《西学东渐记》，第125—126页。
③ 《曾文正公奏稿》第4卷，第945页。

村作动员,说明了留学对国家、对学生前途的好处,并说经费全由国家出。家长们"有的申请了,可是有人散布流言,说西方野蛮人会把孩子活活剥皮,再把狗皮接种到他们身上,当怪物展览赚钱,因此报名的人又撤销"①。这种愚昧的传闻同天津教案中的流言相同,然而却阻挠了招生。

招生困难重重,不得已只能派容闳返回家乡招生,又去香港的学校招揽。第一批留学生大部分是容闳的同乡,或者是特殊条件者,如祁荣光,其父亲在澳门工作,见过世面,希望儿子去美国;唐廷枢和容闳曾是香港教会学校的同学,思想比较开放,送子唐国安留学;李恩富的堂兄在上海做生意,对外国人比较了解,他说服了李恩富的家长,放他出洋。

詹天佑是近代著名科学家,他就是这批留学美国的学生之一,当时他才十二岁。他的父亲詹兴洪开始不同意儿子出国,而邻居却认为去美国前途远大,如果詹天佑去美国留学,就把女儿许配之。这样,詹天佑的父亲才同意他留学。

同治十一年(1872年)夏,经过在上海的一段培训后,第一批出国留学幼童三十名,在上海登轮出洋,正式揭开中国学生出国留学的历史新篇章。遗憾的是,为第一批留学生出洋作过努力的曾国藩却在数月前辞世,没能亲眼看到这一幕。

容闳要先去美国安排留学生的食宿、读书等具体事务。临行前,曾国藩找他进行长谈,主要谈论的是留学生学成归国,中国有了各方面的人才,外国就不敢欺侮我们了。他俩不知道,这是他们永久分别前的最后一次交谈。

据说,容闳到美国定居后,终生珍藏着曾国藩给他的亲笔墨宝,西方友人想以十万美金买其一个条幅,容闳毅然拒绝。

中国留学生运动从曾国藩和容闳这里开始,此后中国便有了近代科学家、军事家、外交家及新式企业的管理者,产生了一大批具有新型知识结构和新思想的知识分子,对中国的洋务运动、维新运动、革命运动和文化、经济建设,皆发挥了很大作用,有些影响则是曾国藩始料不及的。

---

① 刘真主编:《留学教育》第1册,第83页。

25 / 理学与心学

本书记述的一个半圣人王明阳与曾国藩,是历史上的两位思想家,他们坚持的学说是理学和心学。思想史学界已有不少专业学者,对他们的思想进行了专门研究,有了不少专门著述。如张祥浩先生的《王守仁评传》、梁绍辉先生的《曾国藩评传》,都是这方面的力作,如有全面、深入研究王、曾思想者,可以先读这两部《评传》。然而,王阳明、曾国藩著作浩繁、思想博大,两部评传作者以多年精心研究,方成就巨著。而广大民众,因时间有限,要了解王阳明、曾国藩的思想,读原著和《评传》都有困难。本书的使命便是尽量把古人的思想浅化,变成大众可以看懂,而且用少量时间一看便懂的著作。

在中国哲学史上,宋、元、明哲学泛称"宋明理学",其中自然包括王阳明的心学。按照这个"泛称",心学包括在理学之中,是理学发展的结果。若打个比方,例如把理学说成是数学,数学有算术、代数和高等数学,高等数学由代数发展而成。那么,心学就相当于高等数学,是理学发展的高级阶段。这个比喻也许不大妥当,但从王阳明一生哲学思想的发展看,他的确先信"存天理,灭人欲"的理,最后发展为"心外无物"的心学。

理学有好几个名字,它是宋朝时兴起的学问,所以称"宋学";习惯又称"道学",如"道学先生",即理学先生;它还称"义理之学",宋代的理学家们就给理学取名为"义理之学"。既然理学产生于宋,《宋史》上就曾说明它的由来:道学之名,古史上是没有的。夏、商、周三代盛时,天子的政教就是道学,百官以此为职业,学校里讲的也是道,老百姓平时生活日用也是道,天地之间"无一民一物不被是道之泽"。因此就没有道学这个名字。而文王周公死后，天下大乱，礼崩乐坏，道不复存，孔子有德无位，说了不算，无法以权力恢复道。只好退而定礼乐、明宪章、删《诗》、修《春秋》、赞《易象》，讨论"三坟""五典"，期望圣人之学昭明于无穷，孔子之后的曾子、子思、孟子一代代努力，但道学还是没能成功构成。

那么，道学是什么时候才建构而成的呢？到了宋朝的中期，周敦颐得到了圣人不传秘诀，作出了《太极图说》和《通书》，推算出阴阳五行的道理，天道人性，了如指掌。张载作《西铭》，又极言"理一分殊"道理，此后"道之大源出于天者，灼然无疑焉"。到宋仁宗明道初年，程氏兄弟二人受业周氏，又扩大其说，把《中庸》、《大学》与《论语》、《孟子》并行，于是上自帝王传心之奥，下至初学入德之门，融合贯通，道学也就形成了。①

北宋时，有孙复、胡瑗、石介，他们在太学任教。他们为先贤经典作训释，影响很大，被称为宋初"三先生"，也是理学的先驱。然而，终于北宋，理学体系仍未完善，到南宋中期，朱熹继续构建之，提出"理"是永恒而至高无上的客观实体，它离开事物独立存在。为学应"即物穷理"，"穷理以致其知，反躬以践其实"等，道学体系完备，故道学遂又称"理学"。

张载在《经学理窟·义理篇》中说："义理之学，亦须深沈方有造，非浅易轻浮之可得也。盖惟深则能通天下之志。只欲说得便是圣人，若此则是释氏之所谓祖师之类也。"②张载还说，道学自孟子死后千余年没有人讲了，今天又有人讲，现在既有人讲，就说明老天让它继续存在与发展，有志于此者，应深入研究，不断地发展它的道理，才有可能继续发扬光大，不下苦功夫研究，只是背背条文，做些嘴皮子功夫那就可悲了。

理学的集大成者是朱熹。生前，由于政敌的压制，朱熹理学曾被朝廷定为伪学加以禁止。政敌死后被解禁，朱熹死后追封徽国公，并周、张、二程

---

① 《宋史》第36册，第12710页。
② 《张载集》，第273页。

"从祀孔子庙庭"。到了明代，以朱学为官学，科举考试必以朱熹所著《四书集注》为准则，理学从而大显于天下。

清代把理学作为学术门类研究始于姚鼐，他认为天下的学问，有义理、文章、考证三大类，而考证和文章又是阐发义理的工具。曾国藩则是继姚鼐之后，继承发扬宋明理学的大师。

曾国藩在直隶总督任上作《劝学篇示直隶士子》，认为作学问有义理、考据、辞章、经济四大类。义理是孔子教育学生的"德行"科；考据学则是孔门的"文学"科，今天称为"汉学"；辞章是孔门的"言语"科，就是今天说的"古艺文"和制艺诗赋；经济则是孔门的为政科，其内容包括前代典礼、政书和当世的掌故等。这样一来，就把当时士子们学习的义理之学（即理学）直接与孔子对接，为全面继承孔孟之道创造了理论纲领。

既然他持为学"四科"之观点，就克服了理学排斥他学的弊端。

中国学术自古即有派别之争，就是春秋时代的"百家争鸣"，也存在"争鸣"的排他性。汉代儒学的代表人物董仲舒依靠汉武帝的君权，罢黜了百家学说。

中国的儒、释、道三家一直对立，各自争取"为尊"地位，历代皇权也都各自采取一种学说，维护自己的统治。不光是"道不同不相为谋"，即使是"同门"中观点稍有不同，便发生分歧，出现你死我活之争。理学专讲"圣人"之道，排他性极强。如程氏二兄弟宣布："今之学者有三弊：溺于文章，牵于诂训，惑于异端。苟无是三者，则将安归？必趋于圣人之道矣。"①他们强调学是为了"养心"，此外的辞章学、训诂学都不是为"养心"，自是无用，佛学、老庄更是异端邪说。

曾国藩初治理学也排挤考据之学，曾说："兄之私意，以为义理之学最大，义理明则躬行有要而经济有本。词章之学，亦所以发挥义理义者也。考

---

① 《二程集》，第1184页。

据之学，吾无取焉矣。"①此后，他还对考据之学大张挞伐，斥之为"破碎之学"。后来他逐渐改变了自己的认识，至咸丰五年写的《欧阳生文集序》，虽然批评考据学"崇尚鸿博，繁称旁证，考核一字，累数千言不能休。别立帜志，名曰汉学。深摈有宋诸子义理之说，以为不足复存，其为文尤芜杂寡要"，但是，他推崇姚鼐："姚先生独排众议，以为义理、考据、词章三者不可偏废。必义理为质，而后文有所附，考据有所归。"②这样，就把汉学列为"不可偏废"的一门学科了。

到了晚年，他则完全改变早期非汉学的态度，而说："择一术以坚持，而他术固未敢废也。其或多士之中，质性所近，师友所渐，有偏于考据之学，有偏于词章之学，亦不必遽易前辙，即二途皆可以入圣人之道。其文经史百家，其业学问思辨，其事始于修身终于济世。百川异派，何必同哉？同达于海而已矣。"③到他这里，学问对修身、济世有益，"皆可入圣人之道"；互相对抗没有益处，只有相互吸收、并存，才能克服各自的偏见，达到海纳百川、共同前进。

曾国藩学宗朱子，对朱熹理学自然甚为熟悉。但是，朱熹又是怎样看待德行和语言、文学及政事三科的？他对朱熹的看法态度又是如何？朱熹不像二程，从根本上否定别的学科，认为别的学科阻扰了德行圣业。朱熹是用哲学上惯用的"体"、"用"来看待"那三件"。说到此，不用再解释人们也会懂得，即德行是本体，而"那三件"是为德行服务的。就如曾国藩时代的"中学"和"西学"一样，张之洞《劝学篇》全面论述"中学为体，西学为用"。简单地说，"中学"是不变的本体，而学到的西方科学技术，是为"中学"而用的。当时说不清楚的是"中学"到底指什么，若是指中国当时日益腐败的封建政治制度，那么学来西方的科学文化，为的是加强中国封建专制制度，那么"中体西用"观点就甚是落后了。

---

① 《曾国藩家书》，道光二十三年正月十七日。
② 《曾国藩全集》第14册，第246页。
③ 《曾国藩全集》第14册，第443页。

好了，我们再看朱熹的观点，他说："德行是个广兼内外、贯本末全体底物事，那三件各是一物见于用者也。德行，得之于心而见于行事者也。"①在这里，朱子给没给"那三件"一个地位？他只说"那三件各是一物见于用"，如果真的表述了德行和"那三件"是体用的统一关系，本末的统一关系，那自然是合理的。但从朱子对德行的强调，如同孔门对德行的强调，这里的"各是一物见于闻"，没有说明德行与语言、文学、政事的体用统一关系，而是说德行见于什么才是什么：德行见于语言才是好的、有用的语言；德行见于文学才是好的文学；德行见于政事才是正确的政事。犹如这么说：没有政治指导的才干就是白专；不合乎政治的文学作品便是"负能量"；不符合政治观点的语言是反动言论。没给语言、文学、政事独立地位，只有德行一门而已。

曾国藩正是看到朱熹的这个不足，才进一步阐发德行与其他各科的正确关系。如他阐发德行与统治的关系说："苟通义理之学，而经济赅乎其中矣。程朱诸子遗书具在，易尝舍末而言本，遗新民而专事明德？观其雅言，推阐反复而不厌者，不抵不外立志以植基，居敬以养德，穷理以致知，克己以力行，成物以致物。义理与经济初无两术之可分，特其施功之序，详于体而略于用耳。"②

义理与经济是什么关系？曾国藩认为是本与末的关系，是体与用的关系，是明德与新民的关系，是自身的德行修养和治国治民的关系。这里的事实是他在讲。但是，为了维护朱子先贤的体面，或者说用程、朱先贤说明自己的这个理论，而强调说：程、朱的书都还在，什么地方说过舍末而言本了？义理和经济本是一术而不是两术。为什么要分义理和经济？那是因做工、说话都得有顺序，必须先本而后末，详本而略末罢了。义理是根本，是指导，有了根本，再去做经济之功就不会错了。

---

① 《朱子语类》，第1010页。
② 《曾国藩全集》第14册，第443页。

那么，义理与考据、辞章的关系该如何摆法？同样，是先要有个正大光明志向，不为浮名微利所诱惑，不怕没人赏识，不耻生活条件艰苦，有了这个志向，无论考据或辞章都将不差亦不谬。他这里所说的，如同我们常用的又红又专、先红再专，以正确的政治原则去指导工作，指导写文章，指导考据工作，就将又快又好，关键处不会出岔子、犯错误了。

从人物生活的历史顺序讲，王阳明应在前面，而从思想史的顺序说，曾国藩坚持的理学要比王阳明的心学早，因为心学是在理学的基础上产生的。当然，那是批判的继承，或说破旧立新。

历史告诉人们，一种学术思想成为统治思想后会很快变得形式化、虚伪化。儒家思想在汉武帝时惟我"独尊"之后，就已经开始形式化、虚伪化。当时被人讽刺"举秀才、不知书；举孝兼，父别居"就是典型。同时，一种学术思想腐败之后，也会有另外的学术思想兴起，取而代之。汉代的儒术变成"儒教"，走到形式化后，释家和道家文化便兴盛起来。

朱子理学也曾经历这个过程。朱子学说由政府下令定为"伪学"，到政府下令为科举取士所必读，该学说就逐渐蜕变成真正的伪学。广大文人学"朱子"为了富贵利禄，嘴上讲的是仁义道德，肚子里装的是男盗女娼，"假道学"已成为人们的口头语，也成为士林的普遍事实。

明朝建国伊始，朱元璋便以朱子为宗，因朱熹也姓朱。到王阳明时代，历时已一百多年，朱子之学早已形成化、腐败化了，王阳明曾揭露之曰："外假仁义之名，而以行其自私自利之实，诡辞以阿俗，矫行以干誉，掩人之善而袭以为己长，讦人之私而窃以为己直……"；又曰："功利之徒外假天理之近似以济其私……"还曰："逮其后世，功利之说日侵以盛，不复知有明德亲民之实。士皆巧文博词以饰诈，相规以伪，相轧以利，外冠裳而内禽兽，而犹或自以为从事于圣贤之学。"

儒学文化从孔子开始便是一门讲伦理道德的学问，仁义道德的要求是去实行，而不是仅仅背记多少。

孔子最欣赏的大弟子颜回就是"有德行而短于才者"。而子夏则直接说：

"对待妻子,只重视她的品德;对父母能去尽孝道;服事君上,能忘身忘家;同朋友交往,诚实守信。这种人即使没有背过书上的条文,我一定说他是学得很好了。"①

但是,当朱子之学用来科举,在考试中用为评分高低的标准后,士子就只把它作为敲门砖,只是背其条文,不再把它当成力行实践、提高思想道德水平的道德学问了。

"心学"的启迪者陆九渊是朱熹的同时代人,他早已指出科举取士的弊端,他说:"今人只读书便是利,为取解后,又要得官,得官后,又要改官。自少至老,自顶至踵,无非为利。"②继承发扬陆九渊"心学"的王阳明更加深切认识到其流弊,他说:"然自科举之业盛,士皆驰骛于记诵辞章,而功利得丧分惑其心,于是师之所教,弟子之所学者,逐不复知有明伦之意矣。"③又说:"后世大患,全是士夫以虚文相诳,略不知有诚心实意。流积威风,虽有忠信之质,亦且迷溺其间,不自知觉。是故以之为子,则非孝,以之为臣,则非忠。流毒扇祸,生民之乱,尚未知所抵极。"④

否定之吾定是哲学揭示的事物产生发展的客观规律,想当初"宋学"的产生,即"圣学"自孟子之后灭绝千余年,朱子、二程等为"继绝学"而发明"道学"或称"理学",强调的是道德的实践性。为此,"二程"连辞章、汉学都否定,也是矫枉过正,生怕儒学传统被其他的学说冲淡。朱熹的"存天理,灭人欲",更不让人有欲望,只信"天理"正道。

然而,曾几何时他们呕心沥血缔造的道学被科举考试等弄得虚伪而腐败,不再是一门提纯道德的学说。陆九渊看到了道学之弊,乃创"心学"以救之。根本上就是恢复儒学的伦理和道德功能,让人心归其纯净、纯善、纯良。从而否定朱子"即物穷理"说,断言"心"是本体,"此心此理实不容有

---

① 原文见《论语·学而第一》。
② 《陆九渊集》第36卷。
③ 《王阳明全集》第17卷,《万松书院记》。
④ 《王阳明全集》第6卷,《寄邹谦之》。

二","宇宙便是吾心,吾心即是宇宙",为学必"先尊德性","发明本心",而"六经皆我注脚"。人们的共职做事,要首先做到"心乎国,心乎民,而不为身计"①。用时兴的话说,就是让人人都能凭良心做事,大公无私,不要只在口头上说为国为民,实际上贪污盗窃,害国害民,一切为了个人。

王阳明继承、发扬陆九渊的心学,他否定朱熹理学,也属否定之否定。不是要根本否定儒学文化,而是要剔除其流弊,发扬其善学。他创造"知行合一"说、揭示"致良知"论、旁注《大学》古本、天泉证"王门四句教"等等,就是剔除朱子学说在传播中产生的弊端。这正如胡宗宪《重刊阳明先生文录》序言中所说:"明兴百有余年,文教虽盛而流弊亦浸以滋,先生亦不得已而揭'致良知'一语以示人,所以挽流弊而救正之,无非发明孔门致知之教,而羽翼斯道之传。"②说明王阳明治心学,完全是为了挽回朱子学说因流弊而走入邪道;他发明孔子之说,是想让儒学的"正道"流传下去。

当年杨墨之道盛行,孔子的学说被置于不顾,孟子起来争辩,捍卫孔子学说;唐代佛老之学更加兴盛,而韩愈起而非佛老。并非孟子爱辩论、韩愈不自量,他们都是不得已而为之的。那么,王阳明创立新说,比孟子、韩愈还要艰难,他是冒着身家性命不保的危险去做的,难道他也是爱争辩和不自量吗?

听戏看书,每有人有冤无处伸时即望天长呼:"天理何在,良心何在!"诅咒坏人时会说:"丧尽天理!"自己被别人冤枉了也会叫苦:"天理良心,我何尝为也!"

这里的中心词"天理",便是程朱理学留下的语言,而朱子理学的核心即是"天理"。朱熹向人们解释何谓天理时说:"且所谓天理复是何物?仁义礼智,岂不是天理?君臣父子兄弟夫妇朋友,岂不是天理?""君臣、父子、夫妇、长幼、朋友之常,是皆必有当然之则,而自不容已,所谓理也。"还说:

---

① 《陆九渊集》第23卷。
② 《王阳明全集》第41卷。

"仁莫大于父子，义莫大于君臣，是谓三纲之要，五常之本，人伦天理之至，无所逃天地之间。"①朱熹的理论，是把儒家规定的纲常伦理和做人的道德以天的高度和不变性规定，让人去遵守。

但是，在黑暗的封建社会，是否真有"天理"存在？在无权无势的小百姓之中，大家只能各安本分，似乎有天理存在。可在有权有势者那里，他们就不按天理办事，他们只会搞强权政治，只会借势行事。

王阳明所处的年代，主要是明武宗时代。前文已述，武宗朱厚照是明朝最昏庸的皇帝，在那样的皇帝统治下，哪有天理存在。他任用宦官刘瑾等，疯狂迫害良善，残酷剥削百姓，整个天下都无比黑暗，看不见天理存在。

当时王阳明初入官场就遇上刘瑾迫害戴铣、刘健一案，他上疏以救之。结果，戴铣等人没救下，他本人也遭迫害，九死一生，被谪龙场。他已经深切体会到，没有天理，只有强权。王阳明毕竟是位对社会和人生皆有强烈责任感的知识分子，他处在生死挣扎之中，犹念："圣人处此，更有何道？"一天，他猛然醒悟："圣人之道，吾性自足，向求理于事物者误也。"②这就叫做"龙场悟道"。他悟出了什么？他悟出了朱子之学"天理"与"人心"分而为二之非；圣人处世，向外求天理之非。只能是自足其性，即求得自己的安心。就是说，人生在世，要对得起社会，对得起国家，对得起人民，而最根本的是首先对得起自己的良心。如果连自己的良心都对不起，其他都是妄谈；而如果人人都能做到心地良善，大公无私，那么整个社会也就会好起来。

---

① 《朱文公集》、《朱子语类》等。
② 《王阳明全集》第33卷，《年谱一》。

26 / 修身以成圣

儒家的奋斗目标即所谓"修齐治平",首要是修身;而且完成修身成为圣人,重在实践而不在理论。孔子一生就没留下长篇大论,只有一本《论语》,是他与学生平日的说话做事,学生们记了下来,编辑而成的"语录"。正如班固所言:"论语者,孔子应答弟子、时人及弟子相与言而接闻于夫子之语也。当时弟子各有所记,夫子既卒,门人相与辑而纂,故谓之论语。"[1]这本"语录",议论的就是"修齐治平",而最多的就是如何做人,如何修身。

曾国藩自从立志做圣人,就刻苦修身,也承继孔子特点,不去说很多大道理,就是如何去做。

前文已提到过,他翰林毕业后留馆工作,几个月没事干,纵情酒色,走入下流,弄得身心交瘁,几乎活不下去。自此,他猛然醒悟,开始反省自身,努力刻苦修身,才有了成果,并留下心得以教育子弟,成了半个圣人。

那天的日记写道:"忆自辛卯年(1831年——引者)改号涤生,涤者,取涤其旧染之污也,生者,取明袁了凡之言:'从前种种,譬如昨日死,以后种种,譬如今日生也。'改号至今九年,而不学如故,岂不可叹!……"[2]这篇日记的后文就是记他留馆以来"放纵逸欲",把自己搞得"膏油欲尽"。因此,才猛然觉悟,打算痛改前非,重新做人。

---

[1] 班固:《汉书·艺文志》。
[2] 《日记》,道光二十年六月初七日。

但是，恶习往往难改，从曾国藩日记看，此后他偶尔还犯。但犯过后又自我反省，决心从心性上下功夫。后来与唐鉴谈话，又与倭仁交谈。唐、倭二人的经验介绍很重要，让他定下修身的大目标，从此向这个目标努力。道光二十二年十月初一日，他与倭仁交谈，第二天日记便写下了"静坐，思心正气顺，必须到天地位、万物育田地方好"。这个目标就是《中庸》里提出的修养最高境界，达到与天地万物一体的地步。

曾国藩立下修身大志后，给弟弟们写信，劝弟弟们立下大志，即"君子立志也，有民胞物与之量，有内圣外王之业，而后不忝于父母之生，不愧为天地之完人。故其为忧也，以不如舜不如周公为忧也，以德不修学不讲为忧也"。同时向弟弟们介绍了《大学》"明德、新民、止至善"三纲，要把此三纲乃至读书别艺都与"修己治人之道"密切联系，不这样就将成为"识字之牧猪奴"。这封信还陈述了《大学》的"八目"，重点介绍了对"格物致知"和"诚意"的学习体会。[①]

曾国藩立志之大，要做尧舜周公、做天地完人，而其修身却从生活细节入手，这是很对的，这是他读《易》的收获。《易》曰："善不积不足以成名，恶不积不足以灭身。小人以小善为无益而弗为也，以小恶为无伤无弗去也。故恶积而不可掩，罪大而不可解。"人的恶念之产生，往往从小至大，小恶是大恶的萌芽时期。江洋大盗，杀人抢劫，不可能开始就做，往往从小偷小摸开始。小偷小摸不去革制，后来发展成逸盗劫匪，乃至于灭身毁家。

曾国藩的修身就是从细微的生活小事着手的。例如：他一天之内就发现了许多错误：赞美黎月乔的诗，有言不由衷语；谈论诗，有妄作高深语；应酬丁诵生的客套话太多；在何子贞家唱清音，心太张狂；与何子贞谈论字，六言而不知惭愧；写字时心不专一，"愈拘迫，愈浮杂"；喝了点酒，又动了功名心[②]。一篇日记检讨了自己这么多问题，可见他要求自己是多么严格。其中有

---

① 《曾国藩家书》，道光二十二年十月二十六日。
② 《日记》，道光二十二年十月初四日。

的也算不得错,这样检讨自己,有点谨小慎微,检讨得太过细微,使人畏首畏尾,有时反而误了大事。因此,事物要从两面去看:曾国藩的人生一度走入歧途,他决心改正,就有点矫枉过正;但他总注意小节,恰恰又使他婆婆妈妈。与王阳明相比较,又失去了做大事不拘小节的气度。

又一篇日记:"未正,走冯树堂处,看树堂日课,因与语收摄之言,无诸己而责语人,可耻!"①这里他在骂自己,为什么呢?就因为同冯树堂闲谈时,语言中责人处多了点。

接下来有一天吃罢饭看《易》心不静,便在何子贞的画上作诗题字。但作诗题字时,心里想的是"压倒别人,邀取名誉";晚上何子贞来取画,又"急欲谈诗闻誉,心忡忡几不自恃"。何子贞是当时著名书法家、画家,曾国藩为他的画作诗题字,自然想得到何的赞誉。在这天的日记里,又检讨自己"语言不诚"、"语失之佞"。最主要的是说为何子贞题诗之事,暴露了自己"喜誉恶毁之心,即鄙夫患得患失之心","一切学问才智适是以欺世盗名为已矣"。这个检讨也属太过,反映他对自己的反省是何等深刻。

这种痛骂自己的反省,如果就写在日记中,留给自己对着检讨,过些天再看看改得怎样,还可以理解。殊不知如他所说"谨记于此,使良友皆知吾症根所在"②。原来他是为自己修身所作的"日课",与倭仁、冯村堂等好朋友互相阅看,相互学习、批评,达到共同进步。前引十月二十六日那封家信里就说:"吾友吴竹如格物工夫颇深,一事一物,皆求其理。倭良峰先生则诚意工夫极严,每日有日课册,一日之中一念之差,一事之失,一言一默皆笔之于书。书皆楷字,三月则合订一本。自己未年起,今三十本矣。盖其慎独之严,虽妄念偶动,必即时克治,而著之于书。故所读之书,句句皆切身之要药。兹将艮峰先生日课抄三页付归,与诸弟看。"

曾国藩每天的日记就是倭仁教他做的,在日记中揭发自己的"妄念",让

---

① 《日记》,道光二十二年十月初五日。
② 《日记》,道光二十二年十月初八日。

朋友们阅读，知其病根所在，便于批评帮助。

上述日记中所记，是已经暴露的缺点错误，对于内心深处的"妄念"，他也毫不隐讳，痛快揭露。

在某一天《日记》中，他揭露自己说：听到某人得到了"别敬"（别人的敬赠金钱），心理产生了波动，即羡慕。昨天夜里，梦见人得到了好处，甚为艳羡。醒来后痛快地谴责自己，好利之心都到梦里去了，怎么会卑鄙到这种地步！正想痛自检讨，而今天听到了别人得到好处仍然心动，真是太无耻下流了！①

这是揭露自己贪财贪利之"妄念"。而对于贪恋女色，这是文人最羞于启齿的，他也写在"日记"里，让朋友批评。他写道："年初，人欲横炽，不复能制，真禽兽矣！"②曾国藩此时仅是三十出头的年轻男子，夫人又不在身边，从生理科学角度说，他的生理表现完全正常，并不是"禽兽"行为。但是，前些年曾国藩控制不住自己，去妓院花天酒地，那才真是禽兽行为。

又一篇"日记"写道：傍晚，到海秋家去喝喜酒，更余天才回来。看到海秋两位美人"谐谑为谑，绝无闲检。放荡至此，与禽兽何异"③！

这么丑的话都写在"日记"中，让朋友互相看，其情况如何？效果怎样呢？

看他日记、帮助他的师友很多，主要有吴竹如、唐鉴、倭仁、陈岱云、冯树堂、窦兰泉、吴子序、邵蕙西、何子贞等，常常出现在他的日记和家书里，都是相互看"日记"的好友。

如陈岱云看了他的"日记"后，给他提意见：一是待人傲慢；与人交往不留余地；对人太刻薄。曾国藩认为，陈岱云所提都是为他治病的良药。他感慨地说："直哉！岱云克敦友谊。"④

而冯树堂与曾国藩关系更加密切，他俩同时有"日记"，互相参看，互相

---

① 《日记》，道光二十二年十月初十日。
② 《日记》，道光二十二年十一月初四月。
③ 《日记》，道光二十三年正月二十七日。
④ 《日记》，道光二十二年十月初三日。

交换对彼此的看法。他说:"树堂极为虚心,爱我如兄,教我如师,将来必有所成。余向来有无恒之弊,自此日写日记本子起,可保终身有恒矣。"①

他和冯树堂相互看了"日记",他说对冯的"日记""妄加批语,树堂乃深采录,固胜我十倍。又索观余此册,亦不甚规弹"②。因为他们二人的关系更密切些,或因曾国藩更加迫切想用"日记"形式互相批评,快些改正错误,所以他看了冯树堂的"日记"就毫不客气地批评。而冯树堂对他说"不甚规弹",可能就是因为冯视他如兄如师的原因。

曾国藩用"日记"形式反省自己,让朋友们帮助自己,收到了显著效果。他给弟弟们写信说:"余自十月初一立志自新以来,虽懒惰如故,而每日楷书写日记,每日读史十页,每日记茶余偶记一则,此三事未尝一日间断。十月二十一日立誓永戒吃水烟,至今已两月不吃烟,已习惯成自然矣。予自立课甚多,惟记'茶余偶读',读史十页,写日记楷书,此三事者誓终身不间断也。"③

曾国藩以《五箴》告诫自己,是他修身过程中很有名的行为,被学习他的人称作人生修养的哲理。其全文见《曾国藩全集》诗文集第146页,写作日期是道光二十四年(1844年)二月。二月初十的《日记》写道:"夜归,作《五箴》成。"

《五箴》之前有个"序",正文包括立志、居敬、主静、谨言、有恒。写作"五箴"时,他随唐鉴、倭仁学习《朱子》,每日静坐检讨,已有了很大成绩,此时他已做了翰林院侍讲学士,已经功成名就。但他仍然坚持修身、刻苦努力,向圣人的高度前进,故此作《五箴》,时时提醒自己。

第一箴是《立志箴》:

煌煌克哲,彼不犹人?藐焉小子,亦父母之身。聪明福禄,予我在厚哉。

---

① 《曾国藩家书》,道光二十二年十月二十六日。
② 《日记》,道光二十二年十一月初七日。
③ 《曾国藩家书》,道光二十二年十二月二十日。

弃天而佚，是及凶灾。积悔累千，其终也，已往者不可追。请从今始。荷道以躬，舆之以言。一息尚存，永矢弗谖。

曾国藩道：先哲和凡人都是人生父母养的，聪明福禄条件相厚，放弃了天生的优厚条件不努力那是不吉利的。天天说努力而终不努力，后悔一千次也没用。从这一刻开始，赶快努力。既立了志向，只要还有一口气千万别再忘。

第二箴是《居敬箴》：

  天地定位，二五胚胎，鼎焉作配，实曰三才。俨格斋明，以凝汝命。汝之不庄，伐生戕性。谁人可慢？何事可弛？弛事者无成，慢人者反尔。纵彼不反，亦长吾骄。人则下汝，天罚昭昭。

曾国藩是劝人儆己：做事处世待人接物应该严肃认真，不能轻慢懈怠。天地有位，人也是十月怀胎而生，本来就是相当严肃的事。因此对天地人事都不能轻慢，轻慢不敬，别人看不起你，老天也会惩罚你。

第三箴是《主静箴》：

  斋宿日观，天鸡一鸣。万籁俱息，但闻钟声。后有毒蛇，前有猛虎，神定不慑，谁敢予侮？岂伊避人，日对三军。我虑则一，彼纷不纷。驰骛半生，曾不自主。今其老矣，殆忧忧以终古。

曾国藩深知"心动则神疲，静则神裕"的道理，往圣们如朱熹、二程、王阳明都有足够的静功，"若不静，省身也不密，见理也不明"[1]。但是，他自己却总是静不下来，因此非常痛苦，此是他为自己定的静诀：遇毒蛇猛兽不惊，

---

[1] 《日记》，道光二十二年十月二十七月。

日对三军不乱。在别人眼里，曾国藩似乎做到了，但他自己一直认为差得远。在夜深静坐自省时，脑子里总静不下来，身体也疲惫难以忍受。

第四箴是《谨言箴》：

> 巧语悦人，自扰其身，闲言送日，亦扰汝神。解人不夸，夸者不解。道听途说，智笑愚骇。骇者终明，谓汝贾欺。笑者鄙汝，虽矢犹疑。尤悔既丛，铭以自攻。铭而复蹈，嗟汝既耄。

曾国藩说，用巧言取悦别人，是自扰其身，那些用言不由衷的话夸奖别人者，自以为得计，其实也是自找没趣。真正明理者不想让人夸奖，不懂事者喜欢人夸奖，但夸奖这样的人又有何用？更让人后悔的是，多次说要改还是不改，若再不改这辈子就改不掉了。可见，"巧言令色"的人想改也难。

第五箴是《有恒箴》：

> 自吾识字，百历及兹。二十八载，则无一知。曩者所忻，阅时而鄙。故者既抛，新者旋徙。德业不常，日为物迁。尔之再食，曾未闻愆。黍黍之增，久乃盈斗，天君司命，敢告马走。

曾国藩说，自从我六岁识字到如今已是二十八年了，仍然什么也不懂。过去所做的，回想起来感到鄙薄。过去的就让它过去，对未来却仍是不坚定。尤其是自己的德行修养仍是没有根基，往往随物而变化。因此要下个有恒的决心。哪怕是日增一米，时间长了就满一斗。老天在上，敢以此告。此处借司马迁《报任安书》①"太史公牛马走司马迁"语，是自谦为人养牛马的仆人，曾国藩自比牛马走者，向天起誓。

同治元年（1862年）九月十四日，身为两江总督的曾国藩又创"清、慎、

---

① 《古文观止》上，第216页。

勤"《三字箴》。《清字箴》是:"名利两淡,寡欲清新。一介不苟,鬼伏神钦。"《慎字箴》是:"战战兢兢,死而后已;行有不得,反求诸己。"《勤字箴》是:"手眼俱到,心力交瘁;知困勉行,夜以继日。"

曾国藩身为高官,利用清、慎、勤来严格要求自己,使自己葆有儒家圣贤的高尚节操。

修身"四论",是曾国藩一生修身的经验汇总;王阳明有"王门四句教",曾国藩的修身总结,也可称为"曾门修身四论"。

"四论"是以书信形式呈现,既是自勉,又是遗言。①

一曰慎独则心安。自修之道,莫难于养心。心既知有善,知有恶,而不能实用其力以为善去恶,则谓之自欺。方寸自欺与否,盖他人所不及知而已独知之。故《大学》之诚意章,两言慎独。果能好善如好好色,恶恶如恶恶臭,力去人欲以存天理,则《大学》之所谓自谦,《中庸》之所谓戒慎恐惧,皆能切实行之。既曾子之所谓自反而缩,孟子之所谓仰不愧、俯不怍,所谓养心莫善于寡欲,皆不外乎是。故能慎独则为省不疚,可以对天地,质鬼神,断无行有不谦于心则馁之时。人无一内愧之事,则天君泰然,此心常快足宽平,是人生第一自强之道,第一寻乐之方,守身之先务也。

"四论"的第一论是"慎独则心安"。曾国藩认为修身最难的是"养心",心有善有恶,如果不能为善去恶就是自欺。他的"心论"同王阳明是一致的,王阳明"四句教"有"无善无恶心之体,有善有恶意之动",即心本体是善的,但是人用心动意时受到外界的影响便有恶的念头产生,回头来看人心就有善又有恶了。因此,修身养性,首要的是"养心",就是设法保守住原来的天然的善心。不然,就是自欺,即自欺其心。《大学》、《中庸》,曾子、孟子等大儒的论说,都说明慎独则心安。

---

① 《曾国藩家书》,同治九年十二月初二日。

能做到为善去恶，最关键的是在"人不知，鬼不觉"时去做好事，而不做坏事。这时候做好事没人看到，没人表扬，但是你做人的心境之高尚程度，却提高了，原来的善心得到保养。久而久之，就不再会有恶念，就再也不会做令自己愧疚的事。那时，不仅时时心安，而且会无穷快乐，也就到了圣人境界了。

二曰主敬则身强。敬之一字，孔门持以教人，春秋士大夫亦常言之，至程朱则千言万语不离此旨。内而专静纯一，外而整齐严肃，敬之功夫也。出门如见大宾，使民如承大祭，敬之气象也。修己以安百姓，笃恭而天下平，敬之效验也。程子谓上下一于恭敬，则天地自位，万物自育，气无不和，四灵毕至。聪明睿圣由此出。以此事天飨帝，盖谓敬则无美不备也。吾谓敬字切近之效，尤在固人肌肤之会，筋骸之束。庄敬日强，安肆日偷，皆自然之征应。虽有弱年病躯，一遇坛庙祭献之时，战阵危急之际，亦不觉神为之悚，气为之振，斯足知敬能使人身强矣。若人无众寡，事无大小，一一恭敬，不敢怠慢，则身体之强健，又何疑乎？

曾国藩此处强调的是做人处事不能怠慢，而要严肃认真。他举了如此做的大量好处，甚至和治国平天下联系起来，和人的聪明智慧联系起来。而其本题是"主敬则身强"，写的是他自己的体会，即使是衰年病躯，遇到祭祀坛庙神灵时，或在战场上危急的一刻，人就会精神焕发，既不怠慢了，也像没有病了。

他规范个人，教育子弟和他人，做事严肃，不能懈怠是对的。但总像战场上临敌那么紧张，当时因为紧张，调动了身心的积极性，似乎来了精神头，病体一下子健壮起来了。但是，这一阵子过去了呢？恐怕会比原来还要松软。

曾国藩一生都如同上战场，神经绷得紧紧的，被逼着奔跑，不敢稍微放松。强打精神做事，他活得太累。强打精神身体不会强壮，因此他一生身体都不健康，寿命也不长。

王阳明的寿命也短，那是他先天就不健壮。如果用现代医疗技术检查，王阳明肯定先天就有肺病,最后死于肺病,一生肺都有病。但王阳明做人不像曾国藩那么紧张,他有张有弛,很轻松,很愉快。曾国藩不轻松,不愉快。

三曰求仁则人悦。凡人之生,皆得天地之理以成性,得天地之气以成形。我与民物,其大体乃同出一源。若但知私己,而不知仁民爱物,是于大体一源之道正悖而失之矣。至于高官厚禄,高居人上,则有拯民溺、救民饥之责。读书学古,精知大义,即有觉后知、觉后觉之责。若但知自了,而不知教养庶汇,是于天之所以厚我者辜负甚大矣。

孔门教人,莫于求仁,而其最切者,莫要于欲立立人,欲达达人数语。立者自立不惧,如富人百物有余,不假外求,达者四达不悖,如贵人登高一呼,群山四应。人孰不知己立己达?若能推以立人达人,则与物同春矣。后世论求仁者,莫精于张子之《西铭》。彼其视民胞物与,宏济群伦,皆事天者性分当然之事。必如此,乃可谓之人,不如此,则曰悖德,曰贼。诚如其说,则虽尽立天下之人,尽达天下之人,而曾无善劳之足言,人有不悦而归之者乎?

这段论述的是对老百姓"仁爱",他们就会欢迎你、追随你,是大儒治国平天下的一种思想和手段。让老百姓生活能自立,思想能通达,物质上给予照顾,思想上让他们觉悟,这是儒家仁心的体现,也是治国平天下的要求。但是如何能做到让广大穷苦百姓既有生活保障,又能得到受教育的机会?曾国藩认为必须要有充分的物质条件,又要有影响力,才能"登高一呼,群山四应"。自己没有物质条件和精神文化条件,说让人家立和达,那是妄想。那些能让老百姓生活有保障,又能得到受教育机会的"贵人",不去那么做,就是"悖德",就是"贼"。那么,曾国藩该是哪种人?他能让天下老百姓既立又达吗?他没那条件,所以他要求"贵人",即有此权势者,去爱民,去给老百姓生活和精神条件,老百姓才能服从你,追随你。

虽然不具备让百姓立和达的条件,也应该懂得这个道理,立下这个大志向。

四曰习劳则神钦。凡人之情，莫不好逸而恶劳，无论贵贱智愚老少，皆贪于逸而惮于劳，古今之所同也。人一日所着之衣，所进之食，与一日所行之事、所用之力相称，则旁人韪之，鬼神许之，以为彼自食其力也。若农夫织妇终岁勤劳，以成数石之粟，数尺之布，而富贵之家经岁逸乐，不营一业，而食必珍馐，衣必锦绣，酣豢高眠，一呼百诺，此天下最不平之事，鬼神所不许也，其能久乎？

古之圣君贤相，若汤之昧旦丕显，文王日昃不遑，周公夜以继日，坐以待旦，盖无时不以勤劳自励。《无逸》一篇推之，于勤则寿考，逸则夭亡，历历不爽。为一身计，则必操习技艺，磨炼筋骨，困知勉行，操心危虑，而后可以增智慧而长才识。为天下计，则必己饥己溺，一夫不获，引为余辜。大禹之舟乘四载，过门不入；墨子之摩顶放踵，以利天下，皆极俭以奉身而极勤而救民。故荀子好称大禹、墨翟之行，以其勤劳也。军兴以来，每见人有一材一技能耐劳苦者，无不见用于人，见称于时。其绝无材技不惯作劳者，皆唾弃于时，饥冻就毙。故勤则寿，逸则夭；勤则有材而见用，逸则无能而见弃；勤则博济斯民而神祇钦仰，逸则无补于人而神鬼不钦。是以君子欲为人神所凭依，莫大于习劳也。

这是文字最长，内容却最浅显的一论。此论提出几个理由，劝人不要好逸恶劳。爱劳动者可以长寿，可以被世人重视，可以被人民拥护、被神祇钦仰。相反，好逸者将被人神唾弃。所以，古圣先贤皆以勤劳自勉。曾国藩无论修身，还是齐家，其出发点皆是"习劳"。

曾国藩的修身，皆以古圣先贤为榜样，为目标。他规定的条件也都是做圣人的条件，他一生为此努力，向圣人的目标奋斗。自从他立志做圣人，一直都刻苦去做了，只是由于各方面条件所决定，他毕竟距离孔子还差一段距离，同王阳明相比，他也只能称得上半个圣人。

27 齐家以成贤

死去一百五十年之后的曾国藩忽然被人念叨,甚至为人仰慕、效法,"追认"他是"圣人"。很大的原因是他成为高官后,仍严格要求自己,仍严格要求自己的家庭成员。他教育子女,不要因为他做了高官就借机搞特殊化。要求家庭成员不忘穷苦的过去,不忘持家勤俭的好传统,用自己的劳动创造自己的未来,做一个对民族和国家有用的人。

一百五十年前,封建社会的高官曾国藩能那样严格要求家庭成员和子女,这是很难得的现象。如今人们为什么又提起曾国藩,原因就在这里。一部《曾国藩日记》,是曾国藩修身的秘诀;一本《曾国藩家书》,是他教育家庭子女的"术书",也是他一生始终坚持进行家庭教育的见证。

通观曾氏家族,曾国藩的齐家,即整治家庭,效果很一般,同他的努力不成比例。他不如乃父,父亲的齐家做出了成绩,创出的好家风影响了曾国藩,使曾国藩成了名将名相和半个圣人。让曾国藩终生不忘父亲创造的好家风,并坚持用这个好家风教育家庭成员和子女。

曾国藩那么孜孜不倦地进行家教,弟弟曾国荃却是典型的坏官。他贪功好利、跋扈恶毒,正是他对克复城镇的烧杀抢掠,才影响了曾国藩和湘军的声誉。他的另一个弟弟曾国潢,正是利用曾国藩的权势,在家乡作威作福,横行霸道,是典型的恶绅。

弟弟们的坏作风没有影响他进行家教的决心和信心;他的两个女婿也很顽劣,属于朽木和粪土之墙之类。但他始终如一,苦口婆心地教育。曾国藩家庭教育的影响,不在曾经教育出作风好的大儿子曾纪泽,成为中国近代著名的外交家;不在教育出他的小女儿曾纪芬,她作为巡抚夫人仍坚持从事体力劳动。而在于他留下的那部沉甸甸的《家书》,那里每一页都记载了曾国藩教育家庭子女的苦心,记载了他对国家和社会高度的责任感。那部《家书》让曾国藩的家庭教育思想影响了百余年,影响到社会各个层面,一直影响到现在,让人们感到了它的重大历史意义和它的不朽。

中国最传统的家庭教育是勤劳和俭朴教育,因为中国自古就是个贫困的国家,生产资料一直很有限,生产工具落后,生活的最低条件,即生存条件一直都没有保障。即使是富有之家,甚至是掌握国家政权的君主、贵族、官宦,都害怕保不住现有的位置。一旦保不住沦落为平民,平日不勤劳,就不具备做平民时谋生的手段。

一般的农民之家,更需要勤劳和俭朴。终岁劳作能保证一家之衣食,因此必须节衣缩食。少地和无地的贫苦农民,每日要为饱暖奔波和愁苦。数千年的中国古代史,是富人和穷人为争夺生产资料而斗争的历史。而不管富人或是穷人,崇尚勤俭都是他们的传统家风。

这种家风在中国具备普遍性,但是各家做的层次和程度有差异,多数不具备典型性。典型是普遍的归纳和总结,典型是榜样,只有榜样才能带动和教育一般。

曾国藩做了高官,不用那么勤俭节约了,可他仍然十分勤俭,而诚恳地、一丝不苟地教育家庭成员和子女勤俭,一般高官家庭,甚至一般地主家庭都做得不如曾家好。于是,曾家就成了典型,曾国藩就成了封建官员齐家的典型。

前文已述,曾家的好家风是曾国藩的祖父曾玉屏树立的,曾玉屏是在他自己的教训中得到的。他年轻时是个纨绔子弟,家里没有多少家底,很快让他败光了。好在他有错知改,做了回头浪子,开始奋斗。他凿山开地,从早至夜,一息不停,终于有了自己的田园,而后又种菜种瓜,养猪养鱼。他和谐乡里,帮助贫困,在乡里树立了威信。有了较为富裕的家庭条件,又重视读书,严课子弟进学。因此,曾玉屏创立起影响一方的好家风。

曾国藩没有创立,只是继承;但他的祖父是一般农民,虽然创出了一套家风家规,但仍然是一位农民,一位富裕农民,靠自己的双手,靠全家奋斗而富裕起来的农民。曾国藩不是一般农民,他做了高官,出将入相的高官,他仍然严格要求家庭和子弟们不忘家风家规,所以他又成了典型,更加重要的典型,高官中的清廉典型、齐家典型。

曾国藩一生很多次以祖父创立的家规教育子弟们,他曾写信给二弟曾国潢(亦称四弟,男女一起排,行四)说:

> 余与沅弟论治家之道,一切以星冈公为法,大约有八字诀。其四字即上年所称书、蔬、鱼、猪也,又四字则曰早、扫、考、宝。早者,起早也;扫者,扫屋也;考者,祖先祭祀,敬奉显考、王考、曾祖考,言考而妣可该也;宝者,亲族邻里,时时周旋,贺喜吊丧,问疾济急。
>
> 星冈公常曰:"人待人无价之宝也。"星冈公生平于此数端,最为认真,故余戏述八字诀,曰:"书蔬鱼猪,早扫考宝也。"此言虽涉谐谑,而拟即与屏上,以祝贤弟夫妇寿辰,使后世子孙知吾兄弟家教,亦知吾兄弟风趣也。①

此后,曾国藩再度给曾国潢去信,归纳祖父的家教秘诀:

> 吾家代代皆有世德明训,惟星冈公之教尤应谨守牢记。吾近年将星冈公之家规编成八句云:书蔬鱼猪,早扫考宝;常说常行,八者都好。地命医理,僧巫祈祷,留客久住,六者俱恼。②

总之,曾国藩《家书》中提到祖父"星冈公"教育子弟的地方比比皆是,

---

① 《曾国藩家书》,咸丰十年闰三月二十九日。
② 《曾国藩家书》,同治五年六月五日。

翻看《家书》时你会分不清此信与彼信的区别，因为他重复提到的地方太多了，真是不厌其烦。

他曾给八岁的次子曾纪鸿写信说：

> 家中人来营者，多称尔举止大方，余为少慰。凡人多望子孙为大官，余不愿为大官，但愿为读书明理之君子。勤俭自持，习劳习苦，可以处乐，可以处约，此君子也。余服官二十年，不敢稍染官宦气习。饮食起居，尚守寒素家风，极俭也可，略丰也可，太丰则吾不敢也。凡仕宦之家，由俭入奢易，由奢返俭难。尔年尚幼，切不可贪爱奢华，不可惯于懒惰。无论大家小家，士农工商，勤劳俭约，未有不兴；骄奢倦怠，未有不败。尔读书写字不可间断，早晨要早起，莫坠高曾祖考以来相传之家风。吾父吾叔，皆黎明即起，尔之所知也。①

对一个七八岁的儿童，讲这一番勤俭的大道理，被教育者一定不大懂，也不太需要父亲说这些大道理。但曾国藩不管这些，他要趁儿子年幼时教育，他怕教育得太晚就不好了。因为他做了高官，怕儿子幼小的心里染上不良的习惯，成为纨绔的公子哥。儿子很容易养成坏习气，因为他身边的叔叔曾国潢，当时在家乡正仗着曾国藩在外面做大官，又领兵为皇帝打仗而作威作福。八岁小儿学坏容易，学好却难，因为小儿顽劣，听不进什么勤呀俭的规劝，而好吃、好玩，倚仗家庭父亲的势力，却一学就会。后世直至今日的富贵子弟、"大款"子弟，哪个不是在幼儿园就是纨绔小少爷、大小姐。

再如他给大儿子曾纪泽信中说：

> 接尔十九、二十九日两禀，知喜事完毕，新妇能得尔母之欢，是即家庭之福。
> 我朝列圣相承，总是寅正（早晨四点整）即起，至今二百年不改。吾家高曾祖考相传早起，吾得见竟希公、星冈公皆未明即起，冬寒起坐约一个时辰，

---

① 《曾国藩家书》，咸丰六年九月二十九日。

始见天亮。吾父竹亭公亦甫黎明即起,有事则不待黎明,每夜必起看一二次不等,此尔所及见者也。余近亦黎明即起,思有以绍先人之家风。尔既冠授室(即已成年结婚有了家室——引者),当以早起为第一先务。自力行之,亦率新妇力行之。

余生平坐无恒之弊,万事无成。德无成,业无成,已可深耻矣。逮办理军事,自矢靡他。中间本志变化,尤无恒之大者,用为四耻。尔欲稍有成就,须从有恒二字下手。

余曾细观星冈公仪表绝人,全在一重字。余行路容止亦颇重厚,取法于星冈公。尔之容止甚轻,是一大弊病,以后宜时时留心。无论行坐,均须重厚。早起也,有恒也,重也,三者皆尔最要之务。早起是先人之家法,无恒是吾身之大耻,不重是尔身之短处,故特谆谆戒之。……①

曾国藩的军旅生活一如家风,强调"尤以早起早食为要。……公每日未明而起,甫明而食,凡十余年如一日"②。

咸丰九年(1859年),李鸿章投到曾国藩军营,作风懒散,早晨日上梢头还不起床,这时候湘军已早操、早饭了。一次,当伙夫做好饭后,曾国藩让亲兵叫李鸿章起床吃饭。李鸿章仍赖在床上不起。亲兵告诉他:"曾大人请您吃饭!"李鸿章回答:"让大人先吃。"亲兵又说:"曾大人说,你不到,湘军全体不许吃饭!"李鸿章这才知道问题严重,赶紧披衣,踉踉跄跄奔进饭堂。曾国藩见他这副模样,脸色冷峻,一言一发。直到饭后曾国藩才说:"你投奔了我,就得遵守我的规矩,此外所尚,惟一诚字而已。"说完拂袖而去。③

经此一事,李鸿章受益非浅。虽然他的淮军纪律远不如曾国藩亲自率领的湘军,但他揣摩恩师的作风,也养成了勤奋做事、奋发图强的作风,成为近

---

① 《曾国藩家书》,咸丰九年十月十四日。
② 《曾国藩年谱》,第40页。
③ 吴永:《庚子西狩丛谈》第4卷,第109页。

代名人。

曾国藩于咸丰七年二月因父亲病故回籍守孝,家居年余。期间,是他的思想再度调整之时,因为调整情绪过程"得不寐之病",心烦意乱,造成他与兄弟们之间不和。再次回到军中,他去信向诸弟检讨,并嘱咐几事:

> ……然祸福由天主之,善恶由人主之。由天主者,无可如何,只得听之。由人主者,尽得一分算一分,撑得一日算一日。吾兄弟断不可不洗心涤虑,以求力挽家运。
>
> 第一,贵兄弟和睦。去年兄弟不和,以致今冬三河之变。①嗣后兄弟当以去年为戒。凡吾有过失,澄、沅、洪三弟各进箴规之言,余必力为惩改,三弟有过,亦当箴规而惩改之。
>
> 第二,贵体孝道。推祖父母之爱以爱叔父,推父母之爱以爱温弟(三弟曾国华,字温浦,在三河镇被打死)之妻妾儿女及兰、惠二家(指大姐曾国兰、次妹曾国惠)。又,父母坟域必须改葬。请沅弟做主,澄弟不可过执。
>
> 第三,要实行勤俭二字。内间妯娌,不可多铺张。后辈诸儿,须走路,不可坐轿骑马。诸女莫太懒,宜学烧茶煮菜。书、蔬、鱼、猪,一家之生气;少睡多做,一人之生气。勤奋,生动之气,俭者,收敛之气。有此二字,家运断无不兴之理。余去年在家,未将此二字切实做功夫,至今惭恨,是以谆谆言之,余详日记中,不赘。②

这是一封长信,古人写信一般都很简要,要求只写几行,说明白即可。而曾国藩的家信,大都不厌其烦,写不明白不罢休,一件事总要反复去说。实际上,上面这封信还是接着前一封信写的,所嘱事情,几封信都差不多,如前一封信的部分内容说:

---

① 指咸丰八年十月十日,李续宾、曾国华湘军七千在三河镇被李秀成、陈玉成联军歼灭。曾国藩曾算命:曾国华被打死原因是兄弟不和。
② 《曾国藩家书》,咸丰八年十一月二十三日。

……三要勤俭。吾家后辈子女皆趋于逸欲奢华，享福太早，将来恐难到老。嗣后诸男在家勤洒扫，出门莫坐轿。诸女学洗衣，学煮茶烧菜。少劳而老逸犹可，少甘而老苦则难矣。至于家中用度，断不可不分。凡吃药、染布及在省在县托买货物，若不分开，则彼此以多为贵，以奢为尚，漫无节制，此败家之气象也。千万求澄弟分别用度，力求节省，吾断不于分开后私寄银钱；凡寄一钱，皆由澄弟手经过耳。①

曾国藩所以这么不厌其烦，因为他不放心二弟曾国潢，他一直在家，是家里的主心骨。但国潢为人很像四弟国荃，既奢侈又好揽是非，好大喜功。因此他才反反复复去信规劝：

家中之事，望贤弟一为主持，切不可日趋奢华。子弟不可为大家口吻，动辄笑人鄙陋，笑人寒村，日习于骄纵而不自知。至戒至嘱。②

余在外无他虑，总怕子侄习于骄奢逸三字。家败离不开奢字，人败离不开逸字，讨人嫌离不得骄字，弟切戒之。③

曾国潢在家动辄请神仙做道场，为家里祈福祛病。大手大脚花钱买地盖房子。为了身体好，又一年四季花钱买药，如曾国藩给他的信中说："迨至补药吃出毛病，则又服凉药以攻伐之，阳药吃出毛病，则又服阴药以清润之，辗转差误，不至大病大弱不止。弟今年春间多服补剂，夏末多服凉剂，冬间又多服清润之剂。余意欲劝弟少停药物，专用饮食调养。"④

但是，曾国潢的各种毛病，没因为哥哥的苦口婆心而改掉。曾国藩的小

---

① 《曾国藩家书》，咸丰八年十月十二日。
② 《曾国藩家书》，咸丰七年四月二十日。
③ 《曾国藩家书》，咸丰七年十月二十四日。
④ 《曾国藩家书》，咸丰七年十二月二十四日。

女儿曾纪芬曾回忆:"先公在军时,先母居乡,手中竟无零钱可用。拮据情形,为他人所不谅,以为督抚大帅之家不应窘困若此。其乡间有言:修善堂杀一猪之油止能供三日之食;黄金堂杀一鸡之油,亦须作三日之用。修善堂者先叔澄侯公所居,因办乡团,公事客多,饭常数桌。黄金堂则先母所居之宅也,即此可知当时先母节俭之情形矣。"①

曾纪芬此处将他的二叔国潢(字澄侯)和她母亲的生活作一比较。她举一典型例证:母亲家杀一鸡之油要作三日之用;而二叔家杀一猪之油亦作三日之食。此说难让人理解,但却是事实,曾纪芬没有理由去说二叔的坏话。

曾国藩写信最多的不是二弟国潢,而是四弟国荃,即沅浦,曾国藩信中多称"沅弟"。曾国荃是咸丰六年(1856年)在家乡募勇赴战场的,在此之前,曾国藩的《家书》多以"诸弟"称呼,就是说,给国潢的信也是给他的。咸丰六年之后,就单独给他们写信了。曾国藩给国荃的信多与军队战事有关,劝他克服骄气、傲气,争取与其他将领相配合,或说要"常存爱民之心",如:

> 默观近日之吏治、人心及各省之督抚将帅,天下似无戡定之理。吾惟以勤字报吾君,以爱民二字报吾亲。才识平常,断难立功,但守一勤字,终日劳苦,以少分宵旰之忧。行军本扰民之事,但刻刻存爱民之心,不使先人之积累自我一人耗尽。此兄之所自矢者,不知两弟(国荃、国葆)以为然否?愿我两弟亦常常存此念。②

> 沅弟左右:……弟军中诸将有骄气否?弟日内默省,傲气少平得几分否?天下古今之庸人,皆以一惰字致败;天下古今之才人,皆以一傲字致败。③

> 沅、季弟左右:……余家后辈子弟,全未见过艰苦模样,眼孔大,口气

---

① 《崇德老人自订年谱》,第60页(曾纪芬老年自号"崇德老人")。
② 《曾国藩家书》,咸丰九年七月二十日。曾国葆此时在国荃军中,后改名贞干,1863年病死于南京雨花台营中。
③ 《曾国藩家书》,咸丰九年九月二十三日。

大,呼奴喝婢,习惯自然,骄傲之气已入于膏肓而不自觉,吾深以为虑。前函以傲家箴规两弟,两弟不深信,犹能自省自惕。若以傲字告诫子侄,皆全然不解。①

再如教国荃如何对待手下骄将:

吾辈待之之法,有应宽者二,有应严者二。应宽者:一则银钱慷慨大方……当穷窘时,则解囊分润,自甘困苦;一则不与争功,遇有胜仗,以全功归之,遇有保案,以优奖笼之。……应宽者,利也,名也;应严者,礼也,义也。四者兼全,而手下又有强兵,则无不可相处之悍将矣。②

因曾国荃自身就是争功逐利的骄将,所以难与诸将相配合。曾国藩要他用礼和义严格要求诸将,而名利二字,则让给诸将。但曾国荃根本不去做,他也做不到。

曾国藩用"廉、谦、劳"三字规劝曾国荃:

沅弟昔年于银钱取与之际不甚斟酌,朋辈之讥议菲薄,其根实在于此。去冬之际犁头嘴,粟子山,余亦大不谓然。……沅弟之仆从随员颇有气焰,面色言语,与人酬接时吾未及见,而申夫曾述及往年对渠之词气,至今欿憾。……每日临睡之时,默数本日劳心者几件,劳力者几件,则知宜勤王事之处无多,更竭诚以图之,此劳字功夫也。③

信中批评曾国荃的贪取,遭人之讥议;并以所贪抢之钱回家治地,曾国藩不以为然;曾国荃手下气焰嚣张,可见曾国荃多么跋扈。同时规劝他勤于

---

① 《曾国藩家书》,咸丰九年十月初四日夜。
② 《曾国藩家书》,同治元年四月十一日。
③ 《曾国藩家书》,同治元年五月十五日。

劳心劳力，实心为国家做事。

同治二年（1863年），距离太平天国失败尚有一年，而曾国荃在雨花台已坚持两年。这时是太平军和曾国荃湘军相持极为艰苦之时，曾国荃处境艰苦还不让别军来支援，他要独占攻陷天京的大功劳，也想独占南京城金银财宝。这时曾国藩又写了很多信劝慰之。

如同治二年正月十八日，以"花未全开月未圆"的气象，教育曾国荃。他把曾国荃的性格比作"春夏发舒之气"，把自己比为"秋冬收啬之气"。二气一个"旺"、一个"厚"。他说乃祖星冈公便是收啬之气，"昔年待人，无论贵贱老少，绝是一团和气，独对子孙诸侄则严肃异常"。而他说平日最好昔人"花未全开月未圆"，为"惜福之道，保泰之法"。这是规劝国荃，要时时注意"持盈保泰"，做事不要太绝，要留有余地，不要贪功好利。

同年三月二十四日，又给曾国荃一信，劝他为国家办军务"宜刻刻勤劳，如农之力穑，如贾之趋利，如篙工之上滩，早作夜思，以求有济。而治事之外，此中却须有一段豁达冲融气象"。显然，他是告诫曾国荃：努力于战事，克复金陵，此外对于功利封赏，却要"恬淡冲融"。他说："自古圣贤豪杰，文人才士，其志事不同，而其豁达光明之胸大略相同。以诗言之，必先有豁达光明之识，而后有恬淡冲融之趣。"①

为让曾国荃能做到豁达光明而又恬淡冲融，他令人刻"劳谦君子"印章送给国荃。

在金陵即将克复之时，曾国藩又多次给曾国荃去信，让他做好功成身退的思想准备。他信中说：

> 古来大战争、大事业，人谋仅占十分之三，天意恒居十分之七。往往积劳之人非即成名之人，成名之人非即享福之人。此次军务，如克复武汉、九江、安庆，积劳者即是成名之人，在天意已算十分公道，然而不可恃也。吾兄弟

---

① 《曾国藩家书》，同治二年三月二十四日。

但在积劳二字上着力，成名二字则不必问及，享福二字则更不必问矣。①

城事果有可望，大慰大慰。此皆圣朝之福，绝非吾辈为臣子者所能为力，不特余之并未身临前敌者不敢涉一毫矜张之念，即弟备尝艰苦，亦须知谋事在人，成事在天，劳苦在臣，福祚在国之义。刻刻存有天下而莫与之意，存一盛名难副成功难居之意。蕴蓄于方寸者既深，则侥幸克城之日，自有一段谦光见于面而盎于背。至要至要。②

曾国藩让弟弟千万不要把攻克金陵的功劳算在自己身上，这是上天、皇帝、众人一起努力的成果。他希望看到弟弟谦恭的神情，也期望众人能夸奖弟弟谦恭。

三天后他又去一信：

弟近来气象极好，胸襟必能自养其淡定之天，而后发于外者有一段和平虚明之味。……如金陵果克，于广大中再加一段谦退工夫，则萧然无与，人神共钦矣。富贵功名皆人世浮荣，惟胸次浩大是真正受用。余近年专在此处下工夫，愿与我弟交勉之。

曾国藩对曾国荃的再四劝谕，效果不大。当金陵被攻克，他率领湘军烧杀抢掠，在抢劫中发了大财。曾国藩的小女儿曾纪芬说她九叔"每克一城，奏一凯战，必请假回家一次，颇以求田问舍自晦"③。从而使他得到"老饕"称呼。

曾国藩家教达到全方位，不仅同胞兄弟，对子侄儿媳的教育更切更严。不仅勤劳俭朴，凡"家政"的一切，孝悌尊友、团结友爱、忠君爱国无不教到。因其内容甚繁甚广，下面仅举三例。

---

① 《曾国藩家书》，同治二年十一月十二日。
② 《曾国藩家书》，同治三年正月二十三日。
③ 吴相湘：《湘乡曾氏文献》第10册，第6409页。

同治元年五月，次子曾纪鸿要去省城参加科举考试，他去信嘱咐："城市繁华之地，尔宜在寓中静坐，不可出外游戏征逐。……凡世家子弟，衣食起居无一不与寒士相同，庶可以成大器；若沾染富贵气习，则难望有成。"当然，儿子进城，要比当年他去赴试宽裕多了，这次他给曾纪鸿四百两白银，如何用度他都一一说清，生怕儿子乱花钱，养成"富贵气习"①。

攻陷安庆后，曾国藩举家前来。他在《家书》中说："安庆寓中大小平安，足慰远念。共办棉花车七架，每日纺声甚热闹。"②想来总督大员之家，七架纺车鸣叫，这在当年的社会，曾家怕是绝无仅有的了。

同时，他给侄儿们写信说："吾家累世以来，孝悌勤俭。辅臣公以上吾不及见，竟希公、星冈公皆未明即起，竟日无片刻暇逸。竟希公少时在陈氏宗祠读书，正月上学，辅臣公给钱一百，为零用之需。五月归时，仅用去一文，尚余九十九文还其父。其俭如此。星冈公当孙入翰林之后，犹亲自种菜收粪。吾父竹亭公之勤俭，则尔等所及见也。"③

同治四年五月，曾国藩北上剿捻，不放心家教事，乃去信告诫："寓中绝不酬应。计每月用钱若干？儿妇诸女，果每日纺绩有常课否？下次禀复。""凡世家之不勤不俭者，验之内眷而毕露。"④

他还为儿媳及诸女制订家政科目：

早饭后做小菜点心酒酱之类，食事。

巳午刻纺织或绩麻，衣事。

中饭后做针黹刺绣之类，细工。

酉刻做男鞋女鞋或缝衣，粗工。

他要亲为"验功"，食事天天验，衣事三日一验，细工五日一验，粗工一月一验。

---

① 《曾国藩家书》，同治元年五月二十七日。
② 《曾国藩家书》，同治二年十月初四日。
③ 《曾国藩家书》，同治二年十二月十四日。
④ 《曾国藩家书》，同治四年闰五月初九日。

科目单后附语：家勤则兴，人勤则健；能勤能健，永不贫贱。①

同治六年，因剿捻无功而回金陵两江总督任，给已回湖南老家的欧阳夫人家书说："居官不过偶然之事，居家乃是长久之计，能从勤俭耕读上做出规模，虽一旦罢官，尚不失为兴旺气象。"②

曾国藩的家教对象反映最好的是小女曾纪芬，她回忆父亲对她们的家教督责，养成她热爱劳动的好习惯，作了巡抚夫人仍"以女红为乐"。而且她能将高官家教认识提高，认为"贵人妻女，实为奢侈作俑之尤，且每为男子操行事业之累，故先公对于予等督责如是之严也。余既受此等训育，终身以为习惯"③。

长子曾纪泽也能谨遵家训，保持家风。他勇为驻英、法、俄国使臣，在大使任上，无论租赁馆舍、购置物品、日常生活用度等，从来都遵行节俭家风。后人为他作传，无不称颂他"操行严，不私公费，倾所领供酬酢，礼无不备。后使臣率庸劣，务为苟简，外人鄙之"④。曾纪泽牢记家训，坚守家风，为中国赢得了廉洁有礼的好声誉。他在伦敦使馆悬挂的对联是：

濡耳染目，靡丽纷华，慎勿忘先子俭以养廉之训；
参前倚衡，忠信笃敬，庶可行圣人存而不论之邦。⑤

---

① 《崇德老人自订年谱》，第15页。
② 《曾国藩家书》，同治六年五月初五日。
③ 《崇德老人自订年谱》，第60页。
④ 《清代传记丛刊》，第477页。
⑤ 《走向世界丛书》，第271页。

28 / 圣人的人生哲学

王阳明同曾国藩，被人戏称一个圣人和半个圣人。二人的不同之处很多，但主要的是哲学理论的广博与深刻程度。就说人生哲学吧，曾国藩是从古圣先贤那里找到人生哲理，做一个目标，然后立志，然后坚持去做。王阳明则不是，他的人生哲学也发自孔孟先哲，但他又在此基础上发挥，有了自己的哲学理论。

我们说，曾国藩是个伟人，他效法古圣先贤，做于国于家有益的事、高尚的人。而王阳明不仅如此，更能创造系统哲学理论，不光让人学习他的做人做事，更主要的是学他的哲学理论。

或者这么说：王阳明既立德又立言；而曾国藩偏重于立德，不怎么重视理论。

王阳明的哲学理论既系统又深刻，我们在这里只能是浅尝辄止。

哲学家的理论同常人想的差别太大了，好比幼儿园儿童看高等数学。生物科学家应该研究哲学家的大脑，他们和一般人的大脑会不一样。

例如：常人问，什么是人生？常人回答很简单，就是人活着。如说人生理想是什么？即人活着的目标是什么？这么回答八九不离十。但是到哲学家那里可就麻烦了，到王阳明那里更麻烦。他把人体分为两个：一个是真己，一个是躯壳的己，或称"真我"和"私我"。人生在世必须以真我克服私我，用真己克服躯壳的己。躯壳的己是指耳目口鼻四肢；真己是指心、性、良知，即是看不见的神。人活着是心主宰视听言行，死了四肢躯体虽在，但其生时的功能却没了。

那么，人的品格高低是什么决定的？显然是人的"真我"决定的，"私我"或躯壳决定不了。所以，残疾人也有品格很高的，而俊男美女也有衣冠禽兽和蛇蝎美人。

一次，聋哑人杨茂来见王阳明，王就说他："你口虽不如人，你耳虽不如人，你心还与人一般。大凡人只是此心，此心若能存天理，是个圣贤的心，口虽不能言，耳虽不能听，也是个不能言不能听的圣贤。心若不存天理，是个禽兽的心，口虽能言，耳虽能听，也只是个能言能听的禽兽。"①

那么，王阳明创造这个理论的目的是什么？他是说世人只知以躯壳之己所好，纵耳口之所欲，求名求利、声色犬马、"贪以相取"、"诈以相欺"，都非"从吾所好"。而父慈子孝、忠信笃敬才是真正的"从吾所好"。

为什么呢？因为你不慈、不孝、不忠、不敬，天下人都恶你，你"将心劳日拙而忧苦终身，是只谓物之役"。而你做到上述美德，天下人都爱你，那么你就可以"将家国天下无所处而不当"，那才真正是"从吾之所好也矣"。

哲学家们想出这么难懂的理论，但经他一解释还真是那么回事。正当你说是那么回事时，就一下子塞你一个高尚的品德什么的，让你接受。若是不讲前面的"真我"、"私我"等等，猛然让你接受慈、孝、忠、敬等，怕是你转身就走了。

王阳明的许多美好的人生追求，都是从他这个"真我"、"私我"、"真己"、"躯壳己"的理论延展出去的。

人生本就乐，为善心更乐，这是王阳明的基本人生观。人生是乐还是苦，这是儒家和释家的不同人生观。五四新文化运动后产生的新儒家，其创始人梁漱溟先生，前一段学佛，他翻阅佛学书籍，满纸皆讲苦。后来，北京的一个杂志社让他讲讲《论语》，备课时他翻看《论语》的第一篇，讲的却是个"乐"。于是他对佛学产生了怀疑，后又经历数事，乃由佛入儒。

---

① 《王阳明全集》第24卷，《谕泰和杨茂》。

王阳明的人生观也是孔孟的乐，但他对乐也有自己的观点和特殊的认识。首先他认为乐是心的本体，人心本来就是乐的，不是外界注入的。虽然圣贤的乐是自觉的，凡人并不自觉，但乐却是同样有的。这里就出现一个问题，即人遇上无法克服的大事故而哀痛哭泣时，那时候还有乐存在否？王阳明认为心本体的乐不因悲苦事发生就不存在乐了，只要大哭一顿，发泄之后，心得到平静，便又恢复了乐。

人心本体是善的，而又是乐的。那么，善就是乐，为善最乐。于是，王阳明创作了《为善最乐文》：

> 君子乐得其道，小人乐得其欲。然小人乐得其欲也，吾亦但见其苦而已耳。"五色令人目盲，五声令人耳聋，五味令人口爽，驰骋田猎令人心发狂。"营营戚戚，忧患终身，心劳而目绌，欲纵恶积，以亡其生，乌在其为乐也乎？若夫君子之为善，则仰不愧，俯不怍，明无人非，幽无鬼责，优优荡荡，心逸日休，宗族称其孝，乡党称其弟，言而人莫不信，行而人莫不悦。所谓无入而不自得也，亦何乐如之！①

王阳明"良知"、"致良知"说已明白告诉人们，人之心本体是至善的，但由于外界浸染却被蒙蔽而产生恶念。那么，人心本体是乐的，但也因外界的物欲浸染便产生了另一种乐，即因欲得乐。因此，乐也就出现"为善之乐"和"得欲之乐"两种。君子之乐是为善之乐，那是心本体乐，是真乐；小人之乐是"得欲之乐"，不是真乐。为什么说做善事最乐？因为做善事有益于社会，有益于他人，个人心安理得，他人都会尊重你，称赞你，相信你，这时你得到的快乐才是真正的快乐。

正好他的妻弟诸用明为他提供了例证。诸用明德高望重，有才有识却不做官，人们问他不想做官的原因，他的回答是："为善最乐。"其居处退居轩

---

① 《王阳明全集》第24卷，《为善最乐文》。

上以这四个字为匾额。不久，他的两个儿子学有所成，得到高中，乡人皆说这是他为善的好报应。诸用明则笑着说，为善最乐，虽天子而不增加，虽穷居而不减损，哪里还关什么得失荣辱呢？①

王阳明还认为，心的本体虽然是乐的，但仍要经受锻炼，从苦中救其乐，才不至于被外界的物欲所阻隔、搅乱。这好像是冶炉炼金，金子经烈焰，受击打，此时金是痛苦的，当金子出炉后，闪着耀眼的光彩，有成之金自然它是无比欢乐的。因此，君子在贫贱忧戚患难之中，能自求其乐，自快其心，不以贫贱患难而动其心志。

王阳明所说的君子之乐，即孔子、颜回之乐。子曰："贤哉，回也！一箪食，一瓢饮，在陋巷，人不堪其忧，回也不改其乐。贤哉，回也！"②

王阳明一生经受无数磨难，初谪龙场，九死一生。但他在苦中悟道，自得其乐，随处而乐。

越拔流俗却做俗事，这是王阳明的主张。因为圣人也是人，也要穿凡人的衣，吃凡人的饭，所以也得做凡人的事。这叫做"超俗即俗"。历史上记载着王阳明有趣的故事。

当王阳明擒获叛王朱宸濠，明武宗却以威武大将军牌遣锦衣卫追取宸濠。有司问如何慰劳皇帝派来的锦衣卫时，王阳明回答依例只给五金。人们以为是开玩笑呢，然而王阳明就给五金。锦衣卫自然嫌太少，怒而不收。王阳明执其手曰："正德年间我下锦衣狱，从没见过轻财好义如您的人。给您的薄物只是礼节，您不收财礼的举动真让我惭愧。我没别的特长，只善写文章，他日当为表章，让锦衣们都知道有您这样的人。"③王阳明如此恭维锦衣卫，做的是俗人之事，但却安抚了锦衣卫，避免了祸端，又坚持了不送礼的高尚原则。

说到此，想想曾国藩，他给儿子一些钱，总要把用处开出一笔笔详单。并

---

① 《王阳明全集》第24卷，《为善最乐文》。
② 《论语·雍也第六》。
③ 原文见《王阳明全集》第34卷，《年谱二》。

且为家中的儿媳女儿们开出每天做什么的单子,还要天天检查,多么俗气呀,然而这却是圣人为了实现他勤俭持家的大道理。

流俗是要超越的,君子不耻流俗。孔子曾说:"古者民有三疾,今也或是之亡也。古之狂也肆,今之狂也荡;古之矜也廉,今之矜也忿;古之愚也直,今之愚也诈而已矣。"[①]孔子这里说,古代的人有三个缺点,当今的俗人连这些缺点也不如古人了(如说古代的愚人还直率,现在的愚人只是欺诈耍手段罢了)。

王阳明对当世流俗知之甚详,深恶痛绝。士人以知识相矜,官场以权势相轧,富人以财利相争,艺人以技能相尚,惟博取声誉。士大夫甚于市井,甚至设机阱,立党援,勾心斗角,不以为耻,反以为荣,而且没有人批评指责。

因此,他强调贤人君子不可陷入流俗之中,而必须超拔之上。但他同时强调,贤人君子有高远脱俗的思想境界,但却不能离开世俗工作事务,离开了就是失业废学,谈不上超凡脱俗,超凡入圣。

王阳明所为乃"心学",他认为贤人君子,处在社会世俗的事务工作之中,只要心不俗,就能超拔流俗。相反,如果其心凡鄙猥琐,就是不事俗务,也不能超俗。

王阳明为毛应奎的远俗亭作记,他说宅的主人是提学,又兼理狱讼和写赋,还为举业辞章等职司,全是"俗儒之学"和"俗吏之务",又都是很难辞免的。因此他为文曰:

> 君子之行也,不远于微近纤曲,而盛德存焉,广业著焉。是故诵其诗,读其书,求古圣贤之心,以蓄其德而达诸用,则不远于举业辞章,而可以得古人之学,是远俗也已。公以处之,明以决之,宽以居之,恕以行之,则不远于簿书期会,而可以得古人之政,是远俗也已。苟其心之凡鄙猥琐,而续闲散疏放

[①] 《论语·阳货第十七》。

之是托,以为"远俗",其如远俗何哉?昔人有言:"事之无害于义者,从俗可也。"君子岂轻于绝俗哉?然必曰无害于义,则其从之也,为不苟矣。是故苟同于俗以为通者,固非君子之行;必远于俗以求异者,尤非君子之心。①

前文说到曾国藩在两江官署给夫人写信,谈到"为官一时,居家一世"。做官只是偶然,居家才是长久,因此应做好归田的准备,勤俭耕读,即使不做官,"不失兴旺之气"。用现在的话说就是能上能下,要正确对待等等。

王阳明也同样面对和思考这一问题,这是古圣先贤们曾经思考和多次论述过的问题。孔子说:"笃信好学,守死善道。危邦不入,乱邦不居。天下有道则见,无道则隐。邦有道,贫且贱焉,耻也;邦无道,富且贵焉,耻也。"②孟子说:"达则兼济天下,穷则独善其身。"就是说,做了官就要保护我们的道,好好为天下百姓做事,不做官也要保护住道,保持人格的高尚。

王阳明在做官还是居家方面,也有多方面深入的论述。他也是继承孔孟,提出"君子之仕也以道。不以道而仕者,窃也"③。还说:"古之仕者,将以行其道,今之仕者,将以利其身。将以行其道,故能不以险夷得丧动其心,而惟道之行否为休戚。利其身,故怀土偷安,见利而趋,见难而惧。"④然而,当今的官与之正好相反,由于功利的吸引,士人皆勾其心而斗其角。办理钱谷的官,还想着兼兵刑;分管礼乐的官,又想着铨轴;做县官想当省长;做言官又想当宰相。无论做啥官,总不把天下百姓放在心上,只想着满足一人一家之私,哪还有过问"道"者?

那么,什么是道?他是指把天下百姓的冷暖当成自己的冷暖,把人民的饥饱当成个人的饥饱。用现在的话说,就是以天下为己任,当多大的官,一定要为百姓干多少事。也如戏文里说的,"当官不为民作主,不如回家

---

① 《王阳明全集》第23卷,《远俗亭记》。
② 《论语·泰伯第八》。
③ 《王阳明全集》第24卷,《龙场生问答》。
④ 《王阳明全集》第29卷,《送黄敬夫先生金宪广西序》。

卖红薯"。

儒家治国平天下的信条,让王阳明在出仕和归隐方面,更趋向出仕,因为这样更可以行其道。

正德二年,王阳明被迫害谪赴龙场,中途行至钱塘,他的三个门人徐爱、蔡宗兖、朱节同时举乡贡,赴京师参加会试,他临别赠言:

> 三子行矣。遂使举进士,任职就列,吾知其能也,然而非所欲也。使遂不进而归,咏歌优游有日,吾知其乐也,然未可必也。天将降大任于是人,必先违其所乐而投之于其所不欲,所以衡心拂虑而增益其所不能,是玉之成也,其在兹行欤![1]

他自己遭受迫害,对官场的黑暗,每产生归隐之心,但对弟子们却鼓励进入官场,这是为什么呢?他知道要让其道得到推行,必须借助官阶权力。

何况,为了脱离贫困,对了赡养亲属,也是可以做官的。他引证孟子的话:"'仕非为贫也,而有时乎为贫',古之人皆用之,吾何为独不然?"又说:"家贫亲老,岂可不求禄仕?求禄仕而不工举业,却是不尽人事而徒责天命,无是理矣。"

为了脱贫、为了善亲,也就是为取得官禄而做官,都是无可非议的,大批官员都是为此。王阳明认为,这不是事情的本质,关键是有无志向,有为"尽道"的志向,而且不为官禄而动摇,即使你去参加科举考试,去做官,都无妨圣贤之学,亦无妨做圣贤。

这方面曾国藩的认识与王阳明完全一致。道光二十二年(1842年)他改正错误,立定了做周公和尧舜的志向后,就说"君子之立志也,有民胞物与之量,有内圣外王之业,而后不忝于父母之生,不愧为天地之完人",而不仅为"一身之屈伸,一家之饥饱,世俗之荣辱得失,贵贱毁誉……"(《家书》,道

---

[1] 《王阳明全集》第7卷,《别三子序》。

光二十二年十月二十六日），这些前已论述。

下文谈谈王阳明的生死观念。

古人云："除死无大碍。"言外之意，死是人生最大之碍。任何人，包括凡人和伟人，对生与死皆无任何经验可谈，因人生只有一次。但就这一次人生，到临近死亡时，却能看出他的生死观念，尤其在别人眼里更能看得清楚。

王阳明在平定广西思田后，因病重才回老家。当他知道自己就要死了，门人问他还有什么话要说，王阳明的回答是："此心光明，亦复何言！"这是他生前留下的最后一句话，其一生光明磊落，就没有什么感到遗憾的。

曾国藩在临死之前留下了日记，死前一日已感到要死了，日记说："余精神散漫已久，凡遇应了结之件久不能完，应收拾之见久不能检，如败叶满山，全无归宿。通籍三十余年，官至极品，而学业一无所成，德业一无可许，老大徒伤，不胜悚惶惭赧。"他死前是有遗憾的，那是自认为学业和德业无所成、无可许。这说明他要求自己的学与德极为严格。客观上说学无止境，曾国藩大半生在战场上，自然更感到学业、德业还远没学成、修成。

我们不能苛求古人，曾国藩死前没有王阳明光辉，但是人能做到死前遗憾自己没学好，德行还不够高尚，也甚为光明了。

爱情至上者说："生命诚可贵，爱情价更高。"《孔雀东南飞》中的男女因爱情不能继续，双双自杀而殉情，是"爱情价更高"的实证。但孟子代表儒家说话：

> 鱼我所欲也，熊掌亦我所欲也，二者不可得兼，舍鱼而取熊掌者也。生，亦我所欲也，义，亦我所欲也，二者不可得兼，舍生而取义者也。生亦我所欲，所欲有甚于生者，故不为苟得也；死亦我所恶，所恶有甚于死者，故患有所不辟也。……①

---

① 《孟子·告子上》。

孟子是说，儒家不以生为人生的最高价值，而道义才是人生的最高价值。

王阳明生前的论述，有同于孟子。但是，很长时间他承认自己看不破生死问题。他曾说："人于生死念头，本从生身命根上带来，故不易去。若于此外见得破，透得过，此心全体方是流无碍，方是尽性至命之学。"①在他被谪龙场时，自认为荣辱得失全看透了，唯有生死看不破，于是自坐石塇之上说："吾惟俟命而已。"②

孔子曾说："朝闻道，夕死可矣。"这里说的是道不好闻，不是说只要闻到道就去死。王阳明就曾说："身在而后道可弘，皮之不存，毛将焉附？"③人都死了，还怎么去弘扬我们的道呢？

当时有个叫傅凤的，家中贫寒，养不起父母亲。于是他拼命学习，想弄个一官半职，得升斗之禄，养活双亲。结果用功过度而生了重病，眼看就要玩完了。事情被王阳明知道了，就找他说："真是可怜啊！你虽然立下孝亲之志，然而却陷入了不孝之中，还不自觉呢，实在太可怜了！"傅凤听后不解，问道："家贫亲老，得不到禄仕，怎么养老亲？怎么尽孝道？"王阳明说："求禄仕固然可以孝亲，可是为了求禄仕，先把你自己弄病了，弄死了，你还怎么孝老亲，能得到禄仕吗？"傅凤听后潸然泪下，并问如何做好。王阳明说："保养好你的精神，别伤了身体，调养好情绪，尽你的职责，安于命运，这样就可以免去你的不孝了。"④

这都说明，王阳明重视生命。然而，生命再宝贵也有失去的时候，这就是司马迁说的"人固有一死，或重于泰山，或轻于鸿毛"。

要说将生死置之度外者，莫过我们前代先烈了。如瞿秋白赴难时说："为中国革命而死是人生最大光荣。"夏明翰就义前高呼："砍头不要紧，只要主义真。杀了夏明翰，还有后来人！"吉鸿昌在刑场上写道："恨不抗日死，

---

① 《王阳明全集》第3卷，《传习录下》。
② 《王阳明全集》第33卷，《年谱一》。
③ 《王阳明全集》第21卷，《与黄宗贤》。
④ 《王阳明全集》第8卷，《与傅生凤》。

留作今日羞。国破尚如此，我何惜此头！"李少石遗诗："不作寻常床箦死，英雄含笑上刑场。"……这些不仅是他们的豪言壮语，都是在敌人屠刀下写出的临诀遗言，这些烈士可以选择不死，但那要背叛自己的"主义"、"真理"、事业或同志。他们就是为了这些，才英勇就义，正是孟子所说的舍生取义。

王阳明与无产阶级革命烈士阶级立场不同，其生死观念自不能同日而语，但舍生取义的精神却很相近。例如他在《祭永顺宝靖士兵文》里说："人孰无死，岂必穷乡绝域能死人乎？今人不出户庭，或饮食伤多，或逸欲过节，医治不瘥，亦死矣。今尔等之死，乃因驱驰国事，捍患御侮而死，盖得其死所矣。古人之固有愿以马革裹尸，不愿死于妇人女子之手者。若尔等之死，真无愧于马革裹尸之言矣。呜呼壮士！尔死无憾乎？"①

有的人，或者是领导们，在表彰别人时，可以夸夸其谈，慷慨激昂。临到他自己会如何呢？也许他也能做到，也许做不到或正相反。

王阳明在危难时，表现得如何？他能镇定自如，用智慧战胜危难，许多次都化险为夷。但是，有时候敌我力量太悬殊，逃离死难的机会不大时，也难从容准备赴死。

例如正德十四年，宁王宸濠叛乱，朝廷令他征讨，但他手中无兵，自然是十分危急。在吉安一边备战，一边在自家的住处周围堆积了柴草，令守卫者说：如果我败，即刻纵火，不要被贼人俘虏羞辱！②人在危难时可见其真情，王阳明在这时能够视死如归。

曾国藩一生遇到多次危机，例如咸丰十年十月，他进兵安徽时把大营安在绝地祁门，李秀成率大军"西征"途经祁门，曾国藩以为难逃厄运，向部下交代一切，准备赴死，态度也很从容。

---

① 《王阳明全集》第25卷。
② 《王阳明全集》第36卷，《年谱附录一》。

29 / 用"心"修炼

儒家都重视修身，即把个人的道德提高到无欲、无私、无我的"圣贤"、"君子"高度。本书论述的两位儒者都十分注重修身，但曾国藩偏重端正行为，而王阳明更从"心"的深度修炼，其哲学理论和修行实践两方面都极为深刻。

首先，王阳明继承程朱理学"存天理去人欲"的理论，修炼道德。朱熹说："圣贤千言万语，只是教人明天理，灭人欲。"①王阳明的"心学"体系与"朱子"不同，但于"存天理去人欲"方面，他一生都用心去做。

"天理"和"人欲"既不好认知，也不易分别。因此有人问朱熹："能否用饮食来比喻，哪是天理，哪是人欲？"朱熹回答："饮食者，天理也。要求美味，人欲也。"②这个回答实质上仍不好理解，用吃喝解决饥渴也是人的欲望，而朱熹是说，人饿了、渴了是天然的，不吃不喝便会死亡，为什么还要美味呢？看来，朱熹认为维持生命的要求是"天理"，高于生命的要求是人欲。喝白开水就能维持生命，为什么还要喝茶水、饮料、酒水、燕窝、参汤呢？

总之，同样是人的欲望，符合封建道德的便是天理，否则便是人欲。

王阳明搞心学，他一下子把这个理论纳入他的心学体系中，他说："心之本体即是天理。"③王阳明的"致良知"说认为"心本体"是"寂然不动，便是

---

① 《语类》第12卷。
② 《语类》第13卷。
③ 《王阳明全集》第2卷，《传习录中》。

未发之中，便是廓然天公"的，这在前面已经说过的，这里说"心之本体即是天理"，就是说"天理"，就是"廓然大公"，毫无私欲私念的"心"。而那些好名、好利、好色等有杂念的"心"，便是人欲。人要修身，首先就要消灭掉有杂念的心，保持原来那"廓然大公"的心。这也就是他所说的"破心中贼"。

在存天理和去人欲的先后方面，王阳明与程朱有点分歧。朱熹他们认为存天理和去人欲是一件事，不是两件事，存了天理便去了人欲，去了人欲也就是存了天理。比如二者是阳光和浮云，能见到阳光就已去了浮云，而去了浮云即见了阳光。王阳明则认为心本体是天然存在的，而人欲是后来才有的，必先去人欲才能保持心本体"廓然大公"的本来面目。朱熹的说法，既要下功夫存天理，又得下功夫去人欲。而王阳明认为，天理是天然存在的莹彻之心，只要除去尘埃、斑痕，把固人欲而产生的好名、好利、好货、好色全部扫净，便恢复了一尘不染的本心。所以，只在去人欲上下功夫就可以了。

人欲全去掉了，心又恢复了"寂然未发"的原始形态。那么，又寂又净的心上，不能空空如也，得加点什么进去，或者加满了什么，那些杂念、恶念也就无孔可入了。那么，加上什么呢？王阳明说："仁。"

程颢说：仁与天地万物一体，义、礼、智、信都是仁，有了这个仁，别的不要也就可以了。朱熹说：仁是"众善之源，百行之本，莫不在是，此孔门之教，所以必使学者汲汲于求仁也"。王阳明认为，圣人的学问是心学，而心学之本是仁学。仁是人的心，人之所以为人，就在于有仁心。人无仁心，就不是人了，何言义礼及其他？

在孔子的学说之中，仁是最高的学问，人生最高标准。学生们问他，得到的答案不尽相同；而众人所行之事，要达到仁的标准，也实在太难。《论语》中说到仁的地方，达一百余处。

那么"仁"的最基本含义是什么？樊迟曾这么问过，孔子回答"爱人"；又说："己欲立而立人，己欲达而达人。""己所不欲，勿施于人。"爱人和利人，就是仁的最基本含义。

爱人的意义比较浅显易懂，佛教、基督教都讲爱人，而且爱人及物，宇宙中一切都该去施以爱心。王阳明虽说仁心就是爱心，但他又认为仁心不能等同爱心。爱的本体是仁，但爱都有是与不是之分。换言之，仁没有是与不是的差别，爱却有，爱得不是就不是仁。因此，他把"博爱"换成"公爱"，认为"公"才是仁，更为确当。

王阳明率军平叛和平定地方时，也杀人，杀了不少人。那么，仁心该不该施于那些被杀的人？从仁的主体来说，自然应该，但当这些人为非作恶时，就不该再向他们施仁、施爱，这时候如果施之以爱，就是"爱得不是"。但是，他强调仁者不以杀为功，只以平乱为主。

曾国藩对仁的看法，最中心点与王阳明一致，但也有差别处。差别较大的是，王阳明只说爱有是和不是，而曾国藩则强调"仁义差等"，即对施仁的对象不能同等，要因人而异，相差很大，有一倍、几倍，直到千万倍。在施仁之时，必须搞清楚，"过乎仁，其流于墨；过乎义，其流为杨。生于心，害于政，其极则可以乱天下"，他举例说："督叟杀人，皋陶执之，舜员之；鲧埋洪水，舜殛之，禹郊之，物与我相际之分殊也。仁义之异施，即物而区之也。"①这里说的是两个神话故事，舜的父亲犯了杀人之罪，皋陶把他抓了起来，而舜却偷偷把他背了回来；鲧没治好水，舜把他杀了，大禹却去祭祀。这是因为被施仁的对象和施仁者的关系不同，相差就这么远，大禹、大舜都是圣贤，何况是平常人呢？

因为施仁的对象不同，差别可以是千万倍，所以对广大下层社会，乃至于暴乱者，就没有仁施予，不仅不施予，且尽其量杀之。他的"仁义差等"之等差之大，与他立志时说的"有民胞物与之量，有内圣外王之业"就产生了矛盾。"民胞物与"是说视人民为同胞，视万物为同类，本是张载《西铭》中"民吾同胞，物吾与也"的说法。

求仁的目标就该是"民胞物与"的。仁者推己及人，由心及物，将己之仁推之于人，推之于物，才可以达到仁。这就是"己欲立而立人，己欲达而达

---

① 《曾国藩全集》第 21 册，第 21 页。

人"。王阳明说:"是故亲吾之父,以及人之父,以及天下人之父,而后吾之仁实与吾之父、人之父与天下人之父而为一体矣,实与之为一体,而后孝之明德始明矣;亲吾之兄,以及人之兄,以及天下人之兄,而后吾之仁实与吾之兄、人之兄与天下人之兄而为一体矣,实与之为一体,而后弟之明德始明矣!君臣也,夫妇也,朋友也,以至于山川鬼神鸟兽草木也,莫不实有以亲之,以达吾一体之仁,然后吾之明德始无不明,而其能以天地万物为一体矣。"[1]

无怪乎很多人问孔子,某人做了某事,或能做某事,算不算仁呢?孔子的回答都不肯定。按照王阳明的标准,要与他人和万物融为一体,目标这么高远,怕是真没有人能达到了。因此,曾国藩努力了一辈子,死前仍慨叹"德行一无可许",德行本就是地平线,想触摸到自是太难了,只要不懈努力就好。

无私无我是圣人的高尚品质,也是王阳明追求的道德目标。程子云:"圣人无私无我,故功高天下,而无一个累其心,盖有一介存焉,未免乎私己也。"

王阳明的心学,把无我看作心体的本然,亦即"良知"。他说:"光光只是心之本体,看有甚用思虑?此便是寂然不动,便是未发之中,便是廓然大公。"良知是心本体,是天然的良,后来被人欲所昏;而无我而大公也是心本体自然有的,同被私欲蒙蔽。因此,人要归复"良知",归复"无我",先就要克去私欲,一旦有了私欲,心本立亡,你说得再对再好也失本不立了。

做人上起君主,下至黎民,都要向"无我"下功夫。尤其是万民之主,先做到无我才能泽被万民。

而对于学者来说,先要无我才能学而有成,他强调:"圣人之学,以无我为本,而勇以成之。"[2]正德六年,他为吏部清吏司主事,同在吏部的郎中方叔贤,闻王阳明讲学而有道,乃以学生的身份向他学习。王阳明对他深表奖

---

[1] 《王阳明全集》第26卷,《大学问》。
[2] 《王阳明全集》第7卷,《别方叔贤序》。

意,旧社会曰师曰弟子,甚为儒学者重视。方叔贤以上位而视下者为师,自称门生,"此非脱去世俗之见,超然于无我者,不能也"①。有了这种高尚的品质,哪还会学无成功呢?

无产阶级的贤者,同样强调无私才能无畏,这便是继承了古圣先贤留下的传统美德,用这种美德克己奉公,咱们的国家才会有希望,人民才会有希望。

王阳明那个时代,社会充满欺诈、虚伪,士大夫也以虚文相诳,不知有诚心实意,说什么忠臣孝子,全都是假的。那时候的诚信问题,成了道德危机。因此,他不遗余力倡导诚信,唤醒社会的良知,改善社会流俗。

诚信问题到了曾国藩时代也没改善,甚至比王阳明时代还要严重。外敌侵入,国将不国了,可社会一派苟且,官场一派虚浮,日甚一日。有识之士如龚自珍、魏源亦曾各著妙文,要求"去伪、去饰、去畏难、去养痈、去营窟"(魏源:《海国图志》)。曾国藩更感到这问题的严重,同王阳明一样,企图改善之,也要求用诚实不欺取代欺诈、虚伪。

王阳明把立诚看成是道德修养的根,而格物致知不过是培土浇水。植根离不开培土和浇水,但是植根毕竟是目的。不明白这一点,劳力费神仍无所成。他说:"君子之学以诚身。格物致知者,主诚之功也。譬之植焉,诚,其根也;格致,其培壅而灌溉之者也。后之言格致者,或异于是矣。不以植根而徒培壅焉,灌溉焉,弊精劳力而不知其终何所成矣。是故闻日博而心日外,识益广而伪益增,涉猎考究之愈详而所以缘饰其奸者愈深以甚。"②

立诚既然这么重要,那么诚又是什么?他解释:"夫诚者,无妄之谓。诚身之诚,则欲其无妄之谓。"他同样把诚当作心之本体,他说:

> 夫天地之道,诚焉而已耳,圣人之学,诚焉而已耳。……是故以事其亲,

---

① 《王阳明全集》第7卷,《别方叔贤序》。
② 《王阳明全集》第8卷。

则诚孝尔矣;以事其兄,则诚弟尔矣;以事其君,则诚忠尔矣;以交其友,则诚信尔矣。是故蕴之为德行矣,措之为事业矣,发之为文章矣,是故言而民莫不信矣,行而民莫不悦矣,动而民莫不化矣。是何也?一诚之发所发,而非可以声音笑貌而致之也。故曰:"诚者,天之道也,思诚者,人之道也。"①

诚字该多么重要,他是君子的独立一德,而又统领忠悌孝信诸德。先贤们皆重视,以诚乃"五常之本,百行之源"。要养心莫善于诚,要立诚则重在"慎独"。曾国藩的"四论"里,第一论便是"慎独则心安"。他们皆于《大学》、《中庸》之中学得,即一个人独处而无人监督时,在只有自己知他人不知时,同样谨慎不苟,不纵容姑息恶念,不能因别人不知就不加检点。王阳明认为,人如果不在于此独知处下功夫,而在人所共知处用功,那就是作伪。而独知处便是诚的萌芽,此处不论善念恶念,更无虚假,一是百是,一错万错,正是王霸义利诚伪善恶界头。于此一立立定,便是端本澄源,便是立诚,古人许多诚身的功夫,精神命脉全体只在此处。真是莫见莫显,无时无处,无终无始,只是些个功夫。

可见,"慎独"对于立诚,对于修德,是多么重要了。

---

① 《王阳明全集》第24卷。

30 针砭时弊，倡"知行合一"

知行合一是王阳明成为圣人的重要学说，时人和后人评说王阳明，无不把这一学说放在重要位置。他的这一学说，也影响了后世数百年，众多政治家、思想家都争相学习、思辨。

明清两代，已是封建社会末端。到了明朝中期，王朝腐败，皇帝昏庸，社会弊端丛出。古圣先贤们的论说，成了士大夫博取功名和声誉的器具。他们口说仁义，笔写道德，而行动却少仁缺德。他们人前一套，背后一套；明里说为公，暗里贪污盗窃。这种言行不一、知行脱节的社会弊端，造成社会道德的极大危机。为拯救社会危机，乃倡知行合一说。

翻阅《王阳明全集》，随处可见他创知行合一的良苦用心，他说：

> 此须识我立言宗旨。今人学问，只因知行分作两件，故有一念发动，虽是不善，然却未曾行，便不去禁止。我今说个知行合一，正要人晓得一念发动处，便即是行了。发动处有不善，就将这不善的念克倒了。须要彻根彻底，不使那一念不善潜伏在胸中，此是我立言宗旨。①

可见，王阳明倡导这一学说，重在让人们努力去做，不要只说不做，言行脱节。因为儒家一贯强调不尚空言，孔子《论语》第一篇就说："巧言令色，鲜

---

① 《王阳明全集》第3卷，《传习录下》。

矣仁!"又说:"君子食无求饱,居无求要,敏于事而慎于言。"①

王阳明又说:"今若知得宗旨时,即说两个亦不妨,亦只是一个。若不会宗旨,便说一个,亦济得甚事?只是说闲话。"②什么意思呢?他是说,只要你知道了这个宗旨,又能说到做到,不说空话、假话和大话,就说知行为二也是没什么妨碍的。而不知宗旨,言行不一,就是会说知行合一,又有何用?

此是告诉人们,说了就要做,千万别只说漂亮话骗人。而此理论是否必然,另当别论。

他同样给知行以本体论。《传习录》首篇记述,他的学生徐爱问:"现在的人都知道父当孝而不去尽孝,兄当悌而不去行悌。应当尽孝行悌这是知,不去尽孝行悌这是行。知和行在这里不分明是两件事吗?"

王阳明回答:"这是被私欲隔断,不是知行的本体。圣贤教人知行,正是要恢复那本体。……"③王阳明把道德方面最好的东西,如仁、善、诚、良知等,都说成是心本体。即人心之初原本就有的优良品德,只被物欲隔断、遮盖,心本体无法施为。而人们修行道德,就是要除去私欲,恢复这些美好的本体。

王阳明的知行本体论,让许多人不懂。就如徐爱等优等生,也不断发问,仍是似懂非懂,哲学理论或者就是如此,让常人都懂了,也就没啥意思了。但是,如果连他的学生都不懂,又该如何传播,如何行动呢?所以,王阳明得不断解释,如此便让理论更加深化。

同样,他针对学生的问题,举例说明为什么心本体是知行一体,一而不二,如《大学》中说的"如好好色,如恶恶臭"。见好色属知,好好色属行。只见那好色时已自好了,不是见了后又立个心去好。闻恶恶臭属知,恶恶臭属行,只闻那恶臭时已自恶了,不是闻了后别立一个心去恶。如鼻塞人虽见恶臭在前,鼻中不曾闻得,便亦不甚恶,亦只是不曾知臭。同样,知孝知悌的人,

---

① 《论语·学而第一》。
② 《王阳明全集》第1卷,《传习录上》。
③ 《王阳明全集》第1卷,《传习录上》。

必是这人已行孝行悌了,如果只是嘴上说而没有行孝行悌,那怎么叫知孝悌呢?又同样,知痛,必已经痛了;知冷也已经冷了;知饿也已经饿了。比如:用针扎你,你知道疼,是已经被针扎疼了。并不是一个心知道疼,而再立一个心去感受疼。所以,知行的本体是先天生成的,先天就是合一的,"知行本体,即是良知良能"①。

回头再说,某人知道对父亲应当孝,而为什么不去行孝呢?这一定是别的东西,比如是私利让他知孝而不行孝。那么,知孝和行孝不又成二了吗?王阳明解释,他那个知孝的"知",不是真知,而是假知。假知对真知来说,还是未知。因此,"未有知而不行者,知而不行,只是未知"②。

为进一步证明知行合一,在知与行的论证过程中,又产生了"知是行的主意,行是知的功夫"说。

徐爱又问:"古人说知行做两个,亦是要人见个分晓,一行做知的功夫,一行做行的功夫,即功夫始有下落。"王阳明回答:"此却失去了古人宗旨也。某尝说知是行的主意,行是知的功夫。"③仍说知与行不可分,知是行的目的意义或指导思想,行是知的手段。离开目的和意义,行为便是妄行;而离开行动的目的也只是妄想一顿,不会有结果。因此,二者是一个事物的两个方面,不是两个事物,也没有先后之分,就是一个事物,一件事情,仍然是知行合一。

还有"知者行之始,行者知之成"说。这话也是王阳明回答徐爱等门人时说出的,此话之后还有"圣学只有一个功夫,知行不可分作两事"④。

王阳明举例:人有了要吃饭的心然后知道吃饭,想吃饭的心就是意,就是行的开始,但是饭好不好吃要等吃到口中才知道。想走路了才知道路,想走的心就是意,就是走的开始。路上好不好走,要走了才知道。饭不入口、不

---

① 《王阳明全集》第2卷,《传习录中》。
② 《王阳明全集》第1卷,《传习录上》。
③ 《王阳明全集》第1卷,《传习录上》。
④ 《王阳明全集》第1卷,《传习录上》。

亲自走过那路，怎知那饭好不好吃、那路好不好走呢？知饭乃吃、知路乃行。知饭、知路是吃饭、走路的开始，而吃饭、走路则是知饭、知路的完成。①

这里虽也出现"始"、"成"，似乎知行有先有后。但王阳明认为始和成是一个事物，有始必有成，有其成必有其始。同样，没有开始一定没有结果；而没有结果，开始即毫无意义。因此，始与终不可分离，知与行是一个事物。

王阳明还认为，知中有行，行中有知，互相包容，相与一体，二者根本无法分开。"知之真切笃实处即是行，行之明觉精察处即是知，知行功夫本不可离。"②

王阳明的这个观点与古人把知与行相分的观点发生矛盾，为解决这一矛盾，他强调古人所以把知与行分开说，是为了"补偏救弊"不得已才说的。"某今说个知行合一，正是对病之药。又不是某凿空杜撰，知行本体原是如此。"③

古人所以既说一个知，又说一个行，是因为世上有一种人，懵懵懂懂的任意去做，全不解思维省察，只是冥行妄做，因此必然对这种人强调一个知，让他们行得对。而还有一种人，茫茫荡荡悬空思索，而不肯着实躬行，也只是揣摸影响，所以对这种人必要强调一个行，方能知得真。古人这么做，就如他为了救时弊，说个知行一，都是不得已而为之。虽然是不得已，也不是凭空瞎编一个药方，知行本体就是这样的。

有人又针对他这里说的话再追问：古人"知之匪艰，行之惟艰"又是怎么回事？王阳明回答："良知自知，原是容易的。只是不能致那良知，便是'知之匪艰，行之惟艰'。"④按照这里的意思和王阳明的解释，既不能说知行分离，而知易行难，也只是未能致良知而已。

王阳明的知行合一理论中，又有知行并进内容。这个内容他曾多次论

---

① 原文见《王阳明全集》第2卷，《答顾东桥书》。
② 《王阳明全集》第3卷。
③ 《王阳明全集》第1卷，《传习录上》。
④ 《王阳明全集》第3卷，《传习录下》。

述。在《答顾东桥书》中说:"既云交养互发,内外本末一以贯之,则知行并进之说无复可疑矣。"①王阳明的知行并进,不是指知与行的齐头并进,而是指知行间相互影响和互相促进。他拿走路作比喻,一个人走一条没走过的路,只能是走一段才认得这段路;走到了歧路处,有疑便问,问了再走,才能到达目的地。走得一段是行,认得一段是知,走一段才能认得一段是行能促知。有疑问了,问了又走,是知能促行。如此知行互相促进,才能到达目的地,完成一个知行合一的全过程。

王天宇写信给王阳明说:一个人打算到大都市去,他不辞艰难,勇往直前。这个人必然知道大都市的所在,若果不知,茫然而行,那不知要走到哪里。他的意思是,知之在先,行动在后,那人是先知道了目的地在哪,才勇往直前的。

王阳明回答:此人不惧艰难决意向前,此是他有诚意去目的地。如果是这样,他就会问去大都市的途径,拿好路费,备好舟车。不然,怎么说他是决意前行呢?不识大都市所在而茫然欲往,这不是真要去。他不是真要去,才不问途径,不具路费,不备舟车。如果真是决心要去,怎么能那样呢?就是说决意前往,将促成他对道途的真知,对道途的真知又促成向大都市的真行。所以,往大都市去不是以识大都市为前提,而是往大都市的真行和识大都市的真知相互促进、交互作用的。

总之,王明阳"知行合一"说内容丰富,不一而足。但其说与朱熹知先行后相违背,与常识的知行相分不一致,引起弟子和朋友的不解,连他最好的朋友湛若水都批评:"阳明之知即是行,行即是知,不能无病。"王阳明说:"说一个知,即有行在,说一个行已有知在",就把知和行两件事说成一件事。常识中知和行也是两回事,不是一回事。例如:学生从小学读到大学毕业,这是在学习知识阶段,不是实践阶段;毕业后把学得的知识用于实践。这学习知识和毕业工作,分明是两回事,而且有先有后,学习在先,实践在

---

① 《王阳明全集》第2卷。

后。因此，朱熹的知先行后有其道理。

行窃，必先有行窃的想法，再去研究怎么做才能偷得到手而又不被发现，这些都属知的范围。去偷了，才是盗窃的行为。二者不是一回事，也不能说是一件事。即使小偷看见了可偷的东西，立即去偷了，即不曾去想就下手偷了，"不曾去想"言其想得迅速，毕竟他要想，再快速也得想：可不可以去偷？有无人在？抓小偷也只能是抓现场，或行窃之后。想去偷或研究行窃，还没有窃行，想抓也抓不住，抓了也无由判罪。因此，盗窃的想法和偷盗行为是两件事，不是一件事，而且毕竟有先有后。

常言"行成于思"，讲的是做事成功在于思考。韩愈《进学解》说："行成于思，毁于随。"行与思就是两回事，而且思在行之先。如果不认真地随便想想就去行动，那是要失败的。

后世伟人孙中山先生批评王阳明的观点很吸引眼球。张立文先生主编的《王阳明全集》前面有《著名思想家、新儒家点评王阳明》①，首位便是《孙中山论》。

孙中山先是批评王阳明知行合一论不符合当时的科学实践。他说：

> 夫知行合一之说，若于科学既发明之世，指一时代一事业而言，则甚为适当，然阳明乃合知行于一人之身，则殊不通于今日矣。以科学愈明，则一人之知行相去愈远，不独知者不必自行，行者不必自知，即同为一知一行，而以经济分工专职之理施之，亦有分知分行者也。然则阳明"知行合一"之说，不合于实践之科学也。

此文见之于《建国方略·心理建设》中，后文继有"予之所以不惮其烦，连篇累牍以求发明行易知难之理者，盖以此为救中国必由之道也"。

孙中山的上段文字主要批评"知行合一"不符合科学昌明的时代。在近

---

① 张立文主编：《王阳明全集》，红旗出版社1996年版。

代科学用于各个实践领域中,明显出现了社会分工,职业分途。即同是做一件事,往往要分出许多道工序才能完成,不必说总工程一人难能通知,就是某一个工序,工人也是知之行动,其原理也未必皆知。会开飞机的不会制造飞机,会制造飞机的也往往只会制造哪一部件;即使会制造,也不一定会发明。因此,科学时代不必知行合一,也很难知行合一。

孙中山更加批评王阳明"知易行难"说:

> 《孟子》"尽心"章曰:"行之而不著焉,习矣而不察焉,终身由之而不知其道者,众也。"此正指心性而言也。由是而知"行易知难",实为宇宙间之真理,施之于事功,施之于心性,莫不皆然也。若夫阳明"知行合一"之说,即所以勉人为善者也。推其意,彼亦以为"知之非艰,而行之惟艰"也;惟以人之上进,必当努力实行,虽难有所不畏,既知之则当行之,故勉人以为其难。遂倡为"知行合一"之说曰:"即知即行,知而不行,是为不知。"其勉人为善之心,诚为良苦。无如其说与真理背驰,以难为易,以易为难;勉人以难,实与人性相反。是前之能"行之而不著焉,习矣而不察焉,终身由之而知其道者",今反为其说所误,而顿生畏难之心,而不敢行矣。此阳明之说,虽为学者传诵一时,而究无补于世道人心也。

孙中山倡"知难行易"说,并举出很多实例证明之,如说吃饭容易,研究营养学难,用钱容易,研究货币学难,造房子容易,而形成建筑学难等等。他认为王阳明在宣传"知之非艰,而行之惟艰",与科学不符而无补于世道人心。

到底是"知难行易"还是"知易行难",这本来就说不清楚,或者因事物不同,各有其道理,或者因理解不同,才出现分歧。比如孙中山说花钱容易,研究货币学难,这是知难行易。我们说花钱容易,挣钱不易,挣钱也是行为,这种行为就很难。总体来讲,还是"说起来容易,做起来难",这是常识,至于想一想更容易。例如:"可上九天揽月",想上九天,说说上九天都容易,而要真的上九天可就难了。今天我们还去不了月球,只能派机器上去。何况,是"揽月",而不是"登月",把月亮揽到怀里,多难啊,可能人永远都实现不了的。

那么,孙中山为什么要倡导"知难行易"说呢?用他自己的话说:"所以不惮其烦,连篇累牍以求发明行易知难之理者,盖以此为救中国必由之道也。"这救中国的必由之路是什么呢?就是让国民既要勇于探求救国之真理,又要能为真理去奋斗。自然,他倡导知难行易说,更加强调的是探求真理。孙中山一生追求救国之真理,创立三民主义学说,那自觉很是困难。其实,实行"三民主义"更加困难。为之奋斗的同志掷头洒血,奋斗那么多年,仍未得实现,逝世前仍说:"革命尚未成功,同志仍须努力!"可见,行不易而更难。更何况他们都是"别有用心",即心意不完全在探索知和行到底何难何易。一个是"勉人为善";一个是鼓励人探索真理,并为之奋斗。所以,也就不必那样去"较真"了。

31 / 唤醒内心的良知

孔子说"五十而知天命",说明五十岁的年龄是人生成熟的年龄。王阳明也是五十岁时发现他一生修行体悟出的哲学理论致良知。体悟出这个理论后,他既兴奋又慨叹,学生陈九川问他原因,他说:"致良知这个道理竟沉埋了千百年没被发现,太可惜了啊!"

他重视致良知,认为是"圣门正法眼藏";而良知则是千古圣贤相传的一点骨血。① 致良知论,包括良知说和致良知论两部分内容,是王阳明哲学体系的高峰。

良知说是孟子首先论及,又称为良心。孟子认为这是与生俱来,不学不思先天就有的好品德。如仁、义、敬、恻隐、羞恶、辞让、是非等,都是先天生成的。人所以失去了良心,是后天损害的结果。良心迷失后,夜深人静时还可能发现,但白天又做不善之事再度损害。如此,反复损害,哪还再有良心呢?孟子将此比之为山上的绿树,天天砍伐就不美好了。人砍了树木,牛羊又去啃,最后茂盛的树木没有了,青翠的山岭变得光秃荒颓。

王阳明自认为继承了千古圣贤的一点骨血,正是孟子这里所说的良知良能。良知良能人人皆有,无论是圣人、大众、强盗、土匪,都是一样,即所谓"性无不善,故知不良,良知即是未发之中,即是廓然大公,寂然不动之本体,人人之所同具者也"。又说:"良知在人,随你如何不能泯灭,虽强盗亦

---

① 《王阳明全集》第32卷,《补录》。

自知不当为盗,唤他作贼,他还忸怩。"①总之,无古无今,无圣无愚,只要是人,皆有良知,良知是"天下之大本",即人类的共同心。

良知的一个特点是直觉性。什么是直觉呢?看到小孩掉到井里,什么也不考虑,直接下井去救。自己有无危险,能否救得了,是否激于场景之感等等,一概不考虑。同样,见父自然知孝,见兄自然知悌,不假思维,自然而然。同样,因心有良知,是便谓是,非便谓非,不假思维,也是直觉。同样,因心有良知,见贤即称赞,见过即改正,见盗贼抢劫即斗,自然而然,不假思维。

王阳明说,人的整个躯体都是良知主宰着的。人的视听言动是良知作主,人的生命也是良知作主,一旦没有了良知,人的生命也就不存在了,余下的躯壳不过是一堆骨肉而已。

王阳明还说,良知是至善的。他说:"天命之性,粹然至善,其灵昭不昧者,此其至善之发见,是乃明德之主体,而所谓良知也。"②

善,已经美好善良了,而至善,则是美好善良的极致。他说:"纯乎天理而无人伪之杂,谓之善。"比如人孝顺自己的父母,是孝心纯乎天理之极,有的人像作戏一样装成孝亲的节目,不是发自内心天理的至孝,自不能说有至善的心。良知无假无伪,装出来的节目是假是伪,也是掩饰不了的。

同时,良知是睿智。他说:"从心所思,是非是别,不作一念,谓之睿。"③有此睿智,让人产生明辨是非、善恶、正邪、功过的道德判断能力。良知还是自觉和自信。君子当行则行,当止则止,当生则生,当死则死。为求心之所安,于父尽孝,于君尽忠,忠信笃敬,迁善改过,善善恶恶皆能自觉,皆良知所本有。既有良知在,人就有了操舟之舵,纵是遇到颠风逆浪,也能顺然而过,让人毫无惧心。王阳明一生遇到过很多危险,他皆能平心静气,冷静对之,皆因他有良知的睿智、自觉和自信。

既然人人皆有其良知在,而且"随你如何不能泯灭",那么,为什么人有

---

① 《王阳明全集》第3卷,《传习录下》。
② 《王阳明全集》第26卷。
③ 《王阳明全集》第32卷,《传习录补录》。

贤愚、善恶之区别呢？他的回答是，那是由于良知被物欲所昏。由于未昏和昏及昏的程度不同，才使人有了各种区别。要除去良知的昏欲，恢复其本体，就是要"致良知"。

那么，何谓致良知？王阳明对此有很多方面的论证和解释，但归结一句，就是拓展心中本有的良知，把良知推广到日用伦常中去。那么，如何才能做到除去物欲之障蔽，达到致良知呢？王阳明说很简单，就是每天用功，减一分私欲，就恢复一分良知，多么轻快简易！①

说起来又回到了知和行的问题上了，王阳明说只要人们每天下点道德修养的功夫，减少一分私欲，良知就恢复一分。这样，天天减一分，天天就恢复一分，不久就让原先就有的至善的良心回到了本来的样子。

这正是他自己那个命题："知易行难。"也就是说起来容易，做起来太难。当整个社会道德沦丧之后，先是每天减一分私欲的做法就很难，如何每天能增一分良知呢！

然而，我们应该清楚，王阳明致良知的理论设计，就是看到当时社会道德的危机，他说做起来容易，并说好人、坏人、强盗、恶霸、犯罪分子、贪污官吏，都有相同的良心，而且这良心永远都还有。还说只要每天减一分私欲，每天就增一分良心。如此，让社会唤起良知，唤回被私欲蒙蔽的美德，让人心好起来，让社会好起来。他的想法，多么善良！

致良知是王阳明整个哲学理论体系的核心或制高点，为此他费尽苦心。由于是哲学理论，作者愈是用心设计，常人愈是不易读懂。所以，我们只能检选一点"骨血"，看圣人的良苦用心，默认其圣言圣教的伟大。

王阳明搞的是心学，他又认为美好的品德都是源于"心本体"，那么他又是如何看心的？他认为人心是天地万物的主宰。他说：

> 君子之学，惟求得其心，虽至于位天地，育万物，未有出于吾心之

---

① 原文见《王阳明全集》第1卷，《传习录上》。

外也。①

又说：

> 人者，天地万物之心也；心者，天地万物之主也。人即天，言心则天地万物皆举之矣，而又亲切简易。②

在王阳明看来，人心包罗天地万物、包罗宇宙中的一切，人心之外再无一物，人心即天心、天地万物之心。

这个命题很玄。但我们可以这么理解，即人与万物的区别在于人有主观能动性，人的精神可以反作用于自然宇宙万物；天地万物又因有人的精神感应，才获得其价值意义。这又如王阳明所言："天没有我的灵明，谁去仰他高？地没有我的灵明，谁去俯他深？"深山里的花草，没有人的灵明、人的精神感应，它们的美丽怎么展现而出呢？

王阳明心外无物的认识与佛学不同，禅宗视天地万物为幻影，而王阳明则承认外物存在的真实性与客观性。心外无物虽然是唯心主义的命题，但那只是一个哲学认识论和本体论上的唯心论命题，并非自然宇宙论上的命题。他是一位杰出的政治家、军事家，如果他视万物为虚幻，他如何面对强敌？如何率兵作战？

请看他与友人的对话。一天，先生游南镇，朋友手指岩石间的花树问："天下既然无心外之物，这些花树在深山中自开自落，于我们的心有何相关呢？"先生回答："你未看此花时，此花与汝心同归寂寞，你来看此花时，则此花颜色一时明白起来。便知此花不在你的心外。"

当时朋友的问话，是在双方已承认山中之花树自开自落的事实，而且问

---

① 《王阳明全集》第 7 卷。
② 《王阳明全集》第 6 卷。

答在于心和物的关系是如何展开的。当心和花不相关联时,心与花相互阻隔,而一旦心物相接时,心被物所感,便使花这客体有了价值意义,由原来的心与花同归于寂,成就了花的颜色鲜艳的景象,这景象是由心接受花的客观反映而产生出来的。

如果是禅宗,同样的问题,禅会回答:这山中根本就不存在花树,不过是人心中的幻影而已,这便是佛祖常说的"幻由心生"。

王阳明曾明白说出,南冈的山岩、溪谷、峰峦都实际存在,但这些都不主宰这里的草木生、禽兽居、宝藏兴、四时行等等①。

花要有人欣赏才有其存在的价值意义,没有杜丽娘的欣赏,园中之花"姹紫嫣红开遍,似这般都付与断井颓垣",没有人去赏花,花虽有物在,而无心之感应,犹如无物。同样,如果园中无花的存在,虽有杜丽娘的心在,也无花为感,此时虽有心而无心。心与花缺少一个就产生不出心物感应,心既无意义,花亦无价值,《游园》那美丽的情节则不能存在。

---

① 《王阳明全集》第24卷,《南冈说》。

32 历史的演变与王学的兴衰

王阳明的哲学思想,也经历了历史的演变。王阳明逝后,他的学生和友人在全国遍设祠堂纪念他,遍立书院讲习王学。在明政府禁王学时,已设祠四百余所、书院七十余所。明穆宗时,朝廷以王阳明为新建侯,并从祀孔庙,此后王学得到极大发展,统治学术领地百有余年。

明朝末年,李自成农民起义军攻进京师,而关外的满洲贵族则入关进攻起义军。不久,清王朝建立,这是个少数民族建立的王朝,在当时乃至以后的三百余年,国人皆以为是外敌入侵建立的王朝,孙中山"三民主义"的第一"民"就是这么认为的,是为狭隘的民族主义。

广大知识分子把明亡归罪于王学的流播,王学空谈心性,误己误国。犹如秦国的灭亡,在于孔孟之学的衰微,而宋亡于元则是由于朱子之学空谈理学造成的。

清朝初建时采取武力强制统治,在思想界推行恐怖的文字狱。但不久便改变了高压政策,康熙朝伊始便取用"尊孔崇儒",由"武功"变为"文治",统一了"道统"与"治统",立定以儒学治国的方针大计。

康熙十九年发布著名的"圣谕十六条",其内容皆出自儒家经典和思想:"敦孝悌,以重人伦;笃宗族,以昭雍睦;和乡党,以息争讼;重农桑,以足衣食;尚节俭,以惜财用;隆学校,以端士习;黜异端,以崇正学;讲法律,以儆愚顽；明礼让，以厚风俗……"①

由于王学正被广大知识分子非难，康熙乃表彰程朱理学，说："宋儒朱子注释群经，阐发道理。凡所著作及编纂之书皆明白精确，归于大中至正，往今五百年，学者无敢疵议。朕以为孔孟之后，有裨斯文者，朱子之功最为弘巨。"②并命李光地编辑《性理精义》，亲自为之写序，颁示全国。

由于康熙的提倡，崇尚程朱理学的风气大炽，而王阳明的心学，则在"正统"的国家号令下，衰落下去。

直到曾国藩时，唐鉴正是在朝廷号令下以朱熹为宗，从而教给曾国藩理学，使之学宗朱子。因此，出现王阳明于明朝中期非朱子理学，而到清末曾国藩又崇尚朱子，也属历史的演变、学术的变迁所致。

但是，曾国藩时代与明清之际相比，其危迫有过之而无不及。孙中山等把清廷入主论为外族入侵，而提出"民族主义"，即"驱除鞑虏，恢复中华"，乃狭隘民族主义。然而在曾国藩所处的时代，列强开始发动侵华战争，中国的民族危机的确到来了，那才真正是"天崩地解"、"千年巨变"即将出现。

出于救国和抵御外敌入侵的需要，代表"正统"学术之外的思想家们，又觅得王阳明的"心学"，以此为思想武器，救国御侮。于是，王学再度被解放，在以后的百年里，又得研究和传承，历史再一次"颠倒"过来。

这个历史过程，从鸦片战争发生前后的地主阶级改革派代表魏源开始了。魏源、龚自珍、徐继畬、林则徐等人，史称地主阶级改革派，又称中国近代"开眼看世界"的先驱。魏源虽同时作《程朱二子赞》和《王文成公赞》，但他对理学的斥责，以为"俗学"、"庸学"，而倾心于王阳明的心学，明显选择的是王学，王学在他这里得到了继承和发扬。

近世选择王学以救时，在魏源这里仅是开端，而后来的维新派、革命派，再到五四新文化运动后产生的新儒家和新儒学，越来越注重发挥王学思

---

① 《清圣祖实录》第34卷，第10页。
② 《清史编年》第3卷。

想。新儒家们更以儒学传人身份，直接传承王阳明的心学，使二百多年前遭到贬斥的王学，又有了新的社会生命。

资产阶级维新派代表人物康有为、梁启超、谭嗣同，曾深受王阳明影响，仰视王学理论，从而研究、发扬之。康有为托古改制，以《新学伪经考》、《孔子改制考》授徒，为维新变法作宣传。此二作皆"托言"，非其学术之真诣。而梁启超认为他服膺陆九渊、王阳明心学，陆王心学对社会人心有直接作用。又说：康先生的哲学"以仁为唯一宗旨"，要救亡图存"无他法，但激励其心力，增长其心力"。

梁启超对王阳明称颂不已，以为"千古大师"、"百世之师"。他说："《性理大全》一派，变为迂腐凋敝，把人心弄得暮气沉沉的，大多数士大夫尽管读宋代五子的著作，然不过以为猎取声名利禄的工具，其实心口是不一致。阳明起来，大刀阔斧地矫正他们，所以能起衰救敝，风靡全国。"①

又说："阳明既然主张致良知，更不能不主张知行合一。如恶恶臭，如好好色，见恶臭是知，恶恶臭是行，见好色是知，好好色是行。知行两个字，原是一件东西，事到临头，良知自有主宰，善使知善恶使知恶，丝毫瞒他不得。世未有知而不行的，知而不行，不是真知。……阳明寿虽不长，但是一面作事，一面讲学，虽当军事倥偬，法诵仍不绝声，所以门生弟子遍于天下。明中叶后，全国学术界，让阳明一人支配了。"②

章太炎是近代大思想家，在为学方面，让他能服气的人太少了。但他论及王阳明，称颂有加。他说："至人无掌教，故孔子为大方之家。心斋克己，诲颜氏也，则能使坐忘不改其乐。次如冉闵，视颜氏稍逡巡矣。及夫由、商、偃，才虽不逮，亦以其所闻自厉，内可以修身，外则足以兴国。故所教不同，而各以其才有所至，如河海之水然，随所挹饮，皆以满其腹也。宋世道学诸子，刻意欲上希孔、颜，弗能至。及明姚江王文成出，以豪杰抗志为学。初在京

---

① 梁启超：《儒家哲学·二千五百年儒家变迁概略（下）》。
② 见张立文主编：《王阳明全集》，《点评王阳明》，第41—42页。

师,尝与湛原明游,以得江门陈文恭之绪言。文恭犹以心理为二,欲其泯合,而文成言心即理,由是徽宗格物之论瓦解无余,举世震而愕之。"①

章太炎赞扬:"文成之术,非贵其能从政也,贵乎敢直其身,敢行其意也。"②又说:"明之末世,与满洲相抗,百折不回者,非耽悦禅观之士,即姚江学派之徒。日本维新亦由王学为其先导。王学其有他长?亦曰自尊无畏而已。"③

章太炎很佩服孔子的学生子路,子路虽然不怎么被老师喜爱,但他却有别的学生不具备的优点。

《论语》里记述子路好多有趣的故事。一次,孔子说:"穿着破旧的棉袍和穿着狐貉皮的人并排站着,不觉得惭愧的,恐怕只有子路一个人能做到吧!《诗经》上说:'不嫉妒,不贪心,为什么还不会好?'"子路听了便不停地念叨着这两首诗。孔子见了又说:"仅仅这个样子,怎么能够好得起来?"④

季子然问:"子路和冉求算不算是大臣?"孔子回答:"我们说的大臣,能用最合乎仁义的方式对待君主,如果这样行不通,就宁肯辞职不干。子路和冉求已经具备这种品质了。"

季子然又问:"他们会一切都服从吗?"孔子回答:"让他们杀父亲,杀君主他们不会听从!"⑤

一次,子路、曾皙、冉有、公西华陪孔子坐着。孔子说:"我老了,人家不想用我了。你们不是说:'别人不知道我呀!'假如有人要请你们出去做事,你们如何行为呢?"

子路不加思考地抢着说:"有个一千辆兵车的国家,处在几个大国之间,国内闹饥荒,国外有强敌入侵。我去治理三年,老百姓个个会有勇气,而

---

① 《太炎文录续编》第2卷,上。
②③ 章太炎:《检论·议王》。
④ 原文见《论语·子罕第九》。
⑤ 《论语·先进第十一》

且懂得道理。"①

子路问孔子："假如卫国国君请您帮助治国，您打算首先做什么？"孔子回答："必也正名乎！"子路笑话他："您怎么迂阔到这种地步！名分上用词不当的小事，有什么重要的！"孔子说："子由啊，你可真是鲁莽啊！君子对于不懂的事，只是采取保留态度，可你呢？总是乱下断语！"②

孔子要去见卫灵公的夫人南子。此时南子把持着卫国的大权，而且行为不检点，名声很坏。子路表示反对。孔子发誓："我如果去做不对的事，让老天抛弃我！"③

子路问："听到了就干起来吗？"孔子回答："有你父亲、哥哥在，怎么能不问问他们就干呢？"

冉有问："听到了就干起来吗？"孔子回答："听到了就干起来。"

公西华道："他二人问的是一个问题，为什么您老回答不一致呢？"孔子说："冉求做事畏缩，所以我给他壮胆；而子路的胆子比两个人都大，勇于作为，所以我压压他。"④

这是《论语》里反映的子路的一部分。从这些内容，我们可以见到子路的最大特点是"勇"。他勇于任事，敢于担当，敢作敢为。他爱憎分明，不矫饰、不贪求、不嫉妒。他听了就干起来，干得好不贪功，干错了就立即改正。不求人表扬，也不怕批评。

而章太炎则把王阳明比之于子路，"是故行己则无忮求，用其过则使民有勇，可以行三军"，而"诋文成之学者谓之猖狂妄行，不悟文成远于孔、颜，其去子路无几也。"⑤

其实，章太炎既是近代少有的大学问家，又是极端的反清勇士，与清政

---

① 《论语·先进第十一》。
② 《论语·子路第十三》。
③ 《论语·雍也第六》。
④ 《论语·先进第十一》。
⑤ 章太炎：《王文成公全书题辞》。

府不共戴天，亦与康有为保皇党不共戴天。他曾因"苏报案"入狱，又因"民报案"与日本打官司。因此，他的革命行为和决心让他佩服子路的为人，更加佩服王阳明的为人。又因他的学问之大，对王阳明心学的传播尤力。

五四新文化运动后，西学东渐，国人迫切于科学民主，遂以儒学为罪焉。乃倡为"打倒孔家店"，以为扫除儒学，科学与民主则实现。当此之时，有梁漱溟、熊十力、唐君毅、马一浮、贺麟、方东美、冯友兰等辈出，发表文化宣言，回应诸派对中国传统儒家文化的非难，捍卫圣学，此为现代新儒家。而大陆新政权建立后，儒学又遭到进一步围剿，现代新儒家转向港台、海外发展直至今日。

现代新儒家们直接继承王阳明的心学，吸收当代科学营养，创为"新心学"。现代新儒家的创始人梁漱溟，也是新心学，或曰"新孔学"的代表。笔者二十多年前曾通读《梁漱溟全集》，出版了《梁漱溟传》[①]。其代表作《东西文化及其哲学》的观点有：汉唐以降，儒家的真髓已经失落，汉代的"独尊儒术"，用为统治工具，儒学已被阉割而淹没，宋儒也未得其要旨。只有王阳明及其弟子们，才能发扬先秦儒家精神。梁漱溟尤其服膺明末的泰州学派，该学派的学风和行事，直接影响了梁漱溟半生的事业。

在哲学上，梁漱溟创设意欲为人类发展动力，因意欲不同而产生不同的社会类型和文化类型。他认为世界文化有西方资本主义、中国人伦文化和印度佛学文化三种类型，皆是意欲在起作用，而其意欲便是孟子和王阳明所说的良知。在认识论上，梁漱溟主张直觉主义，认为理智只能认识事物的现象，直觉才能认识生命之本体。他说的直觉就是孟子和王阳明所说的良知和良能。

梁漱溟被蔡元培聘为北大教授，后来认为中国革命最大的问题是乡村农民问题，于是放弃北大的教学工作和城市生活，率领学生去农村搞乡村建设实践。他一边讲学一边实践，本身学习的是孔子、王阳明的讲学，而其实

---

① 《梁漱溟传》，东方出版社1993年版。

践又学习泰州学派的大众化学风。他在河南辉县、山东邹平、菏泽开办乡村建设研究院和实验基地，让具有儒家思想和现代科学素养的知识分子，下乡教育"拖带"中国农民，建设以伦理为本位的中国社会。他断言世界的未来是儒家的天下，是孔子的天下。

抗日战争爆发后，梁漱溟让村治学院的干部四处宣传抗日，他个人则不停讲学、宣传抗日，还让自己的学生组成抗日军队，开赴前线与日寇作战，其所做所为，多受王学影响。

总之，其他新儒家也类似于梁漱溟，在新时代的背景下，吸收现代哲学和科学的营养，发挥先秦儒学和宋明理学，成就自己的哲学体系。而他们对王阳明皆视为先圣先哲，直接继承其薪火。如熊十力说："逮有明阳明先生，始揭出良知，令人掘发其内在无尽宝藏，一直扩充去，自本自根、自信自肯、自发自辟，大洒脱、大自由，可谓理性大解放时期（理性即是良知之发用）。程朱未竟之功，至阳明而始著。此阳明之伟大也。"①

冯友兰说："心学的最后的大师是王阳明。王阳明的哲学及修养方法，也是注重在自信得及，一切放下。自信得及是自信自己有知善知恶的良知。一切放下，是不拟议计较，只顺良知而行。"②

唐君毅说："至阳明之承象山言良知，则又是摄大学诚意之教，于本心之良知天理之实际中，此皆可孟子之流。"③

牟宗三说："明代继宗学而发展，又开一尽精微之局。王学之出现于历史，正人类精神之不平凡，儒家之学子焕奇彩也。"④他还作歌以颂之，歌曰：

儒圣冥寂存天常，孟轲重开日月光。

---

① 《学原》第2卷，第1期。
② 冯友兰：《新原道》第九章道学。
③ 唐君毅：《文化意识与道德理性》，第17页。
④ 牟宗三：《道德的理想主义》，见《道德理想主义的重见》。

> 周张明道皆弗违，朱子伊川反渺茫。
> 象山读孟而自得，阳明新规而通方。
> 四有四无方圆备，圆教有待龙溪场。①

中日两国学者认为王学传到日本，成为日本资产阶级维新运动的推动力量，并进而在日本得以传播和发展。

中日两国，文化传播和经济往来源远流长。近代以来，中国文化传入日本，影响日本改革发生者不一而足。十九世纪四五十年代，中国和日本同时遭受英美列强侵略。鸦片战争后，中国知识界掀起救国救亡之浪潮，开始研究世界大势，把侵略中国的英美等资本主义国家的史地、政治、经济、文化介绍给国人，让中国朝廷乃至国民通晓时局，让执政者认识世界大局，振聋发聩，奋发图强，免致"印度第二"。

当时有徐继畬所著《瀛环志略》和魏源所著《海国图志》同时传入日本，成为日本明治维新的必读之书。此时，王阳明心学已传入日本二百多年，由于日本改革之需要，王学在日本的发展也进入鼎盛时期，据朱谦之所著《日本的古学及阳明学》（上海人民出版社1962年版）介绍，阳明新学早在明末即已传入日本，鸦片战争后已是传播的第三个时期。

这一时期的代表人物是佐藤一斋和大盐中斋。佐藤是日本王学大家，推崇阳明心学，在日本影响巨大。他的弟子众多，其中不乏研究王学的佼佼者，而不少成为明治维新的中心人物。大盐中斋中年后专门研究王学，同时讲学和著述，著述丰硕，门人众多。天保七年，日本发生大饥荒，大盐中斋奏请赈灾无效，组织学生灾民暴动，事败自杀。他对王学的发展，更有推动作用。

---

① 牟宗三：《圆善论》，见《道德理想主义的重建》。

33 蒲公英效应

在当前的思想教育过程中，树立道德典范，号召全国学习，如同蒲公英顺风一吹，种子飘飘扬扬，四处传播，生根、发芽、结果。

蒲公英的随风飘落无声无息，不像春天的惊雷，也不像冬天的飘雪。无声无息地飘落，又无声无息地生根、发芽、结果，社会道德的好转本就是无声无息的。曾国藩留下的教人信条，琐琐碎碎，也如蒲公英种子的飘荡、落下。春天，一片绿；夏日，一片黄；秋天，又是纷纷扬扬的白。

死前的人大约都知道自己将死。王阳明知道，所以他把学生叫到身边，告诉学生："我要去了。"只说一句"此心光明"便瞑目而去。

曾国藩临终前总感到不适，身体发沉，肝区疼痛，头晕目眩，两脚发麻，噩梦不断。梦中尽是死去的人，多数是朋友，没有他杀死的人前来索命。于是，他意识到将不久于人世，似乎想交待点后事，便写信把李鸿章叫来。信中说："此次晤面后或将永诀，当以大事相托。"

二人最后一次会面，所谈极多，有办洋务之事、人才培养选拔事、如何对待洋人事等。但曾国藩让李鸿章前来，主要交待的是如何纠正人心、培养世风之事。

而他的观点就是找到蒲公英的种子，让蒲公英开花结果，而后造成"蒲公英效应"。

他对李鸿章说，数十年来办事艰难，就难在人心不正，世风不淳。要正人心，淳世风，光靠一二人运于渊深微莫之中，使后来者为之应和。而这一二人就是"种子",让种子生根、开花、结果,像蒲公英那样,遍布山野。以后,种子绵延不断,天下应和,世风就好了。

李鸿章问,如今放眼天下哪些人可以培养作"种子"?曾国藩思之良久,才说出几人。一是左宗棠,伟才大略,待人耿直,廉洁自守。二是彭玉麟,光明磊落,疾恶如仇,淡泊名利,重情重义。三是郭嵩焘,其才难有匹者,且非书生文章之才,将来会有发展。再往下数,刘长佑品行端正;沈葆桢有能力,但心胸狭窄。

曾国藩思之良久才说这些人,实则他对上述诸人皆不满意,以为不足培养为"种子"。就说左宗棠吧,这是曾国藩点出的第一人,然而左氏性情太刚,气度太窄,不能容人,有时目空一切,狂妄自大。这是曾氏不得已而首选者,他都不是一颗合格的"种子",何况后面的几位。

这说明当此之时,能有足够影响力的道德典范少到几乎没有。

如果有,那就是曾国藩自己。别看他活着时慈禧、咸丰对他手握兵权很不放心,疑忌重重。但当他一死,立即全盘肯定,比王阳明幸运多了,如章太炎所说:"曾国藩者,誉之则为圣相。"当时就被誉为"中兴名臣",追赐"太傅",谥文正,准入京师昭忠祠、贤良祠,在原籍和江宁同建专祠,宣召国史馆立传。死时得到了最高褒奖,死后也被抬得越来越高,成了统治阶级树立的仿效偶像。包括清廷重臣李鸿章、左宗棠、张之洞等人,都推之为至高无上,在思想、行为、政术、学术诸方面都极力学习、效法。清末学者夏震武说:"合肥(李鸿章)、南皮(张之洞)一生所为,其规模皆不出湘乡(曾国藩)","数十年来朝野上下所施行,无一非湘乡之政术、学术"[①]。直到清廷灭亡前,人们一直对他至高无上地评价,表明他的思想、行为对后世影响很大。

二十世纪初年,毛泽东、蒋介石两位阶级立场对立的领袖人物,对曾国藩的评价甚为一致。二十世纪八十年代,李锐在《毛泽东同志的早期革命活

---

① 夏震武:《灵峰先生集》第4卷,第56—57页。

动》一书中,引证了毛泽东二十年代时"独服曾文正"的态度(见该书第28页),应该说当时对许多人是个不小的震撼。毛泽东实受曾国藩较大影响。

曾国藩的德行、言论、为人、治学多方面都为后世所推崇,正如蒲公英的花朵,飘落山川原野,生根、发芽、结果。尤其是湖南人,做人、教子多以他为楷模、为圣哲,以湖南出个曾文正为骄傲。作为湖南人,曾在曾国藩家乡读过书的青年毛泽东,同样崇拜曾国藩。曾国藩的许多著作,毛泽东都曾认真读过;曾国藩的治学方法、读书路径,毛泽东也曾模仿过。毛泽东在其笔记《讲堂录》中曾记述:"有办事之人,有传教之人。前如诸葛武侯(诸葛亮)、范希文(范仲淹),后如孔孟朱(熹)、陆(九渊)、王阳明等是也。宋韩范并称,清曾左并称,然韩左办事之人也,范曾办事兼传教之人也。"①毛泽东在这里认为,诸葛亮、范仲淹、左宗棠是"办事之人",孔孟、朱熹、陆九渊等是"传教之人",而曾国藩(实际应该包括王阳明——引者)却是"办事兼传教之人"。可见,毛泽东对曾国藩的评价之高。

毛泽东还说:"天下亦大矣。社会之组织极复杂,而又有数千年之历史,民智污塞,开通为难。欲动天下者,当动天下之心,而不徒在显见之迹。动其心者,当具有大本大源。""今之论人者,称袁世凯、孙文、康有为而三。孙、袁吾不论,独康似略有本源矣。然细观之,其本源究不能指其实在何处,徒为华言炫听,并无一干竖立,枝叶扶疏之妙。愚意所谓本源者,倡学而已矣。惟学如基础,今人无学,故基不厚,时具倾圮。愚于近人,独服曾文正,观其收拾洪杨一役,完满无缺。使以今人易其位,其能如此完满乎?"②

总之,曾国藩被推崇是当时的潮流。在毛泽东学习曾国藩时,蒋介石也是那个潮流中的用功者,是公开以曾国藩为宗师的有影响的人物。研究蒋介石的权威论著指出,蒋介石一生学问,最关键之处是其母亲严格教育的结果③。其母引导他学习中国儒家传统,因此使他去研究学习近代理学典范曾

---

① 毛泽东:《讲堂录》,转引自《曾国藩之道》第17—18页。
② 毛泽东:《致黎锦熙信》,1917年8月23日。
③ 见《蒋总统秘录》。

国藩,无论生活多么紧张,他都把曾国藩当作"日课"去学习。蒋介石论定曾国藩打败洪秀全的原因,是曾国藩的学问和精神远胜洪秀全。所以,他训练军队也照曾国藩那一套做,一部《曾胡治兵语录》他读得烂熟,还进行补编。他言必称曾胡,说:"要救国复兴就不可不效法曾、胡。"①人们评论,蒋介石"求治兵之本计,通令军将,通读公书(指曾文公之书)"。②蒋介石也按曾国藩的思想精神严格修身,视《曾文正公家书》为至宝,以此严格教育子女。

近代中国社会的领袖人物,唯孙中山斥骂曾国藩为"汉奸"。孙说:"中国之见灭于满清,二百六十余年,而莫能恢复者,初非满人能灭之,能有之也,因汉奸以作虎伥,残同胞而媚异种,始有吴三桂、洪承畴以作俑,继有曾国藩、左宗棠以为厉。"③前文已提到,孙中山视清政府为外国,故论曾国藩为"汉奸"。辛亥革命的"排满斗士"章太炎对曾国藩也大加挞伐,以"元凶"、"民贼"论谳。

孙、章否定曾国藩,其言论已为梁启超所辩驳:"曾文正公,近日排满家所最唾骂者也。而吾则愈更事而愈崇拜其人。"他认为曾国藩是中国有史以来,乃至世界有史以来,数一数二的"大人物",说他的"威德巍巍,照耀寰宇";说他"立德、立功、立言"为"三不朽";认为凡有志"澄清天下"之人,要达其志,必须把曾国藩的言论从头到尾反复看,且"不可不日三复"④。

曾国藩是一颗合格的"种子",播之于中国大地,产生了"蒲公英效应"。他作为一位出将入相的高官,在道德上自省自律,"每日自朝至寝,一言一动,坐作饮食,皆有札记,可心有私欲不克,外有不及检,皆记之"⑤。连在梦中出现的私欲杂念,醒后都严格反省,从不放过。一部《曾国藩日记》,

---

① 彭国栋:《蒋介石先生嘉言类抄》,第397页。
② 何贻焜:《曾国藩评传》,1937年版,第622页。
③ 孙中山:《重订致公堂新章》。
④ 梁启超:《饮冰室文集·论私德》。
⑤ 《日记》,道光二十一年七月十四日。

页页记着自克自砺的情况，数不胜数。他经常以"勤、俭、刚、明、孝、信、谦、浑""八德"自勉，一事不符，便痛骂自己。他本来要求家庭成员就很严格，一次听说江宁将军魁玉（字时若）一家四代皆一品大员，妇女们皆不穿绸缎，马上反省今人家庭"享受太过"，足以折福"。

曾国藩的修身、齐家，十分重视一个"诚"字，他说："天地之所以不息，贤人之德业所以可大可久，皆诚为之也。故曰诚者物之始终，不诚无物"，"果存诚而不自欺，则圣学王道又有他哉"①。诚是不自欺、不欺人，就是无私、至虚，就是自觉实践道德。道德修养，不能靠天靠地靠他人，一定要诚实看自己，诚实看个人思想深处的实在。即王阳明所论的良知良能，亦即良心，良知是至善的，只有克去私欲的蒙蔽，才能恢复人的至善的良心。

曾国藩的"齐家"，有流传百余年的《曾国藩家书》，他写给家人的书信共计1458篇，其中主要是对家庭成员的严格教育。后世流传，被公认为"治家之宝"，其内容丰富，不胜枚举。其典章式的内容有所谓"八本堂"、"八字规"、"三不信"等等，前文已述。观其家庭教育，不离孝悌、忠信、勤俭、廉正等信条。这些信条是儒家的优秀传统，也是中华民族的优秀传统。但流传既久，随着风气败坏，成了只说不做的"口头禅"，甚至连说也不说，干脆"人不为己，天诛地灭"。而曾国藩以复兴传统美德为己任，身体力行，始终如一，不厌其烦，被后人称为治家教子的典范。他说，不论大官小官、大家小农，"勤苦节约，未有不兴；骄奢倦怠，未有不败"。曾国藩不仅为一己之家，而且为树立正气，挽回颓风。他说："自乎一二人之心所向而已，此一二人者一心向义，则众人与之赴义，气节为一二贤人倡，渐乃成为风气"，"君子之道，莫大乎以忠诚为天下之倡"②。他说的这"一二贤人"，就是他同李鸿章议论的"种子"，亦即我们现在倡导的"蒲公英"种子。一颗好种子种下，花开结籽，种子绵延，遍地开花，逐步造就出一个理想的社会好风气，这也就是我

---

① 《曾文正公书札》第1卷，第2页。
② 《曾文正公文集》第2卷，第170页。

们所要的"蒲公英效应"。

曾国藩与传统儒家不同的是,他把"礼"放到"仁"的前面。明知孔子"好语求仁,而雅言执礼",而他却说:"古之君子之所以尽其心、养其性者,不可得而见;其修身、齐家、治国、平天下,则一秉乎礼,自内焉者言之,舍礼无所谓道德;自外焉者言之,舍礼无所谓政事","先王之道所谓修己正人经纬万汇者何归乎?亦曰礼而已矣"[①]。为什么曾国藩把"礼"放在首位?他认为儒家传统应从封闭中解放,把自我修行的功夫与社会大实践、与未来的社会改良密切结合,此所谓"经世致用"。他处在封建末世,末世王朝的衰弱、道德危机,使他产生了深刻的危机意识、反省意识和经世致用的实践意识,因此也就有了面向社会、面向世界、面向未来的开放特点。正是他的这个特点,才有了我们今天建设社会主义道德引为借鉴的意义,才有了我们今天可以继承发扬的"蒲公英效应"的现实价值。

---

① 《曾文正公文集》,第3卷。